Die Zeit zu handeln ist jetzt!

Ruth Gütter | Georg Hofmeister

Die Zeit zu handeln ist jetzt!

Theologie und Kirche angesichts der Überlebenskrise.

Mit einem Geleitwort von Heinrich Bedford-Strohm

EVANGELISCHE VERLAGSANSTALT
Leipzig

Bibliographische Information der Deutschen Nationalbibliothek
Die Deutsche Nationalbibliothek verzeichnet diese Publikation in der Deutschen Nationalbibliographie; detaillierte bibliographische Daten sind im Internet über *http://dnb.dnb.de* abrufbar.

Das Buch wurde auf alterungsbeständigem Papier gedruckt.

Bei Fragen zur Produktsicherheit wenden Sie sich bitte an info@eva-leipzig.de.

Cover: Vogelsang Design, Aachen
Coverbild: Coverbild: istockphoto.com, © Endurodog

MIX Papier | Fördert gute Waldnutzung FSC® C089473

Aktiv für unser Klima.

Satz: druckhaus köthen GmbH & Co. KG
Druck und Binden: BELTZ Grafische Betriebe GmbH, Bad Langensalza

ISBN 978-3-374-08055-7 // eISBN (PDF) 978-3-374-08056-4

www.eva-leipzig.de

Inhalt

Geleitwort von Heinrich Bedford-Strohm 9

Vorwort 13

1. Theologie und Kirche im Kontext der planetaren Grenzen 19

1.1 Der Erde geht es schlecht – Ergebnisse aktueller Studien 19

1.2 Von der Anklagebank zum vergessenen Pionier: theologisch-kirchliche Diskurse zur nachhaltigen Transformation in den letzten 50 Jahren 32

2. Biblische Überlieferungen als ethisches Orientierungswissen für den heutigen Umgang mit der Schöpfung 59

2.1 Gott, der »Liebhaber des Lebens« – alttestamentliche Zugänge 61

2.1.1 Gottes Schöpfungsgemeinschaft im Prozess des Werdens 62

2.1.2 Der Mensch als Erdling und als Ebenbild Gottes 65

2.1.3 Der begrenzte Herrschaftsauftrag des Menschen 67

2.1.4 Noah als Prototyp des gerechten und sorgsamen Herrschers 70

2.1.5 Der Bund Gottes mit allem Lebendigen 73

2.1.6 Der verpflichtende Eigensinn und Selbstzweckcharakter der Geschöpfe 75

2.1.7 Die personalen Geschöpfe sind zum Lobe Gottes da 79

2.1.8 Der verheißene Frieden mit und in der Schöpfung 79

2.1.9 Die Einwohnung Gottes in seiner Schöpfung . . 80

2.2 Die schöpfungstheologischen Dimensionen des kosmischen Christus 83

2.2.1 Die irdische Inkarnation Gottes und die kosmische Dimension des Weges Christi 83

2.2.2 Die Schöpfungsmittlerschaft und Präsenz des kosmischen Christus 85
2.2.3 Die Versöhnung und Verherrlichung aller Geschöpfe 87
2.2.4 Der Beginn der neuen Schöpfung und die Verheißung als transformative Kraft............ 88

3. Grundzüge einer Schöpfungsethik 91

3.1 Die Schöpfung als ethisch verpflichtendes Beziehungsgeschehen 91
3.1.1 Das wechselseitige Beziehungsgeschehen zwischen Gott und Welt 93
3.1.2 Das dynamische Beziehungsgeschehen der Geschöpfe untereinander 97
3.1.3 Die Achtung der Vielfalt und offenen Prozesshaftigkeit der Schöpfung 101

3.2 Die Würde der Geschöpfe achten............... 107
3.2.1 Wert, Eigenwert oder Würde der Geschöpfe ... 108
3.2.2 Die ethische Orientierungskraft der »Würde der Kreatur« 112

3.3 Mit allen Sinnen die Vielfalt der Geschöpfe wahrnehmen 119
3.3.1 Ein liebender-staunender Blick als existenzverändernde Erfahrung.................... 123
3.3.2 Die Eigensinne der Kreaturen wahrnehmen und achten 128
3.3.3 Das Sichtbare weist über sich hinaus......... 131

3.4 Die spezifische Rolle und der Auftrag des Menschen in der Schöpfung 134
3.4.1 Bewahrung der Schöpfung? 136
3.4.2 Anthropozentrik oder Physiozentrik?........ 137
3.4.3 Schöpfungsethik als denkende Konfliktbewältigung 141
3.4.4 Handeln in der Unterscheidung von »Letztem« und »Vorletztem« 147

4. Kirche als Mahner, Mittler und Motor 153

4.1 Kirche als Mahnerin 160

4.1.1 Der Ruf zu einer umfassenden ökologischen Umkehr 163

4.1.2 Ethik des Genug 169

4.2 Kirche als Mittlerin 173

4.2.1 Diskurse zur sozial-ökologischen Transformation initiieren 178

4.2.2 Zielkonflikte zum Thema Landwirtschaft und Tierwohl 179

4.2.3 Zielkonflikte zur Verkehrswende 182

4.3 Kirche als Motor 185

4.3.1 Ökumenische Bewegung und Initiativgruppen als Treiber 186

4.3.2 Beschlüsse zum Klimaschutz und zur Nachhaltigkeit und ihre Umsetzung in den Kirchen 188

5. Öffentliche Verantwortung von Kirche und Theologie in der Überlebenskrise 193

5.1 Verhältnis von Kirche und Politik – kirchengeschichtliche Perspektiven 193

5.2 »Kleiner Kirchenkampf?« – Aktuelle Kontroversen zwischen Öffentlicher Theologie, Öffentlichem Protestantismus, theologischer Transformationskritik und »Kairos for Creation« 197

5.2.1 Welche Art von Verantwortung hat Kirche in der Überlebenskrise? – Positionen von Öffentlicher Theologie und Öffentlichem Protestantismus 198

5.2.2 Häresie- und Ideologievorwurf der transformationskritischen Theologie gegenüber der Öffentlichen Theologie und »Kairos for Creation« 207

5.3 Mischt sich Kirche zu sehr in die Politik ein? Aktuelle Kontroversen 211

5.3.1 Ist die Kirche zu politisch und verliert sie »das Eigentliche« aus dem Blick? 212

5.3.2 Mischt sich die Kirche zu sehr in politische Detailfragen ein und ist die Art ihrer Beiträge angemessen? 217
5.3.3 Ist die Kirche zu moralistisch? 227

6. Beiträge von Theologie und Kirche zur großen Transformation 233

6.1 Freie Selbstbegrenzung und Ethik des Genug im Kontext einer »Kultur des Aufhörens« 234
6.1.1 Suffizienz und Begrenzung des Wachstums als Tabu 234
6.1.2 Suffizienz – Definition und biblische Bezüge 237
6.1.3 Herkunft und theologische Bedeutung einer »Ethik des Genug« 240
6.1.4 Die Kultur des Aufhörens 243
6.1.5 Annahme von Endlichkeit und der Sabbat als Ziel der Schöpfung 244
6.1.6 Bedingungen gelingenden Lebens 246

6.2 Aspekte einer Transformationsethik 248
6.2.1 Mentale und kulturelle Ursachen für die Überlebenskrise 248
6.2.2 Die Bedeutung einer kulturellen Transformation 252
6.2.3 Lebensdienliche Narrative als Eckpfeiler einer christlichen Transformationsethik 258
6.2.3.1 Verbundenheit statt Trennung 258
6.2.3.2 Geglücktes Leben statt Wachstum 261
6.2.3.3 Solidarität statt Konkurrenz 262
6.2.3.4 Unverfügbarkeit statt Beherrschung 264
6.2.3.5 Resilienz und transformative Hoffnung statt Resignation 266

7. Die Zeit zu Handeln ist jetzt! – »Beten, Tun des Gerechten und Warten auf Gottes Zeit« 269

Literaturverzeichnis 275
Zu den Autoren 294

Geleitwort von Heinrich Bedford-Strohm

Dieses Buch ist wichtig. Es befasst sich mit einer der großen Zukunftsfragen der Menschheit und der Rolle, die Kirche und Theologie bei der Bewältigung der damit verbundenen Herausforderungen spielen können. Ob die ökologische Transformation gelingt, von der eine lebenswerte Zukunft unserer Kinder und Kindeskinder abhängt, wird sich im kommenden Jahrzehnt entscheiden. Dafür, dass sie gelingt, gibt dieses Buch eine Fülle von theologischem und ethischem Rüstzeug. Es ist verfasst von zwei Menschen, die sowohl bei der theologischen Reflexion ökologischer Fragen als auch bei den darauf gründenden Prozessen kirchlicher Urteilsbildung mitgewirkt und dabei reiche Erfahrung gesammelt haben. Sie schließen nicht nur die substanziellen theologischen Erkenntnisfortschritte der letzten Jahrzehnte zum Thema Schöpfung kompetent auf, sie zeichnen auch nach, wie sie in den aktuellen kirchlichen Urteilsbildungsprozessen, insbesondere in der EKD aufgenommen worden sind. Ausdrücklich wird auch die weltweite Perspektive kirchlicher Urteilsbildung berücksichtigt. Es ist eine Stärke des Buches, dass es auch die grundsätzliche Frage nach der Rolle von Kirche in Politik und Zivilgesellschaft und die damit verbundene Diskussion um »öffentliche Theologie« so nachzeichnet, dass ihre Relevanz für die konkreten Diskussionen auch um die ökologische Transformation sehr gut deutlich wird.

Vertreter der großen christlichen Traditionen wie Papst Franziskus, der orthodoxe Patriarch Bartholomäus I., der Erzbischof von Canterbury oder Stimmen aus den Reihen des Weltkirchenrats haben immer wieder darauf hingewiesen, dass es bei den globalen ökologisch-sozialen Herausforderungen nicht nur um politische oder ökonomische Fragen, sondern zugleich um zutiefst spirituelle Fragen geht. Der Klimawandel erfordert eine Antwort, die nicht nur unseren Verstand, sondern auch unser Herz und unsere Seele erreicht, so dass wir unseren Lebensstil und unsere Vorstellung vom guten Leben ändern können. Die Bibel nennt dies Metanoia. Kaum jemand in der Wissenschaft zweifelt noch an den zerstörerischen Folgen des vom Menschen verursachten Klimawandels. Und auch jenseits der Wissenschaft sprechen die Naturkatastrophen der letzten Jahre eine klare Sprache. Sie sind mit Schadenssummen in schwindelerregender Höhe verbunden. Sie kosten Geld, das an anderer Stelle dringend benötigt würde.

Wenn es stimmt, dass die moderne ökologische Krise tiefe spirituelle Wurzeln hat, dann ist es von enormer Bedeutung, dass alle großen christlichen Traditionen auf diesem Globus zusammenwirken, um wirksam darauf zu reagieren. Die globale Dekade für Klimagerechtigkeit, die der ÖRK im Juni 2025 auf seiner Zentralausschusssitzung in Johannesburg ausgerufen hat, ist ein wichtiger Ausdruck dieses Zusammenwirkens. Alle Mitgliedskirchen haben sich verpflichtet, die Klimagerechtigkeit in ihren Ländern in den nächsten 10 Jahren immer wieder zum Thema zu machen. Die spirituelle Meditation unseres Bekenntnisses zu Gott dem Schöpfer und der damit verbundenen Konsequenzen für das Verhältnis von Mensch und außermenschlicher Natur gehört ebenso zu den möglichen Handlungsformen im Rahmen der Dekade wie konkrete und messbare Schritte auf dem Weg zur Klimaneutralität, hinterlegt mit den dazu notwendigen Finanzen in den kirchlichen Haushalten, aber auch öffentliche Anwaltschaft für das Anliegen in den politischen und zivilgesellschaftlichen Diskussionen.

Als die Dekade in Johannesburg eröffnet wurde, kamen Stimmen aus unterschiedlichen Kontinenten zu Wort. Als Pfarrer Dr. Semisi Turagavou von den Fidschi Islands redete, war es mucksmäuschenstill im Saal. Er sprach mit langsamer und leiser, aber umso eindringlicherer Stimme. Er beschrieb, wie die Inseln im Pazifik schon jetzt im Ozean zu versinken beginnen. In 20 Jahren – so sagte er – werden 20 Inseln im Pazifik versunken sein. »Der Ozean ist Teil unseres Seins, wir hoffen, dass der Weltkirchenrat an unserer Seite steht«. Alle im Saal spürten die himmelschreiende Ungerechtigkeit, die darin besteht, dass diejenigen die ersten Opfer der Erderwärmung sind, die am wenigsten dazu beigetragen haben.

Es sind Geschichten wie diese, die Menschen mehr berühren als bloße Zahlen. Die Kirchen können Botschafter solcher Geschichten sein, so dass die Zahlen und die dahinterstehenden Leidensgeschichten ein Gesicht bekommen.

Ich bin überzeugt, dass die Kirchen, die überall auf der Welt tief in den Gemeinden vor Ort verwurzelt sind und gleichzeitig durch den gemeinsamen Glauben an den dreieinigen Gott in eine globale Verantwortung gerufen sind, einen wichtigen Beitrag leisten können, um die dringend notwendige globale spirituelle Neuorientierung zu fördern.

Das vorliegende Buch gibt dazu nicht nur eine inhaltliche Stärkung. Es inspiriert auch zum konkreten Engagement.

Heinrich Bedford-Strohm
Vorsitzender des Weltkirchenrats

Vorwort

Die Menschheit ist im Begriff, die natürlichen Grundlagen ihres Lebens durch vielfältige Überschreitungen der planetaren Grenzen zu gefährden. Diese »Überlebenskrise« betrifft heute lebende Menschen allerdings in unterschiedlicher Art und Weise. So treffen beispielsweise die Folgen der aktuellen Klimaveränderungen diejenigen am meisten, die am wenigsten dazu beigetragen haben. Sie rauben Menschen die Lebensgrundlagen, vergrößern Armut und Hunger und zwingen Menschen dazu, ihre Heimat zu verlassen. Sie vergrößern Ungleichheiten und verschärfen Konflikte – lokal sowie global. Die Überlebenskrise ist daher eine ökologische Krise und eine Gerechtigkeitskrise zugleich.[1] In dieser Hinsicht stehen auch die Lebensmöglichkeiten zukünftiger Generationen und deren Chancen für ein gutes und gelingendes Leben auf dem Spiel. Aber nicht nur die Menschen, sondern auch die nichtmenschliche Schöpfung ist von den Überschreitungen des Menschen in vielfältiger Weise betroffen. Auch hier stehen wir an einem Wendepunkt der Erdgeschichte. Die natürlichen Ökosysteme sind weltweit um die Hälfte zurückgegangen. Bei den Arten erleben wir gerade das durch anthropogene Einflüsse verursachte sechste Massensterben in der Erdgeschichte.

Dieser gegenwärtige zerstörerische Umgang mit der Natur stellt die Frage nach der Zukunftsfähigkeit des von Gott ge-

1 Unser Fokus liegt dabei auf der Reflexion der ökologischen Dimension der Überlebenskrise, weil wir hier die größten Desiderate in Theologie und Kirche sehen. Allerdings darf die ökologische und die soziale Dimension von Nachhaltigkeit nicht gegeneinander ausgespielt werden, wenn wir eine zukunftsfähige Entwicklung gewährleisten wollen.

schenkten Lebens. Er ist damit auch eine zentrale theologische und spirituelle Herausforderung, wenn nicht sogar *die* Herausforderung unserer Zeit, auf jeden Fall »das Zukunftsthema überhaupt«.[2] Die Überlebenskrise stellt den christlichen Glauben nach unserer Überzeugung vor drei entscheidende Fragen:

1. Was sind die tieferen Ursachen dieser Krise?
2. Welche Verantwortung tragen wir als Christinnen und Christen und als Kirchen?
3. Zu welcher Haltung und welchem Handeln sind wir herausgefordert?

Wir fragen daher in diesem Buch: Wie konnte es so weit kommen, dass der Mensch scheinbar ohne Skrupel die Mitschöpfung zerstört und dabei sein eigenes Überleben gefährdet? Was für ein Selbstverständnis und was für ein Verständnis der nichtmenschlichen Natur haben dazu geführt? Was haben Kirche und Theologie im Laufe der Kirchen- und Theologiegeschichte zu dieser Entwicklung beigetragen und wo und in welcher Weise haben sie zu Recht gewarnt und widersprochen? Was sind wegweisende Orientierungspotentiale der biblisch-theologischen Tradition für einen schöpfungsadäquaten Umgang mit dem Leben? In welcher Verantwortung stehen Theologie und Kirche heute, damit Schlimmeres verhindert werden kann, gerechtere Lebenschancen geschaffen werden und die Mitschöpfung wieder mehr geachtet wird? Welche Grundhaltungen und Orientierungen sind nötig für eine umfassende nachhaltige Transformation? Wie sieht es aus mit unserem Glauben an einen neuen Himmel und eine neue Erde, die Gott schaffen

---

2 Gorski, Glauben, 231.

will? Und was ist die Rolle des Menschen in dem kommenden verheißenen Reich Gottes?

Mit diesen großen Fragen haben wir – die Autor*innen dieses Buches – uns viele Jahre in unserem beruflichen Wirken und unserem theologischen Nachdenken befasst. Angefangen vom Studium der Evangelischen Theologie[3] und Engagement im »Konziliaren Prozess für Gerechtigkeit, Frieden und Bewahrung der Schöpfung« der 80er Jahre bis hin zu den verschiedenen beruflichen Stationen im Pfarramt, als Studienleiter und Geschäftsführer von Akademien sowie als EKD-Referentin für Entwicklungspolitik und Nachhaltigkeit. Als solche haben wir auch zahlreiche Tagungen und Kongresse als Akademie des Versicherers im Raum der Kirchen (VRK) und der Evangelischen Kirche in Deutschland (EKD) zusammen verantwortet.

Ein Höhepunkt dieser gemeinsamen Veranstaltungen war sicherlich der Kongress »Die Zeit zu handeln ist jetzt!« 2023 in Berlin, der dieser Publikation den Namen gegeben hat. Deutlich wurde dort, dass die Zeiträume für einen umfassenden Kurswechsel zu einer zukunftsfähigen Gesellschaft immer enger werden. Daher haben damals die Evangelische Kirche in Deutschland, Brot für die Welt, Diakonie Deutschland und die Akademie des Versicherers im Raum der Kirchen gemeinsam mit über 200 Teilnehmenden ein deutliches Signal für mehr Engagement und Verbindlichkeit bei der Umsetzung der Agenda 2030 für Nachhaltige Entwicklung gesendet. Wir haben auf diesem Kongress, aber auch auf den anderen gemeinsamen Tagungen erlebt, dass viele Menschen sich Sorgen um den ak-

3 Entsprechend haben wir in dieser Publikation vor allem die Evangelische Theologie und die evangelischen Kirchen im Blick.

tuellen Zustand von Gottes Schöpfung machen und ihren Beitrag zur nachhaltigen Transformation leisten wollen. Uns hat dabei inspiriert und beeindruckt, mit wieviel Engagement sie sich für den achtsamen Umgang mit der Schöpfung einsetzen und für mehr Nachhaltigkeit in Kirche und Politik eintreten. Auch in kirchlichen Gremien – in Synoden und Kirchenleitungen – nehmen wir eine wachsende Bereitschaft wahr, sich der Überlebenskrise zu stellen und wirksame Beiträge der Kirchen – wie z.B. Klimaschutzgesetze – zu beschließen und umzusetzen. Viele kirchlich Engagierte fühlen sich durch diese Beschlüsse ihrer Kirche bestärkt, wünschen sich aber, dass ihre Kirche sich noch klarer gegenüber Politik und Gesellschaft positioniert. Vor allem vielen jungen Menschen geht das Engagement der Kirche nicht weit genug. Nicht wenige verzweifeln an der Untätigkeit in der Politik und der aus ihrer Sicht zu zögerlichen Haltung der Kirchen. Ökologisch engagierte Theologiestudierende beklagen sich beispielsweise, dass in ihrem Studium die Überlebenskrise viel zu wenig theologisch reflektiert wird. Gleichzeitig nehmen in der evangelischen Theologie und der Kirche die Auseinandersetzungen darüber zu, was der angemessene Beitrag der Kirche im Umgang mit der Überlebenskrise ist, wie politisch Kirche sein darf. Vermehrt sind auch sehr kritische Stimmen zum Nachhaltigkeitsengagement von Theologie und Kirche zu vernehmen.

Das alles hat uns zu diesem Buch inspiriert im Sinne eines Resümees von jahrelangen Debatten über die Schöpfungsverantwortung von Theologie und Kirche. Es ist ein Versuch, die auf den gemeinsamen Veranstaltungen der VRK-Akademie und der EKD stattgefundenen Diskursstränge für uns zu analysieren, zu vertiefen und zu deuten. Diese reichen von den Diskussionen um die Bedeutung der biblisch-theologischen Überlieferungen über die Suche nach neuen Narrativen und Leitbildern bis hin zum Streit um die Rolle von Theologie und Kirche für eine nachhaltige Transformation. Wir wollen damit unsere Erfahrungen und theologischen Reflexionen festhalten und in die aktuelle Debatte einbringen. Gemeinsam sind wir überzeugt, dass der christliche Glaube sowohl wesentliche gesellschaftliche Impulse für ein anderes Mensch-Natur-Verhältnis geben kann als auch eine wichtige Quelle der Orientierung und der Ermutigung ist im Umgang mit der Überlebenskrise. Theologie und Kirche können ein wesentlicher Katalysator für eine umfassende kulturelle Transformation sein, die unsere Gesellschaft als Ganzes neu ausrichtet. Dazu wollen wir mit diesem Buch ermutigen.

Wir danken allen Wegbegleiterinnen und Wegbegleitern in den Kirchen und in der Zivilgesellschaft für engagierte und inspirierende Debatten. Wir danken dem Vorsitzenden des Weltkirchenrats, Heinrich Bedford-Strohm, für sein wertschätzendes und anregendes Geleitwort. Ebenso danken wir Ayla Landau von der VRK-Akademie für das umsichtige Korrekturlesen.

Wir hoffen, dass dieses Buch viele Leserinnen und Leser in ihrem Glauben an den Gott ermutigt, der das Leben in seiner großen Vielfalt schuf und das Leben liebt. Wir wünschen uns, dass viele durch die Lektüre in ihrem Nachdenken und Eintreten für einen achtsamen Umgang mit der Mitschöpfung und für eine lebenswerte Zukunft ermutigt werden.

Denn die Überlebenskrise duldet keinen Aufschub. Die Zeit zu handeln ist jetzt!

Kassel, Oktober 2025
Ruth Gütter und Georg Hofmeister

1. Theologie und Kirche im Kontext der planetaren Grenzen

1.1 Der Erde geht es schlecht – Ergebnisse aktueller Studien

»Die Erde ist ein Patient, dem es nicht gut geht« – mit diesen Worten hat der Klima- und Resilienzforscher Johann Rockström im September 2023 eine Studie eines internationalen Forscherteams vorgestellt, welches seit geraumer Zeit den Zustand der Erde anhand der sogenannten »planetaren Grenzen« analysiert.[4]

2009 wurde das Konzept der planetaren Grenzen von einem internationalen 28-köpfigen Wissenschaftsteam am Stockholmer Resilience Center veröffentlicht und hat seither große internationale Aufmerksamkeit in Wissenschaft, Politik und Zivilgesellschaft erfahren. Es beschreibt quantitative Grenzen für wichtige ökologische Systeme wie z.B. das Klima, die Biodiversität, die Landnutzung, den Zustand der Meere, der Luft etc., die eingehalten werden müssen, damit die Lebensgrundlagen der Menschheit erhalten bleiben. Werden diese Grenzen überschritten – so die Warnung dieser Wissenschaftler –, dann drohen weitreichende zerstörerische und irreversible Umweltveränderungen, die das Leben und Überleben der Menschen gefährden. Seit 14 Jahren werden Daten zu neun grundlegen-

4 »Der Planet Erde ist ein Patient, dem es nicht gut geht«, stern.de, 13.09.2023, URL: https://www.stern.de/panorama/wissen/natur/belastungsgrenzen---planet-erde-ist-ein-patient–dem-es-nicht-gut-geht–33822922.html [Stand: 27.08.2025].

den Erdsystemen gesammelt. 2015 gab es eine erste öffentliche Zwischenbilanz, in der festgestellt wurde, dass bereits vier von neun planetaren Grenzen überschritten worden sind. Die aktuellste öffentliche Zwischenbilanz von 2025 ergibt, dass inzwischen eine deutliche Mehrheit der Grenzen – nämlich sieben von neun – überschritten sind.[5] Das ist eine alarmierende Diagnose. Die kritischen Bereiche sind der Klimawandel, der Verlust der Biodiversität, die Art der Landnutzung, die Süßwasservorräte, der Stickstoff- und Phosphatgehalt im Boden sowie die Belastung von Land, Wasser und Boden durch chemische Substanzen und Mikroplastik.

Im Bereich Klimawandel wurde für 2023 bereits ein globaler Temperaturanstieg von 1,48 Grad gegenüber dem vorindustriellen Niveau festgestellt. Ob eine Begrenzung auf »deutlich unter zwei Grad« zur Mitte dieses Jahrhunderts noch erreicht werden kann, wie es von über 190 Staaten bei der Pariser Weltklimakonferenz von 2015 beschlossen wurde, ist aus Sicht vieler Experten mehr als fraglich. Vielmehr bewegen wir uns derzeit nach dem neuen UN-Bericht auf eine »Drei Grad Welt« zu.[6]

Da die verschiedenen ökologischen Systeme miteinander verbunden sind, können sich die Effekte, die durch Grenzüberschreitungen in den jeweiligen Systemen entstehen, auch in dramatischer Weise gegenseitig verstärken. Es drohen dann sich selbst verstärkende Rückkopplungen der Systeme (»Teu-

---

5 https://www.pik-potsdam.de/de/aktuelles/nachrichten/sieben-von-neun-planetaren-grenzen-ueberschritten-ozeanversauerung-im-gefahrenbereich [Stand: 29.09.2025].

6 UNEP – Umweltprogramm der Vereinten Nationen. Bericht über die Emissionslücke 2023, 20.11.2023, URL: https://www.unep.org/resources/emissions-gap-report-2023 [Stand: 27.08.2025].

felskreise«), verbunden mit Erreichen irreversibler »Kipppunkte«. »Kipppunkte« bezeichnen die Momente, in denen sich negative Entwicklungen rasant beschleunigen und in unvorhersehbarer Weise kulminieren können. Diese Situation ist mit den gängigen Schlagworten wie Umweltverschmutzung oder Umweltskandale nicht hinreichend charakterisiert. Denn wir befinden uns in einer neuen historischen Situation, in der die natürlichen Grundlagen unseres Lebens insgesamt auf dem Spiel stehen. Es geht um nicht weniger als die Bedrohung der Fundamente für alles Lebendige auf der Erde, einschließlich des Menschen. Deshalb ist die aktuelle ökologische Krise mit dem Ausdruck »Überlebenskrise«[7] gut charakterisiert. Der Hinweis auf die Überlebenskrise und die Überschreitung der »planetaren Grenzen« steht in Gefahr, rein anthropozentrisch verstanden zu werden. In einer solchen Lesart geht es ausschließlich um die Sicherung der Überlebensgrundlagen der Menschheit, und bei der Einhaltung der planetaren Grenzen allein um das menschliche Wohlergehen. In den folgenden Buchkapiteln wird aber deutlich, dass eine umfassende Schöpfungsverantwortung sowohl die Lebensmöglichkeiten der Menschheit als auch die der nicht-menschlichen Natur achtet.[8] Das Konzept der »planetaren Grenzen« bedeutet in diesem Sinne den Erhalt der Integrität und Stabilität des gesamten Erdsystems. Dazu gehören die natürlichen Elemente, die Pflanzen, Tiere und die Menschen, kurzum: das schöpfungsgeschichtlich gewordene Leben. Das Leben als Ganzes steht damit bei der Überlebenskrise auf dem Spiel.

7 Altner, Überlebenskrise. Moltmann beschreibt diese Krise zu Recht als »eine Krise des gesamten Systems mit allen seinen Teilsystemen«, ders., Schöpfung, 37.
8 Kap. 2 und 3.

Diese Form der Überlebenskrise ist neu in der Menschheitsgeschichte und sie lässt auch historisch betrachtet keinen direkten Vergleich zu. Hinweise, wie vom Historiker Yuval Noah Harari, dass die Menschheit schon immer in Form von Jagd, Brandrodungen und anderen Umweltveränderungen Arten ausgerottet haben[9], beschreiben nicht hinreichend die Relevanz der gegenwärtigen Überlebenskrise. Das historisch Neue der Überlebenskrise besteht aber nicht nur in der wachsenden irreversiblen Überlastung des Erdsystems, sondern auch darin, dass es keine erprobten Formen des Umgangs mit dieser Krise gibt. Die bisherigen Bewältigungsstrategien des Fortschritts, der Optimierung und Steigerung greifen bei der Überlebenskrise nicht mehr. Dies sind Lösungsstrategien von gestern, die aber nicht mehr zu den Herausforderungen der Zukunft passen. Das zeigt die Umweltpolitik der letzten 50 Jahre.

Angesichts der fundamentalen Überlebenskrise reicht es auch nicht aus, das Engagement auf den Klimaschutz allein zu begrenzen, vielmehr muss es in allen ökologischen Systemen zu deutlichen Verbesserungen kommen. Dass diese möglich sind, zeigt das Beispiel einer planetaren Grenze, nämlich des Zustandes der Ozonschicht. Dort waren die Grenzen in den 90er Jahren noch überschritten, inzwischen konnte durch internationale Abkommen der Zustand der Ozonschicht so weit verbessert werden, dass dieser Bereich als einer der wenigen in einem unkritischen Level ist. Es zeigt sich an diesem Beispiel, dass die Weltgemeinschaft durchaus in der Lage ist, Probleme global anzugehen und weitere katastrophale Folgen der Grenzüberschreitungen zu verhindern, wenn die ökologischen Probleme

9 Harari, Geschichte, 96–98.

von Politik, Wirtschaft und Zivilgesellschaft prioritär behandelt würden. Aber diese Priorisierung ist trotz der alarmierenden Diagnose weder global noch national erkennbar.

Ein weiterer anschaulicher Indikator für das Überschreiten planetarer Grenzen ist der sogenannte »Erderschöpfungstag«, der anzeigt, wann eine Gesellschaft den ihr zur Verfügung stehenden Anteil der vorhandenen Ressourcen verbraucht hat. Dieser »Erderschöpfungstag« war in Deutschland im Jahr 2025 bereits der 3. Mai.[10] Ab diesem Tag hat die deutsche Bevölkerung das »Budget« an nachhaltig nutzbaren Ressourcen und ökologisch verkraftbaren Emissionen verbraucht und auf Kosten anderer Menschen und künftiger Generationen gelebt. Umgerechnet wären drei Erden nötig, wenn alle Menschen so leben würden wie die Menschen in Deutschland.

Eine ähnlich ernüchternde und alarmierende Bilanz hat die UN im September 2023 bei ihrem »SDG-Gipfel« in New York hinsichtlich der Umsetzung der siebzehn Nachhaltigkeitsziele, der »Sustainable Development Goals« (SDGs), gezogen. Diese SDGs umfassen grundlegende soziale, ökologische und ökonomische Ziele für eine nachhaltige Entwicklung wie z.B. Abschaffung von Hunger, Zugang zu Bildung und Gesundheitsversorgung, Zugang zu Wasser, Abbau von Ungleichheiten, Schutz des Klimas, der Meere, der Biodiversität, nachhaltiger Konsum und nachhaltige Produktion, nachhaltige Stadtentwicklung, Einhaltung der Menschenrechte u.a., die bis 2030 erreicht werden sollen. Daher werden die SDGs auch »Agenda 2030« genannt.

10 https://www.zeit.de/gesellschaft/zeitgeschehen/2025-05/erdueberlastungstag-deutschland-hat-natuerliche-ressourcen-fuer-2025-aufgebraucht [Stand: 29.09.2025].

Über 190 Staaten haben 2015 diese Agenda unterzeichnet und sich damit verpflichtet, konkrete Maßnahmen zu ihrer Umsetzung zu ergreifen und vor der UN regelmäßig Bericht zu erstatten. 2015 war der Wille zu umfassenden Transformationen zur Erreichung dieser Ziele groß, weshalb ihre Verabschiedung auch von manchen als »historischer Erfolg« bewertet wurde.[11] Ebenfalls 2015 – dem »Superjahr der Nachhaltigkeit« – wurden bei der Weltklimakonferenz in Paris von fast allen Staaten die globalen Klimaziele verabschiedet, mit denen der globale Temperaturanstieg auf »deutlich unter zwei Grad« über dem vorindustriellen Niveau begrenzt werden soll.[12]

In den ersten Jahren nach der Beschlussfassung der SDGs und der Klimaziele gab es in einigen Staaten – darunter auch Deutschland – durchaus messbare Erfolge, wie die regelmäßigen Berichte vor dem High Level Political Forum der UN dokumentieren. Doch die Aufbruchsstimmung dieser Jahre ist leider verflogen und es zeigt sich, dass die Umsetzung vieler Ziele in den meisten Ländern zu langsam erfolgt oder gar stagniert.

Beim »SDG-Gipfel« der UN im September 2023 fiel die Halbzeitbilanz zur Umsetzung der Nachhaltigkeitsziele sehr ernüchternd aus. Bei nur ca. 14 Prozent der Ziele wurde festgestellt, dass die Umsetzung gemäß dem vorgesehenen Plan verläuft und sie deshalb vermutlich bis 2030 auch erreicht werden. Bei ca. 55 Prozent der Ziele verläuft die Umsetzung zu langsam. Und bei ca. 31 Prozent der Ziele stagniert die Umsetzung oder

---

11 WBGU 2016, Umzug.

12 http://unfccc.int/resource/docs/2015/cop21/eng/l09r01.pdf [Stand 23.09.2025].

es zeigen sich sogar Rückschritte.[13] Stagnationen und Rückschritte gibt es sowohl bei wichtigen sozialen Zielen wie z. B. zur Armuts- und Hungerbekämpfung und dem Abbau von Ungleichheiten als auch bei den ökologischen Zielen wie z. B. zur Bekämpfung des Klimawandels und des Artensterbens. Vor allem im sozialen Bereich werden aktuelle Krisen wie z. B. die Covid-Pandemie oder die Kriege für die Rückschritte in der Erreichung bestimmter Ziele verantwortlich gemacht. In der Tat waren ärmere Länder kaum in der Lage, die wirtschaftlichen Ausfälle und Defizite der Lockdowns zu kompensieren, was zu einem Anstieg von Hunger und Armut führte. Und auch die Kriege in der Ukraine und in Palästina haben bei einigen Zielen zu Rückschritten geführt. Sie haben nicht nur viele Menschen in noch größere Armut gestürzt, sie binden durch die hohen Militärausgaben wichtige finanzielle Ressourcen zur Armutsbekämpfung, hinterlassen große ökologische Schäden und tragen zusätzlich zum Klimawandel bei. Die ökologischen Folgen der aktuellen Kriege werden in der medialen Berichterstattung fast gar nicht thematisiert.[14]

Gleichzeitig hat man aber auch festgestellt, dass ein wichtiger Grund für die Nichterreichung der Ziele darin besteht, dass in sehr vielen Ländern ganz grundsätzlich die notwendigen Maßnahmen zur Umsetzung der SDGs immer noch nicht genügend priorisiert werden. Die Warnungen einiger prominenter Akteure – wie z. B. des Club of Rome – vor den Folgen einer primär auf Wachstum ausgerichteten Entwicklung wurden bislang

13 https://vrk-akademie.de/publikation/die-zeit-zu-handeln-ist-jetzt/ (Vortrag Imme Scholz) [Stand 23.09.2025].
https://sdgs.un.org/sites/default/files/2023-09/FINAL%20GSDR%202023-Digital%20-110923_1.pdf [Stand 23.09.2025].

14 Welzer, Zeitenende, 86 ff.

ebenfalls nicht von allen Akteuren wirklich ernstgenommen. Angesichts dieser sehr ernüchternden Bilanz hat UN-Generalsekretär Guterres gewarnt, dass die Agenda 2030 zu einem Grabstein einer Welt zu werden droht, wie sie hätte sein können. Gleichzeitig hat er einen »Plan zur Rettung des Planeten und der Menschheit« gefordert, mit dem die Politik transformative Schlüsselbereiche endlich mehr priorisiert und mit mehr Finanzen ausstattet.[15]

Der »Global Sustainable Development Report« (Independent Group 2023) von einem globalen wissenschaftlichen Beirat hat als eine Schlussfolgerung aus dieser Bilanz fünf Transformationshebel identifiziert, mit denen in der zweiten Halbzeit die Umsetzung der Agenda 2030 beschleunigt werden muss. Neben dem Bereich der politischen Steuerung, der Wirtschaft und der Finanzen, der Wissenschaft und der Technologie u.a. wurde auch mit dem Stichwort der »Capacity building« ein neuer Bereich identifiziert, in dem die Bedeutung der *kulturellen* Transformation hervorgehoben wurde. Hier geht es um die Entwicklung neuer gesellschaftlicher Leitbilder, um Einübung neuer Handlungsmuster, um individuelle wie globale Lernprozesse – kurz um die Entwicklung einer Kultur der Nachhaltigkeit.[16]

Der kulturelle Wandel wird hier als ein zentraler Transformationshebel angesehen. In der Tat wurde diese Perspektive lange Zeit von vielen Akteuren in Politik, Wirtschaft und Zivilgesellschaft unterschätzt. Lösungen erwartete man primär von der politischen Steuerung, von Marktmechanismen sowie

---

15 https://unric.org/de/240523-zielenachhaltigeentwicklung-sdgs/ [Stand 23.09.2025].

16 https://sdgs.un.org/sites/default/files/2023-09/FINAL%20GSDR%202023-Digital%20-110923_1.pdf [Stand 23.09.2025]. Vgl. Kap. 6.

von neuen Technologien. Ohne Zweifel sind dies ebenfalls wichtige Transformationshebel, aber ohne neue Narrative, Einstellungen, Haltungen, Verhaltensroutinen und Leitbilder wird es nicht zu einer wirklich umfassenden Transformation kommen. Die Kraft eines solchen kulturellen Wandels blieb lange Zeit unbeachtet, obwohl es viele geschichtliche Beispiele gibt, die ihre Bedeutung unterstreichen.[17] Das beginnt sich nun langsam zu ändern. Uwe Schneidewind betont daher zu Recht, dass eine nachhaltige Entwicklung »eine im Kern kulturelle Revolution«[18] ist.

Für eine solche kulturelle Transformation können auch die Kirchen einen wichtigen Beitrag liefern, weil es hier u. a. um die orientierende Kraft von Werten und Glaubensüberzeugungen für eine nachhaltige Entwicklung geht. Die Kirchen befassen sich nämlich schon sehr lang mit Nachhaltigkeit und haben sich bereits 1975 – und damit lange vor den UN-Konferenzen zur Nachhaltigkeit – bei der Vollversammlung des Ökumenischen Rates der Kirchen für eine »verantwortliche und nachhaltige Gesellschaft« eingesetzt.[19]

Sowohl die römisch-katholische als auch die evangelische Kirche haben sich auch in den letzten Jahren mit wichtigen Grundlagentexten zu den Themenkomplexen Nachhaltigkeit und sozial-ökologische Transformation positioniert. 2015 wurde die Enzyklika »Laudato Si« von Papst Franziskus veröffentlicht, die weltweit auch über den kirchlichen Raum hinaus eine beacht-

17 Schneidewind, Transformation, 25–31.
18 A. a. O., 21.
19 Stierle/Werner u. a., Ethik des Lebens, 272 f. Siehe Kap. 1.2.

liche Resonanz erfahren hat.[20] Auch in dieser Enzyklika wird ein »anderes kulturelles Paradigma« vertreten, das an die Stelle des heute dominant gewordenen »technokratische[n] Paradigma«[21] treten muss. 2018 wurde der EKD-Text »Geliehen ist der Stern, auf dem wir leben. Die Agenda 2030 als Herausforderung für die Kirchen« veröffentlicht. Auch dieser Text fordert mehr Aufmerksamkeit für die Bedeutung der kulturellen Dimension der anstehenden Transformationen. »Zur Umsetzung der Ziele nachhaltiger Entwicklung braucht es nicht nur entschlossene und handlungsbereite Regierungen, sondern auch einen grundlegenden Kultur- und Wertewandel in den Gesellschaften, in dem die Achtsamkeit gegenüber der Schöpfung sowie gegenüber den Bedürfnissen anderer Menschen und zukünftiger Generationen und das Nachdenken über den Wert des Lebens jenseits von Wachstum und Konsum an Bedeutung gewinnen«.[22] In den letzten Jahren hat diese kulturelle Dimension der sozial-ökologischen Transformation in der Wissenschaft wie auch in Teilen der Politik, der Wirtschaft, der Publikationen und der Zivilgesellschaft eine größere Aufmerksamkeit erfahren. Namhafte Transformationswissenschaftler, Soziologen und Philosophen fordern ein neues gesellschaftliches Narrativ jenseits von Wachstum und Konsum.[23]

Ganz grundsätzlich erkennt die Evangelische Kirche in Deutschland ausgehend von einigen theologischen Grundaussagen die Agenda 2030 als einen wichtigen Referenzrahmen

---

20 Papst Franziskus, Laudato Si. Im Apostolischen Schreiben »Laudate Deum« führt Papst Franziskus dieses Anliegen weiter.

21 Papst Franziskus, Laudato Si, 85.

22 EKD, Stern, 25.

23 Göpel, Welt; Rosa, Resonanz; Schneidewind, Transformation; Welzer, Nachruf. Siehe Kap. 6.2.3.

auch für sich selbst an, als einen »noch zu hebenden Schatz, denn sie greift vieles auf, was die ökumenische Bewegung seit den 1970er Jahren [...] gefordert hat«.[24] Jedoch macht sie in diesem Text auch auf bestehende Zielkonflikte der SDGs aufmerksam sowie auf Ansprüche der Kirchen, die über die Agenda 2030 hinausgehen. So wird insbesondere auf die Frage des Verhältnisses von Wohlstand und Wachstum hingewiesen und auf die noch grundlegendere Frage, was Wohlstand bzw. ein gutes Leben überhaupt ist. In diesem Zusammenhang wird die wichtige Bedeutung der Suffizienz, d.h. die Frage nach der Begrenzung des Wachstums, benannt, die leider in der Agenda 2030 nirgends thematisiert wird. Hier erinnert der EKD-Text besonders an eigene Forderungen zu einer »Ethik des Genug«, die sie seit 2009 in ihrer Denkschrift und weiteren Kammertexten erhoben hat.[25]
Neue ungewöhnliche Allianzen und Bündnisse sind entstanden und erheben gemeinsam Forderungen zur einer sozial-ökologischen Transformation, zur Energie- und Mobilitätswende und zu mehr Suffizienz.[26]

Auch eine Reihe von Kirchen und Vertreter*innen der Theologie haben sich zu diesen Fragen zu Wort gemeldet und beteiligen sich an diesen gesellschaftlichen Suchbewegungen, weil

24 EKD, Stern, 21.
25 A.a.O., 25; EKD, Umkehr; EKD, Volles Genüge, Kapitel 4.1.2. Vgl. Kap. 6.1.3.
26 Zehn Thesen für einen sozial-ökologischen Neustart, unterzeichnet und veröffentlicht im Juni 2023 von über 50 Organisationen aus Sozialverbänden, Umweltverbänden, Diakonie, Caritas und Kirchen. https://www.diakonie.de/fileadmin/user_upload/Diakonie/PDFs/Journal_PDF/Zehn_Thesen_sozialoeko logischer_Neustart_31 [Stand 23.09.2025].
Bündnis von Sozialverbänden, Umweltverbänden, Gewerkschaften und EKD für eine sozialverträgliche Mobilitätswende, gegründet im Mai 2020: https://www.nabu.de/imperia/md/nabu/images/umwelt/verkehr/broschuere_buendnis_sozialvertr_gliche_mobilit_tswende.pdf [Stand 23.09.2025].

sie darin auch eine religiöse Dimension erkennen. »Hierfür ist die Rolle von Religion und Spiritualität nicht zu unterschätzen. Als Kirchen wollen und können wir für solche Suchprozesse wichtige Beiträge leisten. Wir können zwar keine fertigen Lösungen anbieten, aber doch Suchprozesse anstoßen oder uns an ihnen beteiligen. In diesen Suchbewegungen lassen wir uns leiten von den großen biblischen Visionen von der zukünftigen Welt Gottes.«[27]

Jedoch sind solche Suchbewegungen und Allianzen mit zivilgesellschaftlichen Akteuren sowohl in der Theologie wie auch in den Kirchen nicht unumstritten. Nicht nur die Inhalte von bestimmten theologischen und kirchlichen Positionen werden kontrovers diskutiert, sondern auch die Rolle, die Theologie und Kirche ganz grundsätzlich in diesen aktuellen politischen wie gesellschaftlichen Herausforderungen spielt, wird sehr unterschiedlich verstanden.

Auf der einen Seite wird der Vorwurf erhoben, Theologie werde zur eindimensionalen Moral verflacht[28], Kirche werde zur NGO herabgestuft[29] und begebe sich in den »Maschinenraum der Politik.«[30] Auf der anderen Seite steht die Forderung vieler, dass die Kirchen sowohl theologisch als auch politisch viel deutlicher und radikaler zu den großen Überlebensfragen Stellung beziehen sollten, wenn sie überhaupt noch einen gesellschaftlich wahrnehmbaren Beitrag liefern wollen.[31]

---

27 EKD, Stern, 25–26.

28 Körtner, Moralisierung.

29 https://www.evangelisch.de/inhalte/220895/17-09-2023/theologe-widerspricht-kirchen-markschies-kritisiert-aufruf-zur-klimademo [Stand 23.09.2025].

30 So zitiert Bischof Bilz bei der EKD-Synode 2023 die Kritik aus der Politik an dem Synodenbeschluss zum Tempolimit, URL: https://www.ekd.de/livestream-synode-2023-80400.htm [Stand 23.09.2025].

31 Vgl. Kap. 5.

Dabei muss jedoch auch die Frage beantwortet werden, was denn die spezifische Aufgabe von Kirche und Theologie in den Transformationsprozessen der Gegenwart ist. Welche Narrative, welche Orientierungen, welche Perspektiven haben gerade sie einzubringen? Was können sie sagen zu den Grundfragen: Wer oder was ist die Natur? Welchen Wert hat sie und wie nimmt sie unser Handeln in die Pflicht? Wer ist der Mensch und welche Verantwortung kommt ihm zu? Was bedeutet der Glaube an Gott als dem Schöpfer allen Lebens im Kontext der Überlebenskrise? Und was bedeutet das Bekenntnis zu Jesus Christus dem Erlöser der Welt? Welche Zukunft erwarten wir?

Aber nicht nur diese ganz grundsätzlichen philosophischen und theologischen Fragen sind zu bedenken. Für eine umfassende dringend notwendige Transformation werden sehr existentielle, ethische und zugleich spirituelle Fragen entscheidend sein: Wie kann unser Zusammenleben – ob global oder regional – gerechter werden? Wie können wir in Frieden mit der Mitschöpfung leben? Was aktiviert Menschen, sich für einen Wandel einzusetzen und was blockiert sie? Wovon müssen wir uns verabschieden und was können wir neu gewinnen? Was ist eigentlich Wohlstand? Was macht unser Leben reich? Was hilft uns bei den anstehenden Trauerprozessen? Was gibt uns Resilienz in Krisenzeiten? Was sind die Quellen unserer Hoffnung und unserer Kraft?[32]

Mit diesen Fragen beschäftigen sich die Kirchen nicht erst seit heute. Vielmehr befassen sie sich schon seit über 50 Jahren mit diesen Fragen und haben deshalb sehr viel zu diesem Diskurs

32 Kap. 6 und 7.

beizutragen. Einige Wegmarken dieses kirchlichen Nachdenkens sollen im nächsten Kapitel in Erinnerung gerufen werden.

1.2 Von der Anklagebank zum vergessenen Pionier: theologisch-kirchliche Diskurse zur nachhaltigen Transformation in den letzten 50 Jahren

»›Macht euch die Erde untertan‹: Vor rund 3000 Jahren legte der Autor der Genesis seinem Schöpfer diesen Satz in den Mund. Damit war die Idee geboren, dass der Mensch eine Sonderstellung auf der Erde einnimmt und deren Ressourcen rücksichtslos ausbeuten darf. Sie war so stark, dass sie sich über den ganzen Planeten verbreitete.« Mit dieser Grundthese kennzeichnet der Historiker Philipp Blom in seinem aktuellen Buch »Die Unterwerfung«[33] die theologische Tradition als hauptverantwortlichen Treiber für die Ausbeutung der Natur, deren Konsequenzen die Menschheit heute an den Rand des Abgrunds geführt haben. Dieser Vorwurf ist aber alles andere als neu.

Bereits 1967 hat der amerikanische Wissenschaftshistoriker Lynn White und dann im deutschsprachigen Raum der Umweltaktivist und Schriftsteller Carl Amery den wirkungsgeschichtlich bedeutsamen Vorwurf artikuliert, dass die ökologische Krise entscheidend »durch die restlose Übernahme und Verinnerlichung einiger Leitvorstellungen der judäisch-christlichen Tradition«[34] verursacht worden ist. Hauptanknüpfungspunkt war dabei der alttestamentliche Schöpfungsglaube mit seinen

33 Blom, Unterwerfung.
34 Amery, Ende, 10.

charakteristischen Elementen, wie Gottebenbildlichkeit, Herrschaftsauftrag, Verheißung der Heilsgeschichte und die im Noahbund zugesagte Schöpfungsgarantie.[35]

Unser eigener Beitrag, welcher die Potentiale der theologischen und kirchlichen Tradition für eine nachhaltige Transformation aufdecken will, muss sich daher die Frage gefallen lassen, ob dieser Ansatz nicht gerade angesichts der von Carl Amery beschworenen »gnadenlosen Folgen des Christentums« von vornherein auf das »falsche Pferd« setzt und von daher zum Scheitern verurteilt ist. Sollten wir uns nicht lieber, wie es Philipp Blom jetzt wieder fordert, endlich von dieser Tradition lösen?

Um diese Frage zu beantworten, bedarf es notwendiger Differenzierungen und eines geschichtlichen Rückblicks.

Ende der 1960er und Anfang der 1970er Jahre wurden die ökologischen Problemlagen einer breiteren Öffentlichkeit bekannt. Einflussreiche Bücher wie »Der stumme Frühling« (1968), »Die Grenzen des Wachstums« (1972), »Ein Planet wird geplündert« (1975) oder »Klima in Gefahr« (1978) haben die zivilgesellschaftlichen Debatten bestimmt und auch prägenden Einfluss auf die kirchlichen Diskurse zum Thema gehabt. Vor allem aber auch der äußerst heilsame Vorstoß von Personen wie Carl Amery hat dazu geführt, dass sich erst die Theologie und später dann auch die Kirchen genötigt sahen, ihr eigenes Verhältnis zur Naturkrise zu klären. Es galt eine doppelte Frage zu beantworten: Inwiefern sind *erstens* die biblischen

35 Amery nennt diese zentralen biblischen Motive als Haupttreiber: Amery, Ende, 16–18.

Traditionen, verbunden mit dem Herrschaftsauftrag »Macht euch die Erde untertan« (Gen 1,28) als historische Wurzel und als bleibender Treiber der ökologischen Krise anzusehen? Können *zweitens* die kritisierten biblischen Traditionen nicht sogar einen essentiellen Beitrag für eine gesellschaftliche Transformation hin zu mehr Nachhaltigkeit bieten?

Im Hinblick auf den ersten Fragekomplex können wir mittlerweile von einem relativen Konsens in der Theologie ausgehen. Die *biblische Exegese* hat bereits frühzeitig den Vorwurf entkräftet, dass der christliche Schöpfungsglaube dem Menschen einen Freibrief zur Ausbeutung der Natur ausstellt. Nur wenn die biblischen und altorientalischen Kontexte des Auftrages zur Herrschaft und zur Untertanmachung in Gen 1,26–28 (das sog. dominium terrae et regnum animalium) ausgeblendet werden, ist dieser Auftrag als eine schrankenlose Verfügungsgewalt und als eine Anordnung zur ausbeuterischen Gewaltherrschaft über die nichtmenschliche Schöpfung zu verstehen. Der kontextbezogene Primärsinn aber des dominium terrae meint vielmehr eine verantwortungsvolle Herrschaft in den Grenzen der Schöpfung.[36] Von den exegetischen Einsichten zu unterscheiden ist aber die *Wirkungsgeschichte* des Auftrags zur Herrschaft und zur Untertanmachung und damit der geistesgeschichtliche Beitrag der christlichen Tradition zum Verständnis der Natur als verfügbare Ressource. Bereits die theologischen Aufarbeitungen in den 1970er Jahren haben verdeutlicht, dass hierbei das Christentum und die kirchliche Tradition keineswegs von jeglichem Schuldvorwurf freizusprechen sind.

36 Janowski, Schöpfungsglaube, 66–70; vgl. dazu auch Kap. 2.1.3.

Während bis zum Frühmittelalter das dominium terrae keine Motivationskraft zur Naturveränderung besessen hat, ist um 1200 eine gewisse Zäsur zu ziehen.[37] Die Welt des Eingebettetseins in einen vom Schöpfer gegebenen Naturzusammenhang wird von einem Entwicklungs- und Vollendungsstreben überlagert: Der Mensch schafft durch die technisch-kulturelle Verwandlung der unfertigen Natur (so wurde nun das dominium terrae verstanden) die Voraussetzungen für ihre Vervollkommnung. Technische Naturveränderungen gewinnen so einen eschatologischen Charakter, vor deren Hintergrund die erste industrielle Revolution des 12./13. Jahrhunderts maßgeblich gefördert wurde und die später die Voraussetzung für die Menschen- und Naturvorstellung des Renaissance-Humanismus des 14./15. Jahrhunderts schuf.[38] In dieser Zeit gewinnt der Mensch ein anthropozentrisches Selbstbewusstsein, das auch die dominium-terrae-Auslegungen bestimmt. So heißt es bei Marsilio Ficino (1433–1499): »Daher ist der Mensch, der im allgemeinen für alle Dinge, lebendige und leblose, vorsorgt, eine Art Gott. Sicher ist er der Gott der Tiere, denn er macht von ihnen allen Gebrauch, er beherrscht sie ... Es ist auch klar, daß er der Gott der Elemente ist, denn er bewohnt und kultiviert sie alle.«[39] Erst im Zuge der neuzeitlichen Säkularisierung wird der Mensch und die nichtmenschliche Natur aus ihrer Gottbezogenheit herausgelöst und die Natur so zum Mittel für menschliche Zwecke herabgewürdigt.[40] In Descartes' »Discours de la Methode« hat ebenfalls der dominium-Gedanke im Hinblick auf die neuzeitliche Naturauffassung eine zentrale Bedeutung. Das dominium wird hier als schrankenlose Herrschaft über die

37 Krolzik, Umweltkrise, 70 ff.; Liedke, Bauch, 65 f.
38 Krolzik, Umweltkrise, 77–80; ders., Wirkungsgeschichte, 155 f.
39 Zit. in Krolzik, Wirkungsgeschichte, 155.
40 A.a.O., 157 ff.; Link, Schöpfungstheologie, 459–461.

Natur verstanden und mit den Frühformen des Kapitalismus verbunden.[41] Die cartesianische Trennung des denkenden Menschen (res cogitans) von der empfindungslosen Naturmaterie (res extensa), deren Wert sich nur aus dem Nutzen für den Menschen bestimmt, wird somit zu einer der Hauptwurzeln der ökologischen Krise. Eine neue Stufe der Verdinglichung und Ausbeutung der Natur zeigt sich dann im 19. Jahrhundert mit der wechselseitigen Verknüpfung von einer verobjektivierenden Naturwissenschaft, einer sich dem Naturkapital bemächtigenden Technik, einer bürgerlichen Ökonomie im sich entwickelnden Kapitalismus. In dieser Gemengelage spielt die Theologie eine verhängnisvolle Rolle. Denn spätestens seit der zweiten Hälfte des 19. Jahrhunderts kommt es – aus heutiger Sicht der ökologischen Krise – zum fatalen »Rückzug der Theologie aus der Natur«[42] und zur kritiklosen Übernahme der Trennung von Mensch als Subjekt und nichtmenschlicher Natur als Objekt.[43] Damit breitete sich auch in Kirche und Theologie ein Naturverständnis aus, das immer weniger geeignet war, einer ungehemmt fortschreitenden industriellen Entwicklung auf Kosten der Natur Einhalt zu gebieten. Ja, mehr noch, welches durchaus mit dazu beigetragen hat, dass Naturwissenschaft und Technik sich immer mehr der Natur bemächtigt haben.

Im Hinblick auf den neuerlichen Vorwurf von Philipp Blom ist in der Tat zu Recht festzuhalten, dass sowohl die christliche Tradition als auch die konkrete Auslegungs- und Wirkungsgeschichte des dominium terrae zu einem instrumentalisierenden Verständnis der Natur *mit* beigetragen haben. Aber nach

---

41 Krolzik, Wirkungsgeschichte, 159.
42 Link, Schöpfungstheologie, 337.
43 Liedke, Bauch, 49 ff., 71 ff.; Hardmeier/Ott, Naturethik, 43 f.

fast einem halben Jahrhundert intensiver exegetischer und kirchenhistorischer Debatten ist es schon erstaunlich, dass immer noch nicht zwischen biblischen Befunden und den unterschiedlichen wirkungsgeschichtlichen Etappen der Auslegung des Herrschaftsauftrages differenziert wird.

Im Laufe der Debatte seit den 1970er Jahren wurde zudem auch deutlich: eine einseitige *monokausale* Schuldzuweisung an das Christentum verfehlt die Gründe für die heutige Überlebenskrise bei Weitem. Vielmehr ist ein ganzes *Faktoren- und Motivbündel* bei der Erklärung unseres ausbeuterischen Umgangs mit der Natur auszumachen. Diese reichen von den durch das griechische Denken beeinflussten neuzeitlichen Naturvorstellungen über die Autonomievorstellungen der menschlichen Vernunft in der Aufklärung bis hin zu ökonomischen Macht- und Verwertungsinteressen. Gerade diese Faktoren haben sich in bewusster *Emanzipation* von einer christlichen Welt- und Naturdeutung vollzogen. Sie waren gekoppelt an eine dezidierte *Abgrenzung* von Theologie und Kirche.[44] Dies sollte bei einseitigen Schuldzuweisungen an das Christentum immer im Blick behalten werden.

Die anfangs gestellte Frage, ob mit der christlichen Tradition nicht von vornherein auf das »falsche Pferd« gesetzt wird, ist daher zu verneinen. Im Gegenteil: die enggeführte Zentrierung auf die Vernunft in der Aufklärung, der eindimensionale, verobjektivierende Zugang zur Natur, der neuzeitliche Größen- und Allmachtswahn und die Verachtung der Natur als bloße Wirtschaftsressource lassen vielmehr die Frage aufkommen, ob

44 So auch ALTNER, Naturvergessenheit, 76f., und BEDFORD-STROHM, Schöpfung, 20–22.

nicht *auch* die christliche Tradition ihren Beitrag dazu leisten kann, dass die »gnadenlosen Folgen« (Carl Amery) unseres Umgangs mit der Natur überwunden werden können.

Dies hat sich dann auch in den 1970er und 1980er Jahren durch die in Deutschland neu entstandene »Ökologische Theologie«, die u.a. mit den Namen Altner, Liedke, Link und Moltmann verknüpft ist,[45] gezeigt. Unter dem Eindruck der Ökologiekrise hat sie sich nicht nur an der vorherrschenden Exegese biblischer Überlieferungen und an der Auseinandersetzung mit der ökologischen Kritik am Christentum abgearbeitet, sondern auch den Fragekomplex behandelt, inwiefern eine andere, ethisch relevante Wahrnehmung der Natur *als Schöpfung* unseren zerstörerischen Umgang verändern kann und welchen Beitrag die theologischen und kirchlichen Traditionen für mehr Nachhaltigkeit leisten können. Heute, im Rückblick, erscheinen diese theologischen und kirchlichen Vertreter in vielerlei Hinsicht als Vorreiter und als Avantgarde.

Denn in Hinsicht auf eine neue Wahrnehmung der Natur als Schöpfung im Kontext der Überlebenskrise hat es die »Ökologische Theologie« geschafft, das Thema Schöpfung in seiner ethischen Relevanz neu durchzubuchstabieren. Dagegen haben alle einflussreichen Theologien der Moderne, sei es die kerygmatische, die existenziale oder die liberale Theologie, die Natur nicht mehr als theologisches Thema verstanden. Entsprechend

45 Altner (Hg.), Theologie. Im amerikanischen Raum hat in den 1970er Jahren vor allem die Prozesstheologie, die mit den Namen Schubert M. Ogden, D.R. Griffin und J.B. Cobb verbunden ist, wichtige Akzente gesetzt, vgl. Degen-Ballmer, Gott, 59ff. Ebenfalls wegweisend ist der dänische Theologe K. E. Lögstrup und sein Schüler O. Jensen, vgl. Hofmeister, Natur- und Schöpfungsverständnis, bes. 194–211.

konnten sie gegen die Verdinglichung und Bemächtigungspraxis der Natur keinen theologischen Protest einlegen. Diese »Naturvergessenheit« (Günter Altner)[46] der Theologie zeigt sich exemplarisch am Theologen Rudolf Bultmann, wenn er schreibt: »Der Mensch aber ist nicht [...] ein Glied des Kosmos, sondern er ist grundsätzlich von der Welt unterschieden«.[47]

Der anthropozentrischen Verengung der Theologie auf den Menschen und seine Heilsgeschichte, der Trennung der Schöpfung Gottes von der Natur der Naturwissenschaft und der Ausgrenzung der nichtmenschlichen Schöpfung aus der theologischen Ethik haben die Vertreter und Vertreterinnen einer Ökologischen Theologie andere theologische Entwürfe entgegengesetzt. In diesen Konzeptionen wird die Natur als Schöpfung wahrgenommen, die vom Schöpfer *ethisch qualifiziert* ist und so dem menschlichen Handeln als eine verpflichtende Instanz erscheint. Auch zentrale Positionen in der heutigen Naturethik und im gegenwärtigen Nachhaltigkeitsdiskurs, die von einer Kritik an einem mechanistischen, verobjektivierbaren Naturverständnis über das menschliche Selbstverständnis als »Herrscher über die Natur« bis hin zu anderen Wirtschafts- und Lebensformen reichen, wären ohne diese prägenden theologischen Diskurse so nicht denkbar. Ebenfalls haben die wiederkehrenden Gespräche an der Evangelischen Forschungsstätte in Heidelberg (FEST) oder an den Evangelischen Akademien diesbezüglich wesentliche Akzente gesetzt. So ist beispielsweise die wegweisende Veröffentlichung »Frieden mit der Natur«[48] das Ergebnis eines fünfteiligen, interdisziplinären Gesprächs

46 ALTNER, Naturvergessenheit. Siehe auch LIEDKE, Bauch, 72 ff.
47 BULTMANN, Glauben, Bd. IV, 102.
48 MEYER-ABICH (Hg.), Frieden.

zur Ökologiekrise, das von 1975 bis 1978 regelmäßig in der Evangelischen Akademie Hofgeismar stattgefunden hat.

Parallel zu diesen theologischen Diskursen entstand in den Kirchengemeinden vor Ort ein ganz praktisches schöpfungstheologisches Engagement als eine »Konkretisierung ökologischer Theologie«.[49] Meist waren dies Gruppen, die zwar nicht traditionell kirchlich verortet waren, in denen aber Christinnen und Christen maßgeblich engagiert waren oder in denen Gemeindepfarrerinnen und -pfarrer eine prägende Leitungsfunktion innehatten. Schöpfungsverantwortung vollzog sich anfangs als ein Engagement, das mit »latenter Kirche«[50] (Paul Tillich) gut charakterisiert werden kann. Diese kirchlichen Umweltgruppen kann man auch mit Wolfgang Huber als eine wichtige Sozialgestalt von Kirche verstehen, die sich in der Geschichte in Form von Orden und Kommunitäten und heute in Form von Initiativgruppen neben der Ortsgemeinde und den verfassten Kirchen bildeten und bilden[51]. Es sind Gruppen, die ganz besonders »nach der verpflichtenden Kraft des Glaubens für das christliche Leben und damit auch für die Lebensformen der Kirchen fragen«[52]. Beispiele sind die »Rhein-Main-Aktion gegen Umweltzerstörung« oder die »Rhein-Ruhr-Aktion gegen Umweltzerstörung«, die sich Anfang der 1970er Jahre mit maßgeblicher Unterstützung des Sozialwissenschaftlichen Instituts der evangelischen Kirchen in Deutschland konstituiert haben.

---

49 Oeser, Schöpfungsverantwortung, 322.

50 Tillich, Grenze, 48, beobachtet diesbezüglich: »Oft schien es mir, als ob die latente Kirche, die mir in diesen Gruppen begegnete, wahrere Kirche sei als die organisierte«. Diese Einschätzung deckt sich mit der Wahrnehmung vieler Christinnen und Christen, die sich in den 1970er Jahren in der Umweltbewegung engagiert haben.

51 Huber, Kirche, 47. Vgl. Kap. 4.1.1 und 4.3.1.

52 Huber, Kirche, 88.

Später entstand aus diesen Aktionen der bundesweit bekannte »Bundesverband Bürgerinitiativen Umweltschutz« (BBU), welcher später in der gesamten Anti-AKW-Bewegung eine entscheidende Rolle gespielt hat.[53] Auch beim Kampf gegen Fluglärm, gegen Gewässerverschmutzung und gegen weitere Bebauungsverdichtungen in den Städten waren oftmals haupt- und ehrenamtliche Mitarbeitende der Kirche treibende Kräfte. Besonders deutlich wurde dies beim Protest gegen den Neubau der »Startbahn West« in Frankfurt/Main, mit dem sich nicht nur viele Pfarrerinnen und Pfarrer solidarisierten, sondern der auch aktiv von verschiedenen Kirchengemeinden und sogar Dekanaten befördert wurde. Als Ergebnis lässt sich festhalten, dass in den 1970er und 1980er Jahren zahlreiche Christinnen und Christen das ökologische Engagement befördert und teilweise auch maßgeblich zur Entstehung zivilgesellschaftlicher Bündnisse gegen die Umweltzerstörung in Westdeutschland beigetragen haben. Die »latente Kirche« hat sich in diesem Sinne deutlich als *Motor* für die damals entstehende Umweltbewegung erwiesen.

Gleichwohl ist festzuhalten, dass dieses »inoffizielle« basisbewegte Engagement nicht immer auf Gegenliebe bei den jeweiligen Kirchenleitungen stieß, wenn beispielsweise die eigenen Pfarrerinnen und Pfarrer 1974 öffentlich Einspruch bei dem Ministerpräsidenten gegen das Atomkraftwerk Whyl erhoben haben.[54] Bei den zivilgesellschaftlichen Bündnissen außerhalb der Kirche hat man dies aber schon damals als ein wegweisendes kirchliches Engagement wahrgenommen, welches die Glaubwürdigkeit christlichen Redens über die Schöpfungsver-

53 Oeser, Schöpfungsverantwortung, 325 ff.
54 Oeser, Schöpfungsverantwortung, 330.

antwortung praktisch unterstrichen hat.[55] Auch diesbezüglich ähneln sich manche unterschiedliche Wahrnehmungen und Einschätzungen von kirchlichen und nicht-kirchlichen Akteuren bis heute.

Eine besondere Rolle spielte die kirchliche Umweltbewegung in Ostdeutschland. Denn hier waren die kirchlichen Umweltgruppen nicht nur Pioniere für ein neu aufkommendes Umweltbewusstsein in den 1970er und 1980er Jahren, sondern sie wurden später auch zur Keimzelle einer Bewegung gegen ein ganzes Regime.

Vor allem engagierte Christinnen und Christen haben sich in der DDR frühzeitig mit den ökologischen Fragestellungen befasst und diese Themen über Kirchenzeitungen weit verbreitet.[56] Das später verbreitete Narrativ, es seien gerade Kirchenfremde gewesen, die sich nur »unter dem Dach« der Kirche versammelt haben, stimmt mit der Realität nicht überein.[57] Richtig ist aber, dass vor allem junge Menschen, die bis dahin wenig Sinn in ihrem Christsein gesehen hatten, das kirchliche Umweltengagement wertschätzten und die Bedeutung des Vorhandenseins von Kirche neu entdeckten.[58] Eine weitere Besonderheit der kirchlichen Umweltbewegung in der DDR bestand darin, dass der Nord-Süd-Dialog und die Gerechtigkeitsfrage von Anfang an mit der Umweltthematik verbunden wurden.[59] Anders als

55 So wurde das kirchliche Engagement beispielsweise durch Hubert Weinzierl, den Mitgründer und späteren Bundesvorsitzenden des BUND, immer wieder hervorgehoben, aber auch kritisch angemahnt, H. Weinzierl, Umweltbilanz.

56 Das kirchliche Forschungsheim in Wittenberg brachte 1980 die erste »Öko-Zeitschrift« in der DDR heraus und erzielte damit eine weitere Verbreitung, vgl. Wensierski, Umweltzerstörung, 174.

57 Vgl. Gensichen, Schöpfungsethik, 19.

58 Ebd. und Wensierski, Umweltzerstörung, 162–163.

59 A.a.O., 161 f., 167, 180.

im Westen waren in der DDR auch die Kirchenleitungen früher mit dem Thema befasst. Bereits 1972 hatte die Kirchenleitung der Evangelischen Kirche der Kirchenprovinz Sachsen eine Recherche über die aktuellen Umweltbelastungen angestoßen und auch auf der Synodalebene des Landes war dies spätestens seit Anfang der 1980er Jahre ein wichtiges Thema. Auf der sog. »Umwelt-Bundessynode« 1984 wurde einstimmig der Satz verabschiedet, Verantwortung wahrzunehmen für die Schöpfung sei »ständige Aufgabe der ganzen Kirche«.[60] Im Unterschied zu Westdeutschland gab es auch eher »ein produktives Hin und Her zwischen dem, was man *Leitung*, und dem, was man *Basis* nennt.«[61]

Werfen wir aber wieder einen Blick zurück auf die evangelische Kirche in Westdeutschland. Im Hinblick auf die Leitungsebene hat sich nach und nach auch in den Landeskirchen sowie in der EKD »eine gewisse Institutionalisierung von Schöpfungsverantwortung«[62] vollzogen. Ehrenamtliche und hauptamtliche Umweltbeauftragte wurden berufen, Maßnahmenkataloge für eine schöpfungsfreundliche Gemeindearbeit verbreitet und erste ökologische Bilanzierungen in Kirchengemeinden durchgeführt. Aber das Thema Schöpfungsverantwortung, und dies ist kritisch anzumerken, wurde nicht als Querschnittsthema für Theologie und Kirche verstanden, sondern als ein *speziel-les* Arbeitsfeld von engagierten Einzelkämpfern angesehen. Bezeichnenderweise hat Günter Altner 1984 in seinem Buch »Fortschritt wohin?« bilanziert: »Dennoch muß ich sagen, daß

60 Zit. in Gensichen, Schöpfungsethik, 19. Wensierski, Umweltzerstörung, 167, betont, dass es zeitweise so schien, als seien die Umweltdiskussionen die Hauptthemen von Synoden, Kirchenzeitungen und Gottesdiensten.

61 Gensichen, Schöpfungsethik, 19.

62 Oeser, Schöpfungsverantwortung, 332.

ich mir innerkirchlich immer wieder wie ein Rad an einer gut geschmierten Proporzmaschine vorkomme … Ich fühle mich manchmal eingeordnet in den Reigen der Referenten und Petenten und der ›seltenen Vögel‹, die man um der Ausgewogenheit willen bei Gemeindeseminaren und ähnlichen Anlässen nun auch noch zu Wort kommen lassen muß, bevor man zur altbewährten Tagesordnung übergeht.«[63] Diese »altbewährte Tagesordnung« hat dann auch dazu geführt, dass die Kirche ihre Vorreiterrolle im Ökologiediskurs ab Ende der 1990er Jahre nach und nach wieder verloren hat.

Aber erstmal war es im Hinblick auf die offiziellen Kirchen erfreulich, dass es – wenn auch reichlich spät – 1985 zu einer gemeinsamen Erklärung des Rates der Evangelischen Kirche in Deutschland und der Deutschen Bischofskonferenz unter dem Titel »Verantwortung wahrnehmen für die Schöpfung« kam. Auch wenn dieser Text umweltpolitisch aus lauter Angst vor »Patentrezepten« und auf der Suche nach einem »Konsens«[64] sich auf einer vorsichtigen Mittellinie bewegt und weit hinter den Diskussionen, die damals in der Ökologiebewegung geführt wurden, zurückblieb[65], so waren die theologischen und ethischen Analysen dennoch tiefgründig und beinhalten auch selbstkritische Töne, dass sich die verfassten Kirchen zu spät »zum Anwalt der Natur und ihres Eigenwertes«[66] gemacht haben. Am Ende des Textes wird auch eindringlich die Rolle der Kirche

63 Altner, Fortschritt, 154. Auch in der DDR beklagten kirchlich Engagierte die Zurückhaltung von kirchenleitenden Gremien. Allerdings sind diese Klagen in einem totalitären SED-Staat nochmal anders einzuordnen als in der BRD.

64 EKD/DBK (Hg.), Verantwortung, 42.

65 Vgl. die zeitgleiche Bilanz von 1985 von Weinzierl, Umweltbilanz. Erstaunlicherweise wurden auch Theologen, die sich intensiv seit Anfang der 1970er Jahre mit der Ökologiediskussion auseinandergesetzt haben (wie Altner, Liedke, Oeser u.a.), nicht um eine Mitarbeit an diesem Text gebeten.

66 EKD/DBK (Hg.), Verantwortung, 32.

als »Motor« angemahnt: »Beispielhaftes Verhalten der Kirchen und Gemeinden als Grundeigentümer, Bodenbewirtschafter, Bauherr und Anstellungsträger muß daher die Bildungs- und Erziehungsbemühungen der Kirchen stützen, wollen sie ihren Kredit nicht verspielen. [...] Deshalb müssen kirchliche Mitarbeiter und Einrichtungen mit gutem Beispiel vorangehen. Dazu zählen z.B. auch die Einschränkung von Dienstreisen mit dem PKW zugunsten einer stärkeren Inanspruchnahme öffentlicher Verkehrsmittel«.[67] Dies war erfreulich deutlich und hat bis heute (leider) noch nichts an Aktualität verloren. Im deutschsprachigen Raum hat es seitdem eine unaufhörliche Reihe von Stellungnahmen und Denkschriften der Kirchen gegeben, die hier nicht alle redupliziert werden müssen,[68] und die erst mit der Klimadenkschrift »Umkehr zum Leben. Nachhaltige Entwicklung im Zeichen des Klimawandels« von 2009 und dann dem EKD Text »Geliehen ist der Stern« (2018), der sich mit der Agenda 2030 auseinandersetzt, einen vorläufigen Höhepunkt erreicht haben.[69] Trotz aller Unterschiedlichkeit dieser Texte in den vergangenen Jahrzehnten wird in allen deutlich, dass sich die Kirchen nicht erst neuerdings mit dem Problem der Überschreitung der planetaren Grenzen auseinandersetzen und viel zu einer nachhaltigen Transformation der Gesellschaft beitragen können. Denn diese kirchenamtlichen Texte enthalten ein erstaunliches naturethisches und umweltpolitisches Theorieniveau, in dem sowohl die Tiefendimensionen der Nachhaltigkeitsdebatte beleuchtet als auch gesellschaftspolitische Konsequenzen aufzeigt werden, die einen grundlegenden Wandel in unseren gesellschaftlichen Leitbildern, der Wirtschaftsweise

67 A.a.O., 54.
68 Kurze Übersichten finden sich in Vogt, Umweltethik, 228–231, und EKD, Stern, 21–23.
69 Vgl. Kap. 4.1.

und im Lebensstil anmahnen. Dies geht weit über die heute übliche oberflächliche (technokratische) Verwendung des Nachhaltigkeitsbegriffes hinaus und ist daher wegweisend. Auch mit der »Kammer für Umwelt und Entwicklung« (später »Kammer für nachhaltige Entwicklung«), die 1996 eingerichtet wurde, hatte die EKD ein hochkarätig besetztes Fachgremium geschaffen, dessen Orientierungstexte in wissenschaftlichen und zivilgesellschaftlichen Kreisen hohe Anerkennung gefunden haben.[70]

Die im deutschsprachigen Raum beobachtete Doppelbewegung, einerseits das neue theologische Nachdenken über die Natur als Schöpfung angesichts der ökologischen Krise und andererseits das konkrete kirchliche Engagement »vor Ort« mit der »Institutionalisierung von Schöpfungsverantwortung« hat sich Anfang der 1970er Jahre verbunden mit den weltweiten Friedens- und Befreiungsbewegungen im globalen Süden. Die weltweite ökumenische Bewegung hat sich in diesem Zusammenhang ebenfalls als Vorreiter der Ökologiebewegung und des gesamten Nachhaltigkeitsdiskurses erwiesen.[71] Heute ist der Begriff »Nachhaltigkeit« auf internationaler Ebene mittlerweile zum Allgemeingut geworden. Es gibt fast keinen gesellschaftlichen Bereich mehr, wo der Begriff nicht Einzug gehalten hat. Entsprechend finden sich auch in allen Sektoren und Branchen Nachhaltigkeitsberichte, -strategien und -beauftragte. Nur wenigen ist allerdings bekannt, dass der Begriff »Nach-

---

70 Selbst hat die EKD deren Empfehlungen allerdings nur zögerlich umgesetzt. Das änderte sich erst Anfang der 20er Jahre mit Entscheidungen der EKD-Synode zu mehr verbindlichem Klimaschutz und Nachhaltigkeit, vgl. Kap. 4.3.2.

71 Einen hervorragenden Überblick über die ökumenischen Diskurse zur Schöpfungsverantwortung bietet Bedford-Strohm, Schöpfung, 94–187. Von daher sollen auch hier nur einige Eckpunkte der Entwicklung benannt werden.

haltigkeit« vor allem *durch die Kirchen* der weltweiten Ökumene in die globale *politische Ökologiediskussion* hineingebracht und auf die politische Agenda gesetzt wurde.[72] Bereits die ökumenische »Weltkonferenz über Wissenschaft und Technologie für eine menschliche Entwicklung« 1974 in Bukarest stand – vor dem Hintergrund der Studien des Club of Rome – unter dem Leitwort der »sustainable society«.[73] Auch hier war es – ähnlich wie in den theologischen Diskursen zu einer Ökotheologie in Deutschland – die kritische Auseinandersetzung mit der Naturvergessenheit des technologischen Fortschritts und des Wachstumparadigmas, die zu dem Leitbild der nachhaltigen Gesellschaft führte. Außerdem verdankt die ökumenische Bewegung ihre wachsende Offenheit für ökologische Fragen auch dem Einfluss der orthodoxen Kirchen, die das vorherrschende christozentrisch-theologische Denken in der ökumenischen Bewegung um einen mehr ökologisch-kosmologischen Denkansatz ergänzten.[74]

Bei der fünften Vollversammlung des Weltkirchenrats 1975 in Nairobi erreichte die Frage des Umgangs mit der nichtmenschlichen Schöpfung und einer überlebensfähigen Gesellschaft mit der Rede des von der Prozesstheologie beeinflussten Biologen Charles Birch über »Schöpfung, Technik und Überleben der Menschheit«[75] einen Durchbruch in der Arbeit des Welt-

72 Der Begriff »Nachhaltigkeit« stammt ursprünglich aus der Forstwirtschaft des 18. Jahrhunderts und besagt, dass im Wald nicht mehr Holz geschlagen werden dürfe als nachwachse; vgl. Ott, Umweltethik, 163.

73 Bedford-Strohm, Schöpfung, 109–112. Eine wichtige Vorreiterrolle dafür hat die Genfer Konferenz von 1970 gespielt.

74 Die schöpfungstheologischen und -spirituellen Prägungen der orthodoxen Kirchen führten u.a. zu dem »Tag der Schöpfung«, der jährlich am 4. Oktober begangen wird. Zur Bedeutung der orthodoxen Theologie im Kontext der Ökologiekrise vgl. Degen-Ballmer, Gott, 193ff.

75 Birch, in: epd-Dokumentation 1/1976, 34–49.

kirchenrates. Bereits damals wurde von Birch betont, dass die Überlebenskrise nicht einfach durch mehr wissenschaftliche Forschung und Technik zu lösen ist. Vielmehr bedarf es eines Gesinnungswandels im Verhältnis des Menschen zur Natur, eines Wechselspiels von ökologischen mit sozialen Fragestellungen, einer Neuausrichtung der Ökonomie, die an den biologischen Grenzen orientiert ist und eines neuen Lebensstils, der sich am Kriterium der Zukunftsfähigkeit orientiert. Diese Rede war ungemein weitsichtig und hat damals schon die Grundsatzfragen angemahnt, die bis heute in dem Nachhaltigkeitsdiskurs immer noch zu kurz kommen. Mit dieser Konferenz war der Ökumenische Weltrat der Kirchen nicht nur die erste größere öffentliche Institution, die auf globaler Ebene für mehr »Nachhaltigkeit« eingetreten ist[76], sondern sie ist zugleich als Wegbereiter eines Nachhaltigkeitsverständnisses aufgetreten, das die bis heute unterbelichteten Tiefendimensionen auf dem Weg zu mehr Nachhaltigkeit beleuchtet hat. Einen weiteren Höhepunkt des kirchlichen Nachhaltigkeitsdiskurses bildete die Konferenz des ÖRK 1979 in Boston. Hier wurde nochmals vertieft der ökologische Aspekt der Nachhaltigkeit in den Zusammenhang mit der sozialen Gerechtigkeit gesetzt, aber auch das für die Ökologiediskussion wichtige Verhältnis von Naturwissenschaft und Theologie aufgearbeitet.[77] Die Verbindung der Themen Ökologie, soziale Gerechtigkeit und globaler Frieden findet ihren besonderen Ausdruck im Konziliaren Prozess unter dem Titel »Gerechtigkeit, Friede und Bewahrung der Schöpfung«, dessen Geburtsstunde vor allem mit der 6. Vollversammlung des Ökumenischen Rats der Kirchen 1983 in Vancouver verknüpft

---

76 EKD, Stern, 5.
77 Bedford-Strohm, Schöpfung, 117–122.

ist.[78] Auch wenn bei der Konferenz das Thema der Bedrohung der Schöpfung präsent war und wichtige Akzente zu den historisch-kulturellen Wurzeln der Krise gesetzt wurden[79], hatte die Ökologiekrise in Vancouver bei Weitem nicht die Bedeutung, die nach der Konferenz in Boston zu erwarten gewesen wäre. Viele Problemfelder wurden vor allem im Hinblick auf das Gerechtigkeitsthema beleuchtet. So werden beispielsweise die negativen Auswirkungen der industriellen Landwirtschaft nur in Bezug auf die »Beeinträchtigung der Nahrungsmittelproduktion«[80] gesehen, während der Biodiversitätsverlust, der seit Rachel Carsons Veröffentlichung »Der stumme Frühling« (1968) seit Langem bekannt war, nicht einmal als Problem gekennzeichnet wird.[81] Auch die Überlebensfrage wird beschränkt auf das Thema: Bedrohung durch Krieg.[82] Bezeichnend ist daher, dass in der öffentlichen »Erklärung zu Frieden und Gerechtigkeit«[83] der Terminus »Bewahrung der Schöpfung« gar nicht mehr vorkommt. Erwähnt sei dies deshalb, weil es im Laufe der kirchlichen, aber auch in der politischen Geschichte, immer wieder zu diesen unfruchtbaren Konkurrenzen der Themen gekommen ist, die aus unserer Sicht Scheinkonkurrenzen sind. In den 80er Jahren gab es in den Diskursen des ÖRK immer wieder Befürchtungen insbesondere von Vertretern des globalen Südens, dass die Gerechtigkeitsfragen zu kurz kommen und die Vertreter des globalen Nordens die ökologischen Fragen auf

78 Müller-Römheld, Vancouver; Bedford-Strohm, Schöpfung, 122 ff.

79 Bedford-Strohm, Schöpfung, 124–128. Hier waren es vor allem die Delegierten der DDR-Kirchen, die auf die Bedeutung des Themas Ökologie hingewiesen haben.

80 Müller-Römheld, Vancouver, 189.

81 Auch bei der Gentechnologie wird das Blickfeld anthropozentrisch verengt. Es geht nur um »Würde und Wert des menschlichen Körpers« (a.a.O., 108). Wo aber bleibt die Würde und der Eigenwert der nichtmenschlichen Schöpfung, welches bereits schon 1975 von Charles Birch in Nairobi angemahnt wurde?

82 Müller-Römheld, Vancouver, 167.

83 A.a.O., 160–168.

Kosten der Gerechtigkeitsfragen thematisierten. Die unfruchtbaren Konkurrenzen ziehen sich bis heute durch, wenn etwa notwendige Klimaschutzmaßnahmen mit dem Hinweis auf Gerechtigkeitsfragen und im Kontext kriegerischer Operationen blockiert werden.[84]

Erfreulicherweise wurde dann 1988 bei der ökumenischen Konsultation zu »Integrity of creation« ein »deutliches Gegengewicht gegen die Nachordnung des Schöpfungsthemas«[85] gesetzt. Die von Gesprächen mit Ureinwohnern geprägte Konsultation hat deutlich gemacht, dass die Basis des Nachhaltigkeitsdiskurses der Erhalt der Schöpfung ist und daher »muss Theologie mit der Schöpfung beginnen«.[86] Das Konzept der »starken Nachhaltigkeit«[87] wird hier bereits inhaltlich vorgedacht.

Während man sich dann bei der ökumenischen Weltversammlung in Seoul (1990) nicht auf eine gemeinsame Analyse einigen konnte und es erneut zu einem Konflikt zwischen Ökologie und sozialer Gerechtigkeit kam[88], wurde dann später in der Vollversammlung in Canberra (1991) die Schöpfungstheologie und -ethik wieder zum zentralen Thema.[89] Die in der heutigen Nachhaltigkeitsdebatte völlig unterbelichtete Rolle der Suffizienz und des Maßhaltens wurde damals schon als wesentlicher Beitrag der Kirchen und als Auftrag an die Gesellschaft gesehen, ebenso wurde die Rolle der Spiritualität für einen gelingenden Transformationsprozess betont.

---

84 Welzer, Zeitenende, 28–36.
85 Bedford-Strohm, Schöpfung, 132.
86 Zit. in ebd.
87 Der später vom Philosophen Konrad Ott geprägte Begriff wird auch aufgenommen in: EKD, Stern, 23.
88 Bedford-Strohm, Schöpfung, 141 ff.
89 A.a.O., 155–159.

Erstaunlicherweise sind dann in den weiteren Jahren und vor allem zu Beginn des neuen Jahrtausends die Ökologiefragen wieder mehr in den Hintergrund getreten. Erst die neuen Diskussionen über die Auswirkungen des Klimawandels und dessen Konsequenzen für das Nord-Süd-Verhältnis haben die Fragen nach den planetaren Grenzen unseres Handelns wieder in den Focus gerückt. Wichtige internationale Konferenzen der weltweiten Ökumene haben die Brisanz der fortschreitenden ökologischen Krisen in Erinnerung gerufen und Konsequenzen für die Kirchen thematisiert, wie z.B. der Volos Call 2016 mit dem »Manifest für eine ökologische Reformation« und der Wuppertal Call 2019 von Theolog*innen aus allen Kontinenten mit dem Ruf zu einem »Kairos for Creation«.[90] Diese »Calls«, die die Dringlichkeit der Überlebenskrise als zentrale Herausforderung für die Kirchen weltweit betonen, blieben nicht ungehört. Im Juni 2025 hat der Zentralausschuss des ÖRK in seiner Versammlung in Johannesburg eine weltweite ökumenische Dekade für Klimagerechtigkeit ausgerufen[91]. Diese verschiedenen kirchlichen ökumenischen Aktivitäten nehmen auf der internationalen Ebene bei der Umsetzung der Agenda 2030 eine Schlüsselrolle ein. Denn es gibt nur sehr wenige Organisationen, die weltweit so verbreitet und vernetzt sind wie die Kirchen und die gleichzeitig vor Ort als zivilgesellschaftlicher Akteur tätig sind.[92]

---

90 Werner, Kairos, 304–308.

91 https://www.oikoumene.org/de/news/with-prayer-and-commitment-wcc-begins-ecumenical-decade-of-climate-justice-action [Stand 23.09.2025].

92 Diese aktive Rolle der weltweiten Ökumene wird auch schon seit Langem von nicht-kirchlichen Organisationen, wie dem »Worldwatch Institut«, der »UN-Klimabehörde UNFCCC« oder »Germanwatch« angemahnt, vgl. Pötter, Engel der Umwelt, 8–11.

Auf deutscher und europäischer Ebene hat der Konziliare Prozess bei den Versammlungen in Königstein, Stuttgart und Dresden (1988) und bei der Ökumenischen Versammlung in Basel (1989) eine weitreichende Wirkung für die innerkirchlichen Diskurse und für das Thema der Bedrohung der Schöpfung entfaltet. Der Prozess hat nicht nur dazu geführt, dass die Zerstörung der Schöpfung als Thema des Glaubens, der Theologie und der Kirche wahrgenommen und in den Gemeinden vor Ort verankert wurde, sondern es wurden auch ethische Kriterien und praktische Konsequenzen im Umgang mit der Schöpfung formuliert, die bis heute ebenfalls wegweisend sind. Diese reichen von grundsätzlichen Überlegungen, den Energieverbrauch als »Maß für die Gewalt gegen die Natur« (Gerhard Liedke) anzusehen, über ethische Überlegungen zum Eigenwert und zu den Rechten der Natur bis hin zu konkreten umweltpolitischen Forderungen, wie ein Tempolimit auf deutschen Autobahnen. Aber auch grundsätzliche, theologische Fragestellungen, ob der Terminus »Bewahrung der Schöpfung« angemessen ist[93], wurden damals schon thematisiert. Auch im Hinblick auf neue »Allianzen für die Schöpfung« mit anderen zivilgesellschaftlichen Akteuren aus der Ökologiebewegung konnte dieser Prozess neue Impulse setzen. In vielen sogenannten AGENDA21-Gruppen, die im Anschluss an den Erdgipfel von Rio entstanden sind, haben ökologisch und kirchlich motivierte Menschen zusammengearbeitet und konkrete lokale Verantwortung übernommen. Deutlich wurde dies später auch in der Studie »Zukunftsfähiges Deutschland«, die 1996 im gemeinsamen Auftrag vom BUND und Misereor acht entscheidende Leitbilder für eine nachhaltige Entwicklung formuliert hat, die bis heute wegweisend sind.[94]

---

93 Bedford-Strohm, Schöpfung, 151–154; siehe auch Kap. 3.4.1.
94 BUND/Misereor, Deutschland.

International haben die Überlegungen des Konziliaren Prozesses auch einen wesentlichen Einfluss auf die außerkirchlichen Texte der UN-Konferenz von Rio (1992) gehabt.[95] Von Rio aus hat dann der Begriff »Nachhaltigkeit« quasi einen globalen politischen Siegeszug angetreten, und mittlerweile ist er durch die 17 UN-Ziele für eine nachhaltige Entwicklung der Agenda 2030 nicht mehr aus dem öffentlichen Diskurs wegzudenken. Gerade bei der Agenda 2030 zeigt sich, dass das Verhältnis von den ökologischen Fragestellungen zur sozialen Gerechtigkeit im Kontext der Suche nach Frieden, die die ökumenischen Versammlungen von Anfang an begleitet haben, sich bis heute bei der Ausbalancierung der 17 unterschiedlichen Ziele durchzieht.

Festzuhalten ist, dass der Konziliare Prozess für Gerechtigkeit, Frieden und Bewahrung der Schöpfung, der 1983 begann und dessen Höhepunkte Seoul 1990 und Canberra 1991 waren, der bislang »umfassendste und erfolgreichste Versuch [war], gemeinsam eine Vision für eine umfassende Erneuerung Europas bzw. der Welt im Kontext ökologischer und sozialer Nachhaltigkeit aus der Perspektive der ökumenischen Gemeinschaft der Kirchen zu entfalten und eine ›neue ökologische Weltordnung‹ zu fordern«.[96]

So sehr auch die theologischen Diskurse die Nachhaltigkeitsdebatte geprägt und sich Teile der Kirche als Vorreiter für die Umweltbewegung und -politik erwiesen haben, umso mehr ist es erstaunlich, dass es in den neunziger Jahren nach dem Konziliaren Prozess und zu Beginn des neuen Jahrtausends um die Ökologiefrage sowohl in der ökumenischen Bewegung als auch

95 Vogt, Umweltethik, 278.
96 Werner, Kairos, 302.

im nationalen kirchlichen Kontext eher ruhiger wurde. Zwar befassten sich kirchliche Fachgruppen mit den Ergebnissen des globalen UN-Gipfels zur Nachhaltigkeit, aber für das Alltagsgeschäft in den Kirchengemeinden hatte dies kaum eine Relevanz. In Theologie und Kirche wurden andere Themen – teils individualethische, teils strukturelle Fragen zum Selbsterhalt von Kirche – relevanter. Möglicherweise hatte auch hier die heftige theologische Kritik von liberalen Theologen wie Friedrich-Wilhelm Graf an den »neuen protestantischen Ökotheologen«, an der »politischen Funktionalisierung des Schöpfungsbegriffs«[97] und am Konziliaren Prozess erste Früchte getragen.[98] Jedenfalls setzte eine Gegenbewegung zu der Forderung einer politisch aktiven Kirche ein. Liberale Theologie und liberale Kirchenleitungen sahen es nicht als Aufgabe der Kirche an, politische Forderungen zu stellen, sondern in den strittigen ethischen und politischen Fragen Diskursräume offen zu halten. Hier spiegelt Kirche und Theologie z.T. auch den politischen und ökonomischen Zeitgeist der 90er und der Jahrtausendwende in Deutschland und Europa wider. Gesellschaftlich dominant wurden Themen wie die ökonomische Liberalisierung, Vertrauen auf die Märkte und Skepsis gegenüber sozial-ökologischer politischer Rahmensetzung. Eine Einschätzung, die auch Bätzing in seiner Umweltgeschichte teilt: »Mit der Epochenwende der Jahre 1989/90, dem Zerfall der sozialistischen Staaten, der beschleunigten Globalisierung und dem Aufstieg des Neoliberalismus dominieren dann aber wirtschaftliche und soziale Themen die öffentlichen Diskussionen, und das Umweltthema tritt dahinter zurück.«[99]

---

97 Graf, Gottes Schöpfung, 71ff.

98 Bedford-Strohm, Schöpfung, 151–154. Diese Stimmen kritisieren auch heute noch das kirchliche Engagement in diesem Feld, vgl. Kap. 5.2.2.

99 Bätzing, Homo destructor, 26.

Das änderte sich im Raum der EKD wiederum, als Vertreter der Generation, die im Studium oder in der Lehre durch den Konziliaren Prozess geprägt waren wie z.B. Wolfgang Huber, Margot Käßmann und Heinrich Bedford-Strohm in den Jahren 2003–2020 in der EKD hohe Leitungsämter übernahmen und mit der »Öffentlichen Theologie« einen Ansatz fanden, in dem ethische Orientierung und liberale Diskurskulturen keine Gegensätze waren. Um der Glaubwürdigkeit von Kirche in ihrer Rolle als prophetische Mahnerin willen, wurde nun auch mehr an der Veränderung kirchlicher Praxis gearbeitet. Hier ist vor allem auf die Rolle der FEST als wissenschaftliche Begleitung von kirchlichen Klimaschutzkonzepten (2009–2024), die Rolle der Kammer für nachhaltige Entwicklung hinzuweisen (2007–2020), deren Arbeit in dieser Zeit ausdrücklich gefördert wurden bis hin zur Verabschiedung von verbindlichen Klimaschutzrichtlinien und -gesetzen (2020–2024).

In den letzten Jahren gibt es von Seiten liberaler und »transformationskritischer«[100] Theologen verstärkt eine Kritik an den Positionen der EKD wie auch der ökologischen und öffentlichen Theologie. Deren Positionen seien zu politisch und zu moralistisch und stünden in der Gefahr, zu einer häretischen »moralisch-politischen Pseudoreligion«[101] zu werden und die EKD in der Gefahr, sich in Richtung einer Sekte zu entwickeln.[102] Dieser Kritik wiederum wird inzwischen theologisch widersprochen und als »bürgerliche Religion« kritisiert, die nicht nur die ökologischen Krisen verharmlose, sondern die Habenden und

100 »Transformationskritische Theologie« ist unsere Kennzeichnung.
101 Frisch, Klimahäresie.
102 Körtner, Sekte.

Besitzenden vor den Zumutungen einer sozial-ökologischen Transformation bewahren will.[103]

Die theologische Auseinandersetzung um den Beitrag der Theologie und der Kirche zum Umgang mit der Überlebenskrise spitzt sich aktuell also zu. Gleichzeitig tritt sowohl in der Gesellschaft als auch in der Kirche eine gewisse Müdigkeit im Engagement für eine lebenswerte Zukunft ein. Beides sind für uns alarmierende Herausforderungen, die uns motivieren, uns mit diesem Beitrag zu Wort zu melden und die Verantwortung von Theologie und Kirche in der Überlebenskrise zu bekräftigen.

Im Rückblick auf die unterschiedlichen deutschen, europäischen und weltweiten Aktivitäten der Kirche können wir zusammenfassend betonen, dass Theologie und Kirche mehrheitlich ziemlich unvorbereitet in die ihr Anfang der 1970er Jahre »von außen« aufgezwungene Ökologiedebatte gekommen sind. Wie in der sozialen Krise des 19. Jahrhunderts haben die Mehrheit der damaligen Repräsentanten von Theologie und Kirche nicht frühzeitig genug auf die Umweltprobleme reagiert und diese in notwendiger Schärfe erkannt. Im heutigen Rückblick haben damals aber auch Politik, Wirtschaft und andere zivilgesellschaftliche Akteure (wie Gewerkschaften und Sozialverbände) nicht angemessen auf diese Problemlagen reagiert. So hat Hoimar von Ditfurth 1985 in seiner viel beachteten Veröffentlichung »So laßt uns denn ein Apfelbäumchen pflanzen« bilanziert: »Das Eigentümlichste an der Situation ist die Tatsache, daß fast niemand die Gefahr wahrhaben will.«[104] Und Hubert Weinzierl kommt in seiner Umweltbilanz von 1985 zu

103 Taxacher, Klimaaktivismus, 15; vgl. Kap. 5.2.2.

104 v. Ditfurth, Apfelbäumchen, 7.

dem Ergebnis: »Passiert ist gar nichts«.[105] Wäre damals das von den wissenschaftlichen, zivilgesellschaftlichen und kirchlichen Basisakteuren vehement angemahnte »Umsteuern« in den Bereichen Wirtschafts-, Energie-, Verkehrs-, Landwirtschafts- und Naturschutzpolitik auf den Weg gebracht worden, würde dies heute eine »Große Transformation« deutlich einfacher und mehrheitsfähiger machen. Passiert ist aber zu lange »gar nichts«. »Weiter so« lautete vielmehr ein Slogan im Bundestagswahlkampf 1987. Umso erstaunlicher ist es daher aus heutiger Sicht, dass die Frage nach einer nachhaltigen Entwicklung vom Ökumenischen Rat der Kirchen bereits 1975 in aller Deutlichkeit aufgenommen wurde und der Nachhaltigkeitsbegriff von diesem Zeitpunkt an in seiner politischen Dimension von den Kirchen inhaltlich gefüllt wurde. Verbunden wurde dies mit deutlichen politischen Forderungen, die in ihren Grundaussagen wenig an Aktualität verloren haben. Vor allem auch der sich heute in den Themen der Agenda 2030 darstellende Zusammenhang von ökologischen Fragestellungen mit der sozialen Gerechtigkeit und einer verantwortlichen Ökonomie wurde bereits im Kontext des Konziliaren Prozesses intensiv beleuchtet. Von daher sind Theologie und Teile der Kirche durchaus als Pionier und als Avantgarde für den politischen Diskurs um eine nachhaltige Entwicklung zu sehen – obwohl sie sich dieser Rolle leider oft noch nicht wirklich bewusst sind und sie auch aus unserer Sicht noch nicht ausreichend nutzen.

105 Weinzierl, Umweltbilanz.

2. Biblische Überlieferungen als ethisches Orientierungswissen für den heutigen Umgang mit der Schöpfung

Die theologische Tradition hat lange Zeit einseitig die Welttranszendenz Gottes hervorgehoben und das Verhältnis des Schöpfers zu seiner Schöpfung als ein distanziertes »Werk seiner Hände« beschrieben. Der Naturphilosoph Klaus-Michael Meyer-Abich kritisiert dieses Gottesverständnis und spricht vom »erdenfernen Schöpfer«[106], den das Alte Testament in der theologischen Tradition bezeuge. »Es ist ein »übernatürlicher, dem Naturgeschehen gegenüber autonomer, unabhängiger und transzendenter Gott«[107]. Diese Deutung zeigt sich auch in verschiedenen kunstgeschichtlichen Werken, in denen der Schöpfer so dargestellt wird, dass er »jeweils vor seinem Erdenwerk wie ein Maler vor seiner Staffelei oder ein Bildhauer vor seinem Material«[108] sitzt. Ein konstitutives, wechselseitiges Beziehungsgeschehen zwischen Schöpfer und Geschöpf kommt in solchen Vorstellungen nicht in den Blick und den Geschöpfen kommt auch kein eigenständiger ethischer Status zu, außer das geschaffene Material des Schöpfers zu sein. Aber ist ein solches Gottes- und Naturverständnis für die alttestamentlichen Überlieferungen eigentlich sachgerecht?

Auch anhand des Neuen Testaments überwog im Christentum lange Zeit die Überzeugung, dass Christus Mensch geworden und auferstanden sei, um allein uns Menschen selig zu machen.

---

106 Meyer-Abich, Naturphilosophie, 29. Meyer-Abich bezieht die Erdenferne Gottes allerdings nur auf die alttestamentlichen Überlieferungen.
107 Ebd.
108 A.a.O., 30.

Diese Reduktion hatte aber zur Konsequenz, dass das Heil, das Christus gebracht hat, nur auf das Heil der Menschen verkürzt wurde. Eine solche anthropozentrische Verengung führte dann oftmals dazu, die nichtmenschlichen Geschöpfe für heillos zu halten, die Hoffnung auf *ihre* Erlösung aufzugeben und den Umgang mit ihnen der Beliebigkeit preiszugeben.

Im Kontext der ökologischen Krise, die sich zu einer Überlebenskrise ausgeweitet hat, wurden die alttestamentlichen und neutestamentlichen Überlieferungen nochmal neu gelesen und daraufhin untersucht, wie eine Brücke zwischen den biblischen Überlieferungen und den aktuellen schöpfungsethischen Herausforderungen geschlagen werden kann. Dabei kann es nicht darum gehen, simplifizierend die biblischen Überlieferungen auf die ökologischen Fragestellungen zu beziehen und aus ihnen direkte Handlungsempfehlungen abzuleiten. Denn die Texte sind in einer Zeit entstanden, »in der anthropogener Klimawandel, Artensterben und Gefährdungen der großen Erdsysteme nicht vorstellbar waren.«[109] Dieser historische Abstand kann nicht einfach übersprungen werden. Gleichwohl können aber im Kontext der Überlebenskrise die verschüttete Reichhaltigkeit der biblischen Texte, in denen die ethische Relevanz der wechselseitigen Beziehung des Schöpfers zu seinen eigenständigen Schöpfungs-Subjekten sichtbar wird, wieder neu entdeckt werden. Hier sind z.B. auch Ansätze einer »ökohermeneutischen Bibelauslegung« sowie das Verständnis einer »Deep incarnation« aus den letzten Jahren aus unserer Sicht weiterführend.[110]

109 Jekel u.a., Bibel, 199f.
110 Zimmermann, Klimaaktivist, 127–149.

Außerdem ist den biblischen Überlieferungen durchaus bewusst, dass Naturkatastrophen »nicht Schicksal sind, sondern Folgen der Taten bzw. Untaten von Menschen.«[111] In Jeremia 14,1–22 begegnet beispielsweise das »Motiv des trauernden Landes«, das die Konsequenzen *menschlicher Schuld* anhand von drei Katastrophenbildern – ausgedörrtes Land (V. 2), zusammengebrochene Wasserversorgung (V. 3f.), leidende Tierwelt (V. 5f.) – schildert.[112] Auch globale Bedrohungen und Endzeitvorstellungen waren »durchaus bekannt und wurden in der jüdischen und christlichen Apokalyptik auch theologisch reflektiert (Mk 13; Mt 25; 1 Kor 7)«[113]. Daran zeigt sich, dass die biblischen Überlieferungen auch für eine aktuelle Schöpfungsethik hilfreich und wesentlich sind. Sie sollen daher in ihren Grundzügen im Folgenden entfaltet werden.

2.1 Gott, der »Liebhaber des Lebens« – alttestamentliche Zugänge

Die Schöpfungsaussagen der Bibel verdeutlichen, dass die gesamte Schöpfung auf Gott, den »Liebhaber des Lebens«, wie es in Weish 11,26 heißt, bezogen ist. Durch diesen konstitutiven Gottesbezug ist die natürliche Schöpfungswelt nicht eine neutrale Gegenstandsdimension, sondern eine in theologischer Weise ethisch qualifizierte Dimension der Wirklichkeit.[114] Theologisch gesehen haben *alle Kreaturen* durch ihre Gottesbeziehung einen *ethischen Status* inne, den es *unabhängig von menschlichen Verwertungsinteressen* zu achten gilt. »Denn Gott

111 Ebach, Schöpfung, 101.
112 Janowski, Schöpfungsglaube, 161–166.
113 Jekel u.a., Bibel, 200.
114 Janowski, Schöpfungsglaube, 17.

gehört die Erde und was sie erfüllt« (Ps 24,1). Folgende ethisch relevanten Grundzüge des alttestamentlichen Schöpfungsglaubens lassen sich festhalten:

2.1.1 Gottes Schöpfungsgemeinschaft im Prozess des Werdens

Nach dem Alttestamentler Claus Westermann heißt von Schöpfung reden, vom Ganzen zu reden.[115] Und in der Tat zielt der Schöpfungsbegriff auf ein vieldimensionales, ganzheitliches Beziehungsgeschehen. Das *Element der Beziehung* ist dabei für das Verständnis der Schöpfung *konstitutiv*.

Dieses drückt sich fundamental in der *Beziehung von Gott und Welt* aus. Diese ist eine dreifache Beziehung. Sie umschließt *erstens* die Dimensionen des gemeinsamen Ursprungs aller Geschöpfe und ihr Bewirktwerden von Gott (creatio originalis, vgl. Gen 1,1), *zweitens* die ständige Erschließung neuer Möglichkeitsspielräume für die Schöpfung durch den Geist Gottes (creatio continua, vgl. Ps 104,30), sowie *drittens* die zukünftige Verheißung der neuen Schöpfung (creatio nova, vgl. Jes 11,6ff.).

Die schöpferische Gotteskraft ist damit zugleich der tiefere Urgrund von Kreativität, Neuheit und Möglichkeitsimpulsen einer dynamischen und sich entwickelnden Schöpfung. Der Schöpfer ist, bildlich gesprochen, die ständige »Quelle des Lebens« (Ps 36,10; Jer 2,13; Joh 1,4;4,14;11,25;14,6), die den Strom des

115 Westermann, Schöpfung, 51.

Lebens speist, kreativ fortführt und ausrichtet auf die vollendete Einwohnung Gottes (Offb 21,3).

Zentral in diesem schöpferischen Beziehungsgeschehen ist aber, dass nicht eindimensional nur Gott hervorbringt und handelt, sondern in dieses Beziehungsgeschehen auch die *Eigenaktivität der geschöpflichen Bereiche* (natürliche, kulturelle und himmlische) *konstitutiv eingebunden* ist.[116] Gott ermöglicht und wirkt den Schöpfungsprozess *mit und durch* seine Geschöpfe, sodass das inhärente kreative Potential der Geschöpfe selbst zur Geltung kommt. So wird bereits auf den ersten Seiten der Bibel der außermenschlichen Schöpfung eine *schöpferische Eigenpotenz* zugeschrieben:

Nicht nur Gott handelt, herrscht, scheidet und bringt hervor, sondern die Schöpfung wird selbst als aktiv und reproduzierend (Gen 1,22.28), herrschend und rhythmisierend (Gen 1,14ff.), scheidend (Gen 1,6.9.18), sowie hervorbringend (Gen 1,12.20.24) beschrieben. Als eine besondere, eigenaktive, kraftspendende Instanz tritt dabei die Erde hervor (vgl. Gen 1,11f.24f.). Die Erde bringt selbst reproduzierende Geschöpfe hervor und sichert so die *stete Erneuerung* des Lebens.

Schöpfung als Beziehungsgeschehen umfasst aber nicht nur die wechselseitige Beziehung zwischen dem Schöpfer und seinen Geschöpfen, sondern auch die *konstitutive Beziehung der Geschöpfe untereinander.*

116 Ausführlich zu diesem Aspekt: Welker, Schöpfung, 15–41; Cobb/Griffin, Prozess-Theologie, 23ff.

Die Koexistenz der Schöpfungsgemeinschaft bildet bereits im ersten Schöpfungsbericht den zentralen Ausgangspunkt. Gen 1 lebt davon, dass Gott die Lebensräume und Lebewesen so miteinander vernetzt, dass sie wechselseitig und füreinander Funktionen wahrnehmen. Der Alttestamentler Helmut Utzschneider hat herausgearbeitet, dass es in Gen 1 ein Gefüge von Schöpfungstagen, Zeitrhythmen, Leben, Lebensräumen und Lebewesen gibt, die »ein Geflecht der Dienste [bilden], die sich die Geschöpfe untereinander erweisen.«[117]

Verbindet man diesen Netzwerkgedanken der Schöpfung mit dem Hinweis auf die Eigenaktivität und Reproduktivität der Kreaturen, so wird ebenfalls deutlich: Die Schöpfung ist nicht das konstante, fertige Werk, sondern sie ist eine »dynamische creatio continua«.[118] Dies ist auch die Grundaussage des Schöpfungsmythos im 38. Kapitel des Hiobbuches: Gottes schöpferisches Verhältnis zur Welt ist nicht auf ein anfängliches Tun begrenzt, sondern *ständig* begrenzt der Schöpfer die Chaosmächte.[119] Schöpfung ist also ein sensibles, *dynamisches* Beziehungsgeschehen, in dem ein Teil mit dem anderen konstitutiv zusammenhängt. Gemeinsam bilden alle ein vernetztes »Lebenshaus Erde«[120]. Dieses Verständnis der Schöpfung als Werdeprozess ist auch ethisch relevant, wenn es um den Terminus »Bewahrung der Schöpfung« geht.[121]

---

117 Utzschneider, Würde, 138. Dazu auch Hardmeier/Ott, Naturethik, 113 ff., 234 ff.; Zenger, Bogen, 51 ff., 200; Link, Schöpfung, 49 ff.; Steck, Welt.

118 Vgl. Link, Schöpfungstheologie, 362; vgl. Moltmann, Schöpfung, 212–220; Altner, Naturvergessenheit, 19 ff. u. 77 ff.

119 Ebach, Gott, 122 ff.; Janowski, Schöpfungsglaube, 410 ff., 467 ff.

120 Janowski, Schöpfungsglaube, 83. Die Haus-Metapher drückt sehr schön den Vernetzungscharakter der Schöpfung aus. Allerdings darf die Haus-Metapher nicht mit einem statischen, fertigen Haus assoziiert werden, sondern muss dynamisiert gedacht werden.

121 Siehe Kap. 3.1.3 und 3.4.1. Vgl. Hofmeister, Erde, 111 ff.

2.1.2 Der Mensch als Erdling und als Ebenbild Gottes

Auch der Mensch ist ein konstitutiver Teil des schöpferischen Beziehungsgeschehens und ihn gibt es auch nur, weil nicht nur aus evolutionärer Sicht, sondern auch aus biblischer Sicht Tiere und Pflanzen, Erde und Wasser, Luft und Gestirne *vor ihm und mit ihm* existieren. Gemeinsam sind sie aus dem Prozess der Schöpfung hervorgegangen. Der Mensch ist und bleibt demnach mit allen Fasern seines Wesens ein »Erdling«, wie es in Gen 2 heißt, ein Mensch (hebr. adam), der aus der Erde (hebr. adamah) gemacht wurde (Gen 2,7). Er ist zutiefst von der Erde abhängig. »Die Erde kann ohne uns Menschen leben und hat es Millionen Jahre getan, aber wir können nicht ohne die Erde leben.«[122] Als »Erdling« ist er – wie alle anderen Geschöpfe auch – ein auf Gottes Zuwendung angewiesenes und abhängiges Geschöpf, das den »Odem des Lebens« (Gen 2,7) von Gott geschenkt bekommt. Deshalb sterben auch alle Kreaturen, wenn Gott diesen Lebensgeist/-odem zurücknimmt (vgl. Hi 34,14f.; Ps 104,29) und kehren nach Gen 3,19 zur »Erde« zurück. Der Mensch ist damit schöpfungstheologisch in vielerlei Hinsicht mit seinen Mitkreaturen verwandt. Umso erstaunlicher ist es, warum es eigentlich selbstverständlich ist, dass menschliche Gemeinsamkeiten und Verwandtschaftsverhältnisse einen verpflichtenden Charakter haben, die zu anderen Mitgeschöpfen jedoch nicht?[123]

Neben dieser menschlichen Gleichheit und Verwandtschaft mit allen Kreaturen wird auch die *Andersartigkeit* zu der nichtmenschlichen Schöpfungswelt beschrieben. Nur der Mensch

122 Moltmann, Hoffen, 16.
123 Vgl. Kap. 3.1.

wird zum »Bild Gottes« (Gen 1,26f.) bestimmt und ist dadurch innerhalb der Schöpfung herausgehoben. Im Gegensatz zu vielen Auslegungstraditionen sehen wir die Gottebenbildlichkeit aber nicht als eine Qualitätsbeschreibung an, die ein »Höher-« oder »Besser-Sein« des Menschen impliziert. Gottebenbildlichkeit meint nicht »Mensch als Krone oben – Natur unten«, zumal sich auch für die Vorstellung des Menschen »als Krone der Schöpfung« keine biblischen Anhaltspunkte finden.[124] Vielmehr meint sie nichts anderes, als dass der Mensch eine *andere Funktion* im Gesamtzusammenhang der Schöpfung innehat, so wie die anderen Arten auch ihre je spezifischen Rollen und einzigartigen Funktionen für das Ganze der Schöpfung innehaben. Gottebenbildlichkeit ist, wie der Alttestamentler Walter Groß sagt, »eine Funktions-, nicht eine Qualitätsaussage.«[125] Seine Funktion innerhalb des besonderen Verhältnisses zu seinem Schöpfer ist es: als Gottes Ebenbild *Verantwortung für das Zusammenleben von Mensch und nichtmenschlicher Kreatur* zu tragen. Der vernunftbegabte Mensch allein ist ein *zur Verantwortung fähiges Geschöpf und er allein weiß auch um den Wert* jeder Kreatur als Geschöpf Gottes.[126] Deshalb wird auch nur er von Gott angesprochen (Gen 1,29), bekommt später den Auftrag zum Bau der Arche (Gen 6,14–16) und damit den Auftrag, »das Leben zu erhalten« (Gen 6,19–20).[127] Als Statthalter Gottes soll er als sein Eben-

124 Janowski, Schöpfungsglaube, 220f., 475f. Vielmehr kann die »Ruhe Gottes«, mit der das Schöpfungswerk zum Abschluss kommt, als Krönung und Höhepunkt der Schöpfung bezeichnet werden; Westermann, Schöpfung, 98f.; Moltmann, Schöpfung, 281ff.

125 Gross, Gottebenbildlichkeit, 47; Janowski, Schöpfungsglaube, 61ff.

126 Kappes, Mit-Geschöpfe, 38ff., 125f. Zu den ethischen Konsequenzen vgl. Kap. 3.4.

127 Da allein der Mensch Träger der Verantwortung ist, ist eine »Anthropozentrik der Verantwortung« unhintergehbar. Diese darf aber nicht mit einer »Anthropozentrik der Interessen« verwechselt werden, vgl. Kap. 3.4.2.

bild verantwortlich im Sinne des »Liebhaber des Lebens« handeln. Verfehlt der Mensch diese von Gott ihm zugedachte Aufgabe, dann wird nicht nur das menschliche Zusammenleben Schaden nehmen, sondern es wird auch – wie es viele biblische Texte betonen – das ganze Land »trauern« mit verheerenden Auswirkungen auf die Wasserversorgung, das Grünland, den Ackerboden und die Tierwelt (vgl. Jer 14,1–22; Joel 1,17–20). Deshalb klagt der Prophet Jeremia: »Wie lange soll das Land trauern und das Kraut des ganzen Feldes vertrocknen? Wegen der Bosheit der Bewohner schwinden Vieh und Vögel dahin« (Jer 12,4).

2.1.3 Der begrenzte Herrschaftsauftrag des Menschen

Neben den beiden anthropologischen Bestimmungen des Menschen als abhängiges, endliches Geschöpf Gottes und seiner Bestimmung als Ebenbild Gottes betont der priesterschriftliche Schöpfungsbericht noch ein drittes anthropologisches Motiv, den doppelten Herrschaftsauftrag, welchen Martin Luther mit den Verben »herrschen« (hebr. radah) und »euch untertan machen« (hebr. kabas) übersetzt (Gen 1,28). Beide Ausdrücke wurden immer wieder als ein Beleg für eine schrankenlose Herrschaft des Menschen über die Natur gesehen. Aber Luthers Übersetzung des hebräischen Wortes »kabas« mit »und macht sie euch untertan« beinhaltet bereits zwei Missverständnisse:

Erstens suggeriert sie, dass sich der Mensch der Erde gegenüber wie ein Feldherr verhalten solle, der sich den Lebensraum erst erkämpfen muss. Dem widerspricht aber, dass Gott am 2. und 3. Tag die Erde als Lebensraum für alle Lebewesen schon bereitet hat.[128] Zweitens wird in dieser Übersetzung durch den dativus ethicus (»euch«) eine anthropozentrische Variante eingetragen, die im hebräischen Text so nicht gegeben ist. »Kabas« meint nicht einseitig ein gewaltsames Untertan-Machen, im Sinne eines »Versklaven«, sondern ist vielmehr als ein rechtssymbolischer Terminus für die *Inanspruchnahme von Land* zu verstehen.[129] Das mit dem Verb »kabas« verwandte Substantiv ist das Wort »käbäs« (Fußschemel). Dieses Verb kann mit Menschen, Völkern und Ländergebieten als Objekt verbunden sein und heißt so viel wie »zum Eigentum machen«. Entsprechend bilden in den ägyptischen Darstellungen die unterworfenen Länder den Fußschemel des thronenden Königs. Das Bild, wonach jemand seinen Fuß auf etwas setzt, muss aber keineswegs Unterdrückung bedeuten, sondern kann vielmehr auch ein Symbol des Schutzes und der Fürsorge sein. Eindrucksvoll zeigt die Darstellung eines assyrischen Rollsiegels diese Geste als *Symbol der Fürsorge.*[130]

Im Kontext von Gen 1 hat das Verb »kabas« das Land als Objekt (vgl. auch Num 32,22.29; Jos 18,1; 1 Chr 22,18). Und die Parallelstellen in Dtn 3,20;31,3 und Jos 1,15 zeigen durch das Wort »jrs« (= in Besitz nehmen), dass es sich, wie Hardmeier und Ott herausarbeiten, beim »Untertan-Machen« um den Auftrag handelt, das Land in Besitz und in Dienst zunehmen. Von diesem Kontext her meint »kabas« »das ›Betreten‹ des Landes im Sinne einer In-Gebrauch- und In-Besitz-Nahme«[131]. Am besten ist daher der Text in Gen 1,28 mit »macht sie dienstbar« zu

128 Vgl. dazu Zenger, Bogen, 71–84.
129 Zum Folgenden Janowski, Herrschaft, 184; Hardmeier/Ott, Naturethik, 141 ff.; Rappel, Erde, 63–65.
130 Zenger, Gott, 148. Vgl. auch Janowski u.a. (Hg.), Gefährten, 175.
131 Hardmeier/Ott, Naturethik, 141.

übersetzen, d.h., die Menschen werden dazu aufgefordert, den vom Schöpfer bereiteten Lebensraum in Gebrauch zu nehmen, ihn zur Nahrungsversorgung *dienstbar* zu machen.[132]

Auch das Verb »radah« (»herrschen«) zeigt nicht an sich schon eine besondere Härte an, sondern »heißt ursprünglich so viel wie ›regieren, leiten‹, wobei die Bedeutungsnuancen je nach Kontext variieren. Herrschaft ist auch im Alten Testament ambivalent und kann nicht von vornherein und auf jeden Fall mit Gewaltausübung verbunden werden.«[133] Demnach ist »radah« nur *vom Kontext her* zu erschließen. Die alttestamentliche Überlieferung kennt vor allem drei verschiedene Kontexte[134]: (1) Die Herrschaft mit Gewalt (»unterdrücken«). Typisch ist hierbei, dass die besondere Härte jeweils durch einen speziellen Zusatz »mit Gewalt« ausgedrückt wird (vgl. Lev 25,43.46.53; Ez 34,4; Jes 14,6). (2) Die Herrschaft über Völker (»beherrschen«; z.B. Lev 26,17; Neh 9,28; Jes 14,2). (3) Die Herrschaft des Königs bzw. des königlichen Menschen (z. B. 1 Kön 5,4; Ps 72,8;110,2).

Gen 1,26.28 ist dabei im letzteren Sinne zu verstehen. Die königliche Herrschaft ist dabei am Idealbild des israelitischen Königs orientiert, der von der »Gerechtigkeit« Jahwes bestimmt ist (Ps 72,1) und dessen Herrschaft sowohl das Rettungshandeln an den Armen (V. 2–4; V. 12–14) als auch die Segenswirkungen in der Natur (V. 5–7; V. 15–17) impliziert.[135] Herrschaft in diesem

132 So bereits schon Steck, Welt, 81; Liedke, Bauch, 135.

133 Janowski, Herrschaft, 192f. Die einzige Stelle, die *an sich* Gewalt impliziert, ist Joel 4,13. Hier könnte es sich aber auch um eine Form des Verbs »jrd« (hinabsteigen) handeln.

134 Janowski, Herrschaft, 192, Anm. 53.

135 Vgl. dazu Janowski, Herrschaft, 193f. Ähnlich auch Liedke, Bauch, 136f. Zum Zusammenhang zwischen Schöpfung und Königtum siehe Janowski, Schöpfungsglaube, 251ff.

Sinne meint daher keine ausbeuterische Gewaltherrschaft. Außerdem widerspräche eine solche Deutung auch völlig dem unmittelbaren Kontext in Gen 1. Denn es ist genau dieser Kontext, der dem Herrschaftsauftrag seine Grenzen setzt: Eingegrenzt wird der Herrschaftsauftrag durch (1) die Ebenbildlichkeit des Menschen (1,26f.), der als Repräsentant Gottes für die Integrität der ganzen Schöpfung zu sorgen hat. Zugleich hebt der Kontext (2) eine vegetarische Nahrungszuweisung hervor (1,29f.), die das Gegenteil von einem blutigen Kriegszustand ist und den Herrschaftsauftrag radikal einschränkt. Er hebt (3) hervor, dass die gesamte Schöpfung abschließend als »sehr gut« gebilligt und als integer bezeichnet wird (1,31), welches mit der Deutung der Herrschaft als Gewaltherrschaft nicht vereinbar wäre und er ist (4) auf die Vollendung der Schöpfung am 7. Tage bezogen (2,2–3), was nicht denkbar wäre, wenn in Gen 1,26–28 eine Anordnung zur ausbeuterischen Gewaltherrschaft erteilt würde. Mit schrankenloser Verfügungsgewalt hat also das dominium terrae nichts zu tun, es ist vielmehr eine »›Herrschaft‹ – in den Grenzen der Schöpfung«[136].

2.1.4 Noah als Prototyp des gerechten und sorgsamen Herrschers

Die deutliche Begrenzung des Herrschaftsauftrags setzt sich dann auch in der nach-sintflutlichen Welt fort. Diese Welt wird allerdings im Kontrast zu der »sehr guten« Schöpfung in Gen 1,31 bereits vor der Sintflut als eine »verderbte« Welt cha-

136 Janowski, Herrschaft, 194. Diese »Grenzen« ergeben sich auch aus den der Priesterschrift integrierten Gesetzen zur Achtung der Tiere, vgl. dazu R. Bartelmus, in: Janowski u.a. (Hg.), Gefährten, 257–262; Kappes, Mitgeschöpfe, 122ff.

rakterisiert, in der die Gewalt herrscht (Gen 6,11 f.). Und nach der Flut wird in Gen 9,2f. von einer Art Kriegszustand zwischen Menschen und nichtmenschlichen Geschöpfen gesprochen. »Denn jetzt kommen Aspekte zum Vorschein, die dem ›hohen‹ Menschenbild von Gen 1,26–28 (Gottebenbildlichkeit und Herrschaftsauftrag) widersprechen, weil der Mensch die Bestimmung, sein ›Herrscheramt‹ *in den Grenzen der Schöpfung* und in diesem Sinn *verantwortlich* auszuüben, offensichtlich verfehlt hat.«[137] Wie sich die biblische Überlieferung hingegen eine *verantwortliche* Herrschaft vorstellt, wird an Noah deutlich. Er, der die Tiere paarweise in die Arche geführt hat, um sie »am Leben zu erhalten« (Gen 6,19), wird *als Prototyp des gerechten und sorgsamen Herrschers* herausgestellt. Denn wenn Noah ausdrücklich als »gerecht« (Gen 6,9) bezeichnet wird, sieht die biblische Überlieferung in der Lebenserhaltung die gottgewollte Ausübung der Herrschaft des ebenbildlichen Menschen. Noah sorgt als »Anwalt des Lebendigen« für alle Mitgeschöpfe und garantiert so, dass die Fülle des Lebens gewahrt bleibt.[138]

In der aber nun durch die Realität der Gewalt geprägten Welt, in der der Mensch »Furcht und Schrecken« (Gen 9,2) unter den anderen Geschöpfen verbreitet, erfährt auch die Rolle des Menschen eine Neubestimmung. Zwar geht auch in der nachsintflutlichen Welt seine Gottebenbildlichkeit nicht verloren (Gen 9,1–7), aber die Tiere werden dem Menschen jetzt zur Nahrung freigegeben (Gen 9,3). Diese Freigabe der Tiertötung

137 Janowski, Schöpfungsglaube, 84 f.

138 So auch Steck, Welt, 80; Janowski, Herrschaft, 191. Vgl. Spr 12,10: »Der Gerechte kümmert sich um das Wohlergehen seines Viehes«. Die »Gerechtigkeit« ist damit das *kritische Regulativ* für die Herrschaft.

bedeutet aber weder die Ausrufung einer zügellosen Gewaltherrschaft noch ein totales und willkürliches Ausgeliefertsein der Tiere in die Hand der Menschen, da ausdrücklich verboten wird, das Tierblut als Sitz des Lebens zu verzehren (Gen 9,4). Diese erneute Begrenzung wird vor dem Hintergrund formuliert, dass dem alttestamentlichen Menschen das Bluttabu als das Zeichen eines letzten Respekts vor der Verfügungsgewalt Gottes über die Tiere gilt. Auch die nachsintflutliche Welt erlaubt somit »... keine Ausrottung der Tierwelt. Das widerspräche nicht nur jeder Klugheitserwägung, sondern auch der Segensverheißung von Gen 9,8–17, wonach auch die Tiere zum Gottesbund gehören. Mit schrankenloser Gewalt hat die nachsintflutliche Regelung also nichts zu tun. Sie zeigt aber, wie konfliktträchtig das Zusammenleben von Mensch und Tier im gemeinsamen Lebensraum ›Erde‹ (vgl. Gen 1,24 ff.) in Wirklichkeit ist.«[139]

Erstaunlicherweise fällt bei dieser Neubestimmung in Gen 9 das *Fehlen des Herrschaftsauftrags* aus Gen 1 auf, auch das Verb »radah« (herrschen) wird in Gen 9,1–7 nicht mehr verwendet. Janowski folgert daraus: »An die Stelle der Herrschaft des Menschen über die Tiere tritt, wie Gen 9,8–17 explizit deutlich macht, vielmehr der ›Bund‹«[140]. Der Bund Gottes mit allem Lebendigen erscheint damit als zentraler Referenzpunkt für die Bestimmung des menschlichen Handelns in der Schöpfung.

139 Janowski, Schöpfungsglaube, 81.

140 A. a. O., 85. Nach Zenger, Bogen, 120–124, bildet die mythische Figur vom königlichen »Herrn der Tiere« den Hintergrund in Gen 9. Aber auch dieses Motiv zielt auf eine »Begrenzung« der menschlichen Herrschaft und bezeichnet nur, dass der Mensch die Fähigkeit hat, die Welt als Lebensraum gegen die bedrohlichen Mächte zu verteidigen, vgl. Hofmeister, Natur- und Schöpfungsverständnis, 187, 192.

2.1.5 Der Bund Gottes mit allem Lebendigen

»Meinen Bogen habe ich in die Wolken gesetzt; der soll das Zeichen sein des Bundes zwischen mir und der Erde« (Gen 9,13). Gottes Bundes-Versprechen gilt – nicht nur dem Menschen, sondern allem Leben. Alles, was lebt, wächst, kreucht und fleucht ist Partner im Bund Gottes. In der alttestamentlichen Wissenschaft wird dieser Bundesschluss mehrheitlich als »einseitige Bundesverpflichtung« bezeichnet. Gott allein ist der Handelnde, der eine Zusage gibt, und zwar auch »gegenüber allen Lebewesen, die bei euch sind, gegenüber Vögeln und Vieh und allen Tieren, die mit euch auf der Erde sind, gegenüber allen, die aus dem Kasten gegangen sind, gegenüber allem Leben auf der Erde« (Gen 9,8–10). Später dann beim Propheten Hosea wird dieser Bund nochmals ausdrücklich bekräftigt: »Ich schließe [...] einen Bund mit den Tieren des Feldes, mit den Vögeln des Himmels und dem Gewürm der Erde« (Hos 2,20). Dieser Bund zeigt an, wie eng Mensch und Natur in der Schöpfungsgemeinschaft untereinander verbunden sind und wie diese Gemeinschaft als Partner des Bundes an Gott gebunden sind. Alle Kreaturen haben eine unverlierbare Gottesbeziehung.

Der »Liebhaber des Lebens« (Weish 11,26) nimmt sich aller Geschöpfe an und wirkt somit sein Heil nicht an der außermenschlichen Schöpfung vorbei. Es gibt daher auch keine Heilsgeschichte neben der Schöpfungsgeschichte (vgl. Jes 65), vielmehr ist die Heilsgeschichte in die Erdgeschichte eingebunden.[141] Alle Lebewesen sind *auf je ihre Weise Bundespartner Gottes* und zugleich in das *Rechtsleben des Bundes* eingeschlossen (vgl. Ex 20,8–11;21,28–32; Dtn 22,6f.10 u. ö.).

141 Vgl. dazu Zenger, Bogen, 197 f.

Dass dieser Bund auch heute noch Bestand hat, zeigt sich immer wieder neu im Regenbogen am Himmelszelt (Gen 9,14). Zenger deutet den Bogen, mit Blick auf die ägyptische, babylonische und alttestamentliche Bilderwelt[142], als eine Metapher für die aktuelle und bleibende Ausübung der Herrschaft des Schöpfergottes. Die Metapher des Bogens drückt aus, dass Gott die Urflut mit seiner Macht bändigt und dadurch Leben auf der Erde ermöglicht (vgl. auch Ps 104,5–7.9). Damit ist die Schöpfung zwar keine heile Welt, aber sie versinkt auch nicht – wie auch im Hiobbuch ausgeführt wird – im Chaos.[143] Der Bogen in den Wolken ist als das überdimensionale Zeichen der Absicht des Schöpfergottes zu verstehen, die Welt nicht mehr ins Chaos versinken zu lassen (vgl. Jes 54,7–10). Diese unverbrüchliche Bundeszusage Gottes meint aber nicht, dass angesichts der Überlebenskrise »alles schon gut gehen wird« und die durch die Klimaveränderung bedingten Fluten nicht kommen werden. Denn dies widerspräche der von Gott gegebenen menschlichen Freiheit. Der Mensch kann seinen Auftrag und seine Bestimmung immer auch verfehlen und diese Verfehlungen zeigen sich dann u. a. in den Auswirkungen auf die nichtmenschliche Schöpfung. Vor allem im Jesaja-, Jeremia- und im Zwölfprophetenbuch wird dieser Zusammenhang betont.[144] So wird beispielsweise in Jer 5,21–25 unter Rekurs auf den »Bund« das Ausbleiben der Ernteerträge und des Regens als Folge der Verfehlungen des Menschen gesehen: »Eure Verfehlungen verhindern das, und eure Sünden halten

142 Vgl. dazu a. a. O., 124–131.

143 Ebach, Gott. Vgl. auch Lienau, Geerdet glauben, 55, der im Hinblick auf die Aufgabe des Menschen betont: »Gott nimmt Hiob zugleich in die Pflicht, sich an Gottes kontinuierlichem Ringen mit dem Bösen zu beteiligen, anstatt auf ihn zu schimpfen.«

144 Janowski, Schöpfungsglaube, 156–169.

das Gute von euch fern« (Jer 5,25). Eindrücklich werden auch in Jer 14,1–22 die Konsequenzen menschlicher Verfehlungen »anhand von drei Katastrophenbildern – ausgedörrtes Land (V. 2), zusammengebrochene Wasserversorgung (V. 3f.), leidende Tierwelt (V. 5f.) – konkretisiert.«[145] Die Bundeszusage Gottes bedeutet daher keinen Freibrief für menschliches Handeln, sondern seine Sinnrichtung besteht in der Aussage, dass Gott ein für alle Mal seine *Option für das Leben* getroffen hat (vgl. auch Hos 11,8f.) und der »Bogen in den Wolken« soll den Menschen als Repräsentanten Gottes auf Erden immer wieder an diese Option Gottes erinnern. Er ist ein sinnbildliches Andenken dran, dass die anderen Geschöpfe *eigenständige* Partner im Bunde Gottes sind, die es in unserem Handeln zu achten gilt.

2.1.6 Der verpflichtende Eigensinn und Selbstzweckcharakter der Geschöpfe

Nicht nur der Bund mit »allen lebendigen Wesen« (Gen 9,10), der die Geschöpfe als *eigenständige* Partner im Bund Gottes ethisch qualifiziert, sondern auch eine Vielzahl anderer biblischer Stellen und Motive weisen darauf hin, dass sich alle Kreaturen durch von Gott gegebene *eigene Sinnbereiche* auszeichnen, die auf einen *ethischen Selbstzweckcharakter* hinweisen, der das menschliche Handeln begrenzt und in die Pflicht nimmt. Einige der wichtigsten – vom Menschen unabhängigen – Sinndimensionen der Geschöpfe seien im Folgenden genannt:[146]

145 A.a.O., 161.

146 Siehe ausführlich Hofmeister, Natur- und Schöpfungsverständnis, 190f., 278–286, 295–301.

Erstens zeichnen sich alle Kreaturen durch ihre je *eigene Zeitlichkeit* aus. Es ist dabei zu differenzieren zwischen »charakteristischen Systemzeiten« der Geschöpfe und »individuellen Eigenzeiten« der verschiedenen Kreaturen. Unter den »charakteristischen Systemzeiten« werden die eigenen Zeitskalen der verschiedenen Geschöpfe verstanden (z.B. die spezifischen Reproduktionszeiten von Lebewesen, artspezifischer Rhythmus im Tages- und Jahresverlauf). Jeremia 8,7 drückt dies so aus: »Der Storch unter dem Himmel weiß seine Zeit, Turteltaube, Schwalbe und Drossel halten ihre Zeit ein«. Von diesen allgemeinen Systemzeiten sind die »individuellen Eigenzeiten« zu unterscheiden, die bei allen Kreaturen verschieden sind (z.B. die individuelle Lebenszeit einer Art). Diese Eigenzeiten sind ein Ausdruck von *Individualität* der verschiedenen Lebensformen. Der Zeitökologe Martin Held hebt hervor: »Wir haben es uns zwar angewöhnt, nur für uns Menschen Individualität in Anspruch zu nehmen. Aber auch Pflanzen, Tiere und ganze Ökosysteme haben ihre Individualität, ihre je eigenen Zeiten.«[147] Biblisch ist diese Eigenzeitlichkeit ausgedrückt in »ein jegliches hat seine Zeit« (Koh 3,1). Es ist eine kreatürliche Grunderfahrung, die alles Leben miteinander verbindet.

Zweitens heben die biblischen Schöpfungserzählungen die *schöpferische Eigenaktivität* und die *Eigenpotenz* hervor. Nach Gen 1 reproduzieren sich die Geschöpfe selbst, sie herrschen, scheiden, entfalten sich, bringen hervor und stellen ein eigenes aktives schöpferisches Kraftfeld dar. Fundamental wird dies von der Erde ausgesagt, als eine eigenaktive, kraftspendende

147 Held, Zeitmaße, 172.

Instanz (Gen 1,11.24), die *selbst*reproduzierende Geschöpfe hervorbringt (Gen 1,12.22.28).[148] Wenn die Geschöpfe aus eigener Kraft Geschöpfliches hervorbringen (vgl. auch Ps 139,15; Sir 40,1) und sich aufgrund von Jahwes Segen selbst reproduzieren, dann sind die Geschöpfe nicht einfach tote Materie, sondern ihnen kommt eine eigene Sinndimension zu, nämlich eine *kreative ›Ko-Schöpferin‹ Gottes* zu sein.

Drittens kommt allen Geschöpfen ein Kreatur-eigener Lebendrang zu: Biblisch gesehen haben die Kreaturen ihren Lebensdrang kraft des von Gott auf Zeit (Ps 104,27–29) verliehenen Geistes und kraft ihrer lebensspendenden natürlichen Umgebung (Gen 1,11.24). Albert Schweitzer hat dies mit dem Ausspruch »Leben, das leben will, inmitten von Leben, das leben will«[149] zusammengefasst. Damit meint er nicht nur den eigenen »Überlebensdrang« der Kreaturen, sondern auch den je eigenen Drang der Kreaturen, die in ihr *angelegten Möglichkeiten* zu verwirklichen.[150] Diese Möglichkeiten manifestieren sich auch in der Einzigartigkeit und der Vielfalt der Arten in ihren jeweiligen Gestalten.

Viertens die *Vielfalt der Kreaturen*: Gott schuf »ein jedes nach seiner Art« (Gen 1). »Jedes nach seiner Art« ist eine Formel, die in Gen 1 gleich 10-mal gebraucht wird. Solche massiven Wortwiederholungen fungieren im biblischen Text als Marker

---

148 Auch in Gen 2 zeigt sich, dass die schöpferische Erde mit dem Schöpfer zusammenarbeitet, um es regnen zu lassen und um den Adam aus ihr zu erschaffen; vgl. Steck, Welt, 54–62.

149 Schweitzer, Ethik, 330.

150 A.a.O., 302. Die in den jeweiligen Arten angelegten Möglichkeiten zeigen sich konkret in den *artspezifischen* Verhaltensweisen (z.B. ein Huhn schläft auf der Stange, badet im Staub etc.).

für ganz Wesentliches. Die Verschiedenheit der Arten, die Biodiversität ist also ein wesentliches Kennzeichen für das Schöpfungsnetzwerk.[151] Und dass jede Kreatur eine Singularität und Individualität darstellt, drückt die Bibel so aus, dass Gott »sie alle beim Namen ruft« (Jes 40,26). Vor allem auch im Hiobbuch wird die Tierwelt in ihrer Vielfalt und in ihrer Eigenheit beschrieben, so dass dort die »Tiere als Geschöpfe eigenen Rechts«[152] erscheinen.

Ein besonderer Ausdruck der *Selbstzwecklichkeit der Kreaturen* findet sich *fünftens in den Sabbatregelungen*. In die Ruhe des Sabbats (vgl. Dtn 5,13–15; Ex 20,8–11) sind nicht nur die Menschen, sondern auch die Tiere und auch die Erde, die an diesem Tag unbearbeitet bleibt, explizit miteinbegriffen. In den Forderungen des Sabbat- und Jobeljahrs (vgl. Ex 23,10ff.; Lev 25; Dtn 15,1ff.) setzt sich dieser Grundgedanke fort, in dem die Brache des Ackerlandes gefordert wird, auf dem die Tiere grasen können. Der Sabbat ist eine Zeit des Innehaltens und Unterlassens und auch für die nicht-menschlichen Kreaturen eine Zeit, in der sie ihre eigene Selbstzwecklichkeit entfalten können.[153]

Alle diese fünf kreatureigenen Sinnbereiche sind von menschlichen Nutzungs- und Verfügungsinteressen unabhängig und widersprechen einer anthropozentrischen Auslegung der biblischen Schöpfungstheologie.

---

151 Vgl. Janowski, Schöpfungsglaube, 137ff.

152 A.a.O., 213. Janowski führt dies anhand von Gottesreden im Hiobbuch aus, a.a.O., 213–221.

153 Kappes, Mit-Geschöpfe, 178–184.

2.1.7 Die personalen Geschöpfe sind zum Lobe Gottes da

Entgegen der anthropozentrischen Grundhaltung, dass die Natur *für uns da ist* und uns zu dienen hat, betonen die biblischen Überlieferungen in theozentrischer Perspektive, dass die Geschöpfe zur Freude und Verherrlichung des Schöpfers bestimmt sind. »Alles, was Odem hat, lobe den Herrn«, heißt es beispielsweise in Ps 150,6 (vgl. u.a. Hi 12,7–9;38,7; Ps 19,1–7;96,1;97,1;148; Weish 13,1–5; Sir 42,15–43). Janowski betont zu Recht, dass in diesen Stellen »... die Elemente und Wesen der Schöpfungswelt – der Himmel, die Gestirne, das Meer, die Berge, die Bäume, die Pflanzen und die Tiere – als personale Größen dargestellt werden: sie verfügen über eine Stimme (›erzählen‹, Ps 19,2, vgl. Hi 12,7f.), haben Emotionen (›jubeln‹, Ps 96,12 u. ö.) oder verwenden Gesten (›in die Hände klatschen‹, Ps 98,8), mit denen sie sich dem Schöpfer zuwenden.«[154] Auch in dieser Perspektive sind unseren menschlichen Interessen klare Grenzen gesetzt. An die Stelle der Überlegungen, wie die Kreaturen uns dienen können, treten die Überlegungen, wie ein menschlicher Umgang mit den Kreaturen so gestaltet sein kann, damit die Kreaturen Gott dienen und verherrlichen können.

2.1.8 Der verheißene Frieden mit und in der Schöpfung

Zur messianischen Verheißung der Bibel gehören nicht nur die soziale Hoffnung des Friedens zwischen den Menschen, sondern auch die ökologische Vision von einem Frieden

154 Janowski, Schöpfungsglaube, 308.

zwischen Tier und Tier und zwischen Mensch und Tier (vgl. Jes 11,6ff.;32,15–20;65,25; Ez 34,25–28; Hos 2,20). Diese eschatologische Vision vom gewaltfreien Zusammenleben zeigt zugleich, wie konfliktträchtig und realistisch die Bibel das gegenwärtige Zusammenleben der Geschöpfe in einer räumlich begrenzten Welt sieht. Es ist einerseits ein Konflikt von Menschen und Landtieren im gemeinsamen Lebensraum um »Nahrung und Wohnraum«[155] (vgl. Gen 1,24ff.). Andererseits aber auch eine gewaltsame Konkurrenz der nichtmenschlichen Geschöpfe untereinander (vgl. Gen 6,11–12), weshalb betont wird, dass das gemeinsame Lebenshaus »voll Gewalt« (Gen 6,13) ist. In der neuen Welt Gottes hat aber alle Gewalt ein Ende und diese Perspektive ist für uns der verpflichtende Referenzpunkt im Umgang mit der Schöpfung.

2.1.9 Die Einwohnung Gottes in seiner Schöpfung

Während der klassische Theismus von einer einseitigen Welttranszendenz Gottes geprägt ist, in dem die Geschöpfe abstrahierend als »das Werk seiner Hände« gesehen werden, betonen die biblischen Überlieferungen auch die *Immanenz Gottes in der Schöpfung*. Anknüpfungspunkt für die theologische Entfaltung ist die Vorstellung von der *alles erfüllenden Gegenwart* Gottes (vgl. Ps 139), die sich im Begriff der *schechina*, also der Gegenwart, Herabkunft und Einwohnung Gottes in Raum und Zeit, manifestiert.[156] Während in vorexilischer Zeit die Schechina-Theologie auf das Heiligtum auf dem Gottesberg Zion

155 Link, Schöpfungstheologie, 363.
156 Vgl. zum Folgendem Janowski, Schekina-Theologie, 165ff.; Hofmeister, Natur- und Schöpfungsverständnis, 185, 188f.

bezogen war (vgl. Jes 8,18; 1 Kön 8,12f.; Ps 46,5f.), wurde aufgrund der Ereignisse von 587 v. Chr. die Schechina-Theologie modifiziert: Es entstand der Gedanke der *Einwohnung Gottes* »inmitten der Israeliten« (Ex 25,8; 29,45f.; vgl. auch Ez 43,7.9; 1 Kön 6,11–13;8,14–66; Ps 74,1f.). Aufgrund der Strukturentsprechungen von Schöpfungsgeschichte und Sinaigeschichte weist diese »Einlassung« Gottes zugleich auf eine Verwandlung der Schöpfung als ein Raum konkret erfahrbarer Gottesnähe hin. An Israel wird bereits exemplarisch Wirklichkeit, was für die gesamte Schöpfung noch aussteht.

In hellenistischer Zeit wird die *schechina* mit der *Weisheit* als Vermittlerin zwischen Gott und Welt in Verbindung gebracht (vgl. Sir 24,7–12; Hi 28,20–28; Prov 8,22–31). Darüber hinaus wird die Weisheit in Sir 24,10.27 über das Motiv der Einwohnung, die in der Tradition auch immer von Jahwes Herrlichkeit ausgesagt wurde, mit der Offenbarung identifiziert, sodass die Weisheit an die Stelle der Herrlichkeit Gottes tritt, über die in Jes 6,3 ausgesagt wird: »Heilig, heilig, heilig ist der Herr der Heerscharen! Die ganze Erde ist erfüllt mit seiner Herrlichkeit!« (vgl. auch Num 14,21; Ps 72,19).

Diese Vorstellung kann auch mit der *Geistgegenwart Gottes* in Verbindung gebracht werden, da sowohl Geist und Weisheit in der »Weisheit Salomos« nahe beieinander liegen (»Der Weltkreis ist voll Geist des Herrn«, 1,7). Der Geist Gottes wird »damit zum Ausdruck für die Gegenwart und für die *schechina* Jahwes auch außerhalb des Kultes auf dem Zion.«[157] Biblisch

157 Moltmann, Geist, 68. Vgl. dazu a.a.O., 59–64; ders., Schöpfung, 107f.; ders., Kommen, 331ff. Neben dem Geist ist in diesem Zusammenhang auch der Segen zu erwähnen, der Gottes immanentes Handeln betont und eine Art Gotthaltigkeit der Welt angezeigt, Westermann, Schöpfung, 76f.

gesehen ist es außerdem auffallend, dass das Wirken des Geistes mit Hilfe *natürlicher* Analogien beschrieben wird: Geist meint in der Bibel so viel wie »Atem« oder »Windhauch« (vgl. auch Joh 20,22). Nachdem Gott den Menschen aus Erde vom Acker geformt hat, haucht er ihm seinen Lebensatem ein (Gen 2,7; vgl. Ps 104,29f.). Und wenn von Gott geradezu »definitorisch« gesagt wird »Gott ist Geist« (Joh 4,24; vgl. 2 Kor 3,17f.), bedeutet dies, dass Gottes Gegenwart vergleichbar ist mit der alles durchdringenden Luft (vgl. Hi 33,4). Der Geist ist – metaphorisch gesagt – die »Quelle des Lebens« (Joh 4,14; vgl. Ps 36,10; Jer 2,13), die »überquillt« und als »Wasser des Lebens« die ganze Schöpfung erfüllt und belebt. Moltmann betonnt daher zu Recht: »Durch seinen Geist ist Gott selbst in seiner Schöpfung präsent. Die ganze Schöpfung ist geistgewirkt.«[158]

Diese alttestamentliche Vorstellung der Einwohnung und Präsenz Gottes wird dann im Urchristentum auch christologisch weitergeführt. Hier ist es Christus, in dem Gott in die Welt eingeht und ihr Heil und Erlösung bringt. »Das Wort ward Fleisch und wohnte unter uns« (Joh 1,14). Bei Johannes und bei Paulus wird darüber hinaus die alttestamentliche Vorstellung der Einwohnung Gottes auf der Erde zu einer *wechselseitigen* Einwohnung von Gott und Welt. »Gott ist Liebe und wer in der Liebe bleibt, der bleibt in Gott und Gott in ihm« (1. Joh 4,16).

---

158 Moltmann, Schöpfung, 219.

2.2 Die schöpfungstheologischen Dimensionen des kosmischen Christus

2.2.1 Die irdische Inkarnation Gottes und die kosmische Dimension des Weges Christi

Auch im Neuen Testament ist die Schöpfung ethisch qualifiziert und nicht nur der Mensch steht mit Gott in einer Beziehungsgemeinschaft. Denn das Neue Testament sieht den Weg Jesu Christi verbunden mit dem ganzen Kosmos. Jesus Christus ist nicht zu trennen von seinem Vater, der das Heil seiner *ganzen* Schöpfung will, daher schickt er seinen Sohn in sein Eigentum (Joh 1,11). Ein prägnanter Ausdruck dafür ist die Inkarnation. Das ewige Wort des Vaters wurde Fleisch, wie es in Joh 1,14 hervorgehoben wird. Das heißt: das »Wort« wurde *nicht nur Mensch*, sondern *irdisches, geschöpfliches Leben* und ist damit in die gesamte vergängliche Schöpfung eingegangen. Aktuelle ökohermeneutische Interpretationen der Bibel reden deshalb von »deep incarnation«[159], durch die sich Gott in Christus mit allen Lebewesen verbunden hat und die somit auf die ganze Schöpfung bezogen ist.[160]

Durch die »inkarnatorische Erdung des Gottessohnes«[161] wurde im Urchristentum die Schechina-Theologie auch christologisch weitergeführt. In Christus ist Gott »Fleisch« geworden, in seine Schöpfung eingegangen und in ihr präsentisch gegenwärtig. Diese »Einlassungsgeschichte« Gottes zielt neutestamentlich auf die *universelle Einwohnung* Gottes in seiner neuen Schöp-

159 Der Begriff kommt von dem dänischen Theologen Niels Gregersen, Zimmermann, Klimaaktivist, 47.
160 A.a.O., 48.
161 Jekel u.a., Bibel, 210.

fung: »Siehe da, die Hütte Gottes bei den Menschen, und er wird bei ihnen wohnen und sie werden sein Volk sein« (Off 21,3).

Entsprechend ist auch der gesamte Lebensweg Christi ein Weg, der nicht nur Auswirkungen auf den Menschen hat, sondern den ganzen Kosmos berührt und alle Lebewesen betrifft:[162] Ein Stern ging auf bei seiner Geburt (Mt 2,2) und der Weihnachtsfrieden gilt auch den Tieren im Stall. Nach seiner Taufe wird Jesus in die Wüste getrieben und »lebte mit den wilden Tieren« (Mk 1,13), was als Zeichen für die mit Jesus Christus angebrochene Heilszeit zu verstehen ist (vgl. Mk 1,14f.), in der sich der von Jesaja 11 verheißene Schöpfungsfriede bereits manifestiert. In seiner Verkündigung hat Jesus ebenfalls seine Mitgeschöpfe im Blick, wenn er beispielsweise die Rettung eines Ochsen aus dem Brunnen (Lk 14,5) oder die Bergung eines Schafes (Mt 12,11) am Sabbat befürwortet. Auch seine Gleichnisse verwenden, wie selbstverständlich, Bilder aus der Pflanzen- und Tierwelt und verdeutlichen so, dass auch die außermenschliche Schöpfung transparent ist für das Schöpfungshandeln und die Königsherrschaft Gottes.[163] Auch den Hinweis auf Gottes Fürsorge für die Vögel und Lilien (Mt 6,25–34) kann man nicht nur als ein rhetorisches Element ansehen, »sondern auch als Sorge des Schöpfers für die nicht-menschliche Schöpfung ernst nehmen.«[164] Die nichtmenschliche Schöpfung kann deshalb durchaus als »Erschließungsmedien« zum Reich Gottes verstanden werden.[165] Und als Jesus schließlich starb, verlor auch die Sonne ihren Schein (Lk 23,4f.), die Erde erbebte und die Felsen zer-

162 Vgl. ausführlich Moltmann, Weg.
163 Jekel u.a., Bibel, 203.
164 Schottroff, Schöpfung, 136–139.
165 Zimmermann, Klimaaktivist, 119. Zimmermann arbeitet dies besonders in der Untersuchung des Johannesevangeliums heraus.

rissen (Mt 27,52). Dies ist sozusagen der kosmische Widerhall des Christusereignisses. Letztlich war auch seine Auferstehung von kosmischen Zeichen begleitet. Und bei seiner Wiederkunft werden die Kräfte des Himmels und der Erde ins Wanken kommen (Mk 13,25). Bis dahin aber gilt Jesu Auftrag an seine Nachfolger und Nachfolgerinnen, das Evangelium in Wort und Tat zu der ganzen Schöpfung zu bringen: »Gehet hin in alle Welt und predigt das Evangelium aller Kreatur« (Mk 16,15). Diese kosmische Dimension des Weges Jesu Christi zeigt sich auch in den Briefen des Neuen Testaments.

2.2.2 Die Schöpfungsmittlerschaft und Präsenz des kosmischen Christus

Auch bei Paulus[166] gibt es Aussagen über diese kosmische Dimension Christi in Form der Rede von seiner Schöpfungsmittlerschaft. In 1 Kor 8,6 sagt Paulus: »Einer nur ist Gott: der Vater, von dem her alles ist und wir auf ihn hin; und einer nur ist Herr: Jesus Christus, durch den alles ist und wir durch ihn.« Deutlich wird hier die irdische Welt als eine Schöpfung Christi verstanden »durch den alles ist«. Christus ist der präexistente »Schöpfungsmittler«, alles besteht *in ihm*. Am deutlichsten wird dies dann im Kolosserhymnus hervorgehoben, dass alle Dinge *in* Christus geschaffen sind und nur *in ihm* Bestand haben: »In ihm ist alles in den Himmeln und auf der Erde geschaffen worden, das Sichtbare und das Unsichtbare [...] Und er ist vor allem, und alles besteht in ihm.« (Kol 1,16–17) In einer Art Zusammenfassung hält der Autor dann prägnant fest: »Christus ist alles und in allen« (Kol 3,11).

166 Siehe dazu Janssen, Schöpfung, 166–178.

Alle Kreaturen – ob nun Mensch, Tier und Blume, Baum und Stein – gehören demnach zu einer Gemeinschaft »in« Christus, an der auch wir als menschliche Kreatur teilhaben. Sie alle sind dann zusammen *mit uns* in der Welt Gottes.

Gleichzeitig bedeutet dies eben auch, dass die ersten Christen auch Christus *in allen Dingen* der Natur gesehen haben oder als den, der, wie es im Epheserbrief heißt, »alles in allen erfüllt« (Eph 1,23; vgl. 4,10). Im Hinblick auf die kosmische Präsenz Christi sei in diesem Zusammenhang auf das bekannte Logion 77 aus dem apokryphen Thomasevangelium verwiesen.[167] Dort sagt Christus: »Ich bin das Licht, das über allen ist. Ich bin das All; das All ist aus mir hervorgegangen und das All kehrt zu mir zurück. Spalte ein Stück Holz: Ich bin da. Hebt einen Stein auf und ihr werdet mich finden.«

Auch wenn wir dieses wörtlich so nicht teilen können, so können wir aber theologisch verantwortbar durchaus sagen: Wie alles vom Geist Gottes durchweht ist, so trägt auch alles die Züge Christi. Gott hat sich in Christus mit der ganzen Welt verbunden. Dieses Verständnis einer »deep incarnation« ist für uns keine natürliche Theologie oder ein Pantheismus, sondern eine biblisch gut begründbare Aussage aus ökohermeneutischer Sicht. Pneumatologisch und christologisch die Weltimmanenz Gottes zu betonen, bedeutet nicht, dass Gott konturlos und ununterscheidbar in der Schöpfung aufgeht. Vielmehr geht es um die »Vermittlung der Wahrheitselemente des christlichen Theismus und des christlichen Pantheismus«[168]. Erst durch eine trinitarisch begründete Weltimmanenz Gottes mit »der

167 Jeremias, Jesusworte, 101.
168 Moltmann, Trinität, 122.

Aufnahme panentheistischer Gedanken aus den jüdischen und christlichen Traditionen« können »Gott, Mensch und Welt in ihren Beziehungen und Einwohnungen *ökologisch* gedacht werden.«[169]

Besonders erfahren Christinnen und Christen diese Gegenwart Christi in dichtester und sinnlichster Weise im Sakramentsgeschehen. Hier dienen die Früchte der Erde und die materiellen Schöpfungsgaben Wasser, Brot und Wein zum Zeichen dafür, dass Gott die materielle Natur angenommen und ausgezeichnet hat. Vor allem die orthodoxe Theologie zeichnet sich daher durch ein christologisch-sakramentales Naturverständnis aus, in dem von der »geheiligten Schöpfung« gesprochen wird.[170] Christus ist der Mittler der Schöpfung, der in ihr Gegenwärtige und der, der die ganze Schöpfung versöhnt.

2.2.3 Die Versöhnung und Verherrlichung aller Geschöpfe

Es geht neutestamentlich nicht nur um das Heil der Menschen, sondern um das Heilwerden der ganzen Schöpfung. Nicht nur der Mensch, sondern die ganze Schöpfung bekommt in ihrem weltlichen Schreien und Seufzen eine neue Perspektive. Die neutestamentliche Hoffnung ist damit universal und kosmologisch (vgl. auch Gal 3,28; 2 Petr 3,13; Offb 21,1–8). Der prägnanteste Ausdruck dieser Sehnsucht findet sich in Röm 8,19–22. Mensch und außermenschliche Kreatur sind hier in stärkster Weise miteinander verbunden: Beide befinden sich in derselben Situation. Beide seufzen unter der Not der Gegen-

169 A.a.O., 35.
170 Degen-Ballmer, Gott, 254 ff.

wart (V. 22f.); beide warten auf die Einsetzung der Christen als Söhne Gottes (V. 19.23); beiden ist die Befreiung und Erlösung zugesagt (V. 21.23); beide sind auf Hoffnung angewiesen (V. 20) und beiden ist die Verherrlichung in Aussicht gestellt (V. 17.18.21).

Auch im Kolosserbrief wird eine kosmische Friedensvision entworfen und die Versöhnungstat Christi auf alle Geschöpfe bezogen: Durch Christus, so heißt es, wird »alles versöhnt, es sei auf Erden oder im Himmel, damit dass er Frieden gemacht hat durch sein Blut am Kreuz, durch sich selbst« (Kol 1,20, vgl. auch 2 Kor 5,19). Wir leben also in einem mit Gott versöhnten Kosmos und können uns insofern auf der Erde »zu Hause« fühlen. Das Heilswirken Jesu berührt die Gesamtheit des Kosmos.

2.2.4 *Der Beginn der neuen Schöpfung und die Verheißung als transformative Kraft*

Die Hoffnung »auch das Geschaffene wird befreit werden« (Röm 8,21) wirkt schon jetzt in die Gegenwart voraus. Sie verpflichtet alle, die auf Auferstehung und Erneuerung der ganzen Schöpfung hoffen, der Erde treu zu bleiben und »nicht nur zusammen mit der leidenden Schöpfung zu seufzen, sondern auch an ihrer Befreiung mitzuwirken.«[171] Der Christ, der in dieser Hoffnung lebt, sollte daher nach Römer 8 auch seine Mitgeschöpfe spüren lassen, dass sie teilhaben sollen an der Freude der kommenden Befreiung. »An der Art, wie wir mit dem Leiden umgehen, zeigt sich der Schöpfung, wie es um

171 Jekel u.a., Bibel, 201.

ihre Hoffnung bestellt ist, ob es sich um eine Illusion handelt oder nicht.«[172]

Diesen Impuls nimmt auch die Bitte im Vaterunser auf, wenn es heißt: »Dein Reich komme. Dein Wille geschehe wie im Himmel so auf Erden« (Mt 6,10). Im Blick auf die Erwartung des Gottesreiches wird im Hinblick auf den Umgang mit allen Geschöpfen gesagt, »daß sich die Menschheit auf dieser Erde verändern und Gottes Wille hier wirksam werden muß«[173]. Auch die im Johannesevangelium betonte Verwandlung des Lebens, welche die Fülle des Lebens (Joh 10,10) zum Ziel hat, beinhaltet ein gelingendes Leben für die gesamte Schöpfung, für alles Vergängliche.[174] So wie die Jüngerinnen und Jünger durch die Geistverleihung in Joh 20,22 bereits »neu geschaffen« werden, aber gleichzeitig dieselben bleiben, so wird das verheißene neue Leben »nicht in eine ferne Zukunft verlegt, sondern soll sich hier und jetzt, in der Verwandlung des diesseitigen Lebens, auswirken […] Die Erneuerung des Lebens und der gesamten Schöpfung wird damit nicht in eine neue, perfekte Welt verschoben, sondern als Transformation der vorhandenen Welt verstanden.«[175] Im Sinne einer präsentischen Eschatologie wird das neue verheißene Leben schon als gegenwärtig verstanden und geglaubt. Der christliche Glaube erwartet also nicht den Untergang der Welt, sondern die Verwandlung der vorhandenen Welt. Mit der Auferstehung Jesu beginnt Gott sein Werk der Neuschaffung von Himmel und Erde.

---

172 Liedke, Bauch, 163.
173 Schottroff, Schöpfung, 147. Vgl. auch Jekel u. a., Bibel, 205 f.
174 Zimmermann, Klimaaktivist, 194.
175 Jekel u. a., Bibel, 205.

3. Grundzüge einer Schöpfungsethik

3.1 Die Schöpfung als ethisch verpflichtendes Beziehungsgeschehen

Bereits der Naturforscher Alexander von Humboldt (1769–1859) hat weitsichtig erkannt, dass in der entwickelnden Natur alles mit allem in Verbindung steht. Alles ist Teil »in dem ewigen Treiben und Wirken der lebendigen Kräfte«. Überall erkannte er Verbindungen. Nichts, noch nicht einmal der kleinste Organismus, ist isoliert zu betrachten. Die Natur ist »ein lebendiges Ganzes«, in dem die Lebewesen in einem »netzartig verschlungenen Gewebe«[176] miteinander verbunden sind. Mit dieser grundlegenden Erkenntnis erfand er den Begriff des »Netz des Lebens«[177]. Wo immer wir das Leben sehen, nehmen wir es stets als ein sich prozesshaft entwickelndes Netzwerk wahr. Die Theologie hat sich lange mit dieser Einsicht in die prozesshafte Vernetztheit schwergetan und die Welt – in Anlehnung an die ab der zweiten Hälfte des 19. Jahrhunderts dominierende mechanistisch-materialistische Anschauung des Lebens – als ein *statisches* Ordnungsgefüge verstanden, in der es eine Ansammlung voneinander isolierter Objekte gibt.[178] Erst nach und nach, auch unter dem Einfluss der Ökologischen Theologie, wurde die Natur als eine werdende dynamische Natur verstanden, deren Prozesscharakter als offen bezeichnet werden kann, d.h., dass die künftige Entwicklung nicht von den vorausgehenden Pha-

176 Zit. in WULF, Humboldt, 309.
177 A.a.O., 24.
178 Siehe ausführlich HOFMEISTER, Natur- und Schöpfungsverständnis, 61 ff.; ALTNER, Überlebenskrise, 86 ff.

sen festgelegt ist.[179] In dieser Entwicklung sind die verschiedenen Lebensphänomene netzwerkartig miteinander verbunden und wechselseitig voneinander abhängig. Diese Einsicht hat auch die Wahrnehmung und Deutung der Natur *als* Schöpfung verändert.[180] Wegweisend hat die Prozesstheologie die Schöpfungslehre anhand der Begriffe Relationalität, Kreativität und Werdeprozess durchdekliniert und für eine Ökologische Ethik fruchtbar gemacht.[181] Theologisch gesehen, bezeichnet der Begriff der »Schöpfung« ein *mehrdimensionales Beziehungsgeschehen*, das aus der Perspektive des christlichen Glaubens *gedeutet* wird, die voraussetzt, dass es einen Schöpfer gibt, der in seiner Schöpfung wirksam zugegen ist.[182] Der Schöpfungsbegriff erinnert damit quasi an eine Tiefendimension von Natur, ohne Natur und Schöpfung einfach gleichzusetzen.[183]

In diesem mehrdimensionalen Beziehungsgeschehen ist einerseits die *Beziehung Gottes zu seiner Schöpfung* fundamental. Gott ist der tiefere Urgrund von Kreativität, Neuheit und Möglichkeitsimpulsen, aus denen heraus Schöpfung ständig geschieht. Die Schöpfung entwickelt sich und ist auf ihre zukünftige Bestimmung hin ausgerichtet, in der alle Geschöpfe an der unbegrenzten Gegenwart Gottes teilhaben werden. Andererseits ist in die Beziehung zwischen Schöpfer und Geschöpfen auch das relationale Beziehungsgeschehen der *Geschöpfe untereinander* eingebunden. Beide Beziehungsebenen gilt es im Folgenden in ihrer ethischen Relevanz zu erläutern.

---

179 Cobb/Griffin, Prozess-Theologie, 110–126; Keller, Geheimnis, 49–53, 217 f.
180 Vogt, Umweltethik, 217 f. Zum theologischen Verständnis der Natur als Schöpfung siehe Hofmeister, Natur- und Schöpfungsverständnis, 134 ff., 143 ff.
181 Cobb/Griffin, Prozess-Theologie und Cobb, Umweltfragen.
182 Siehe Kap. 2.1.1.
183 Hofmeister, Natur- und Schöpfungsverständnis, 143 ff.

3.1.1 Das wechselseitige Beziehungsgeschehen zwischen Gott und Welt

Jürgen Moltmann hat die Beziehung zwischen dem Schöpfer und seiner Schöpfung trinitarisch anhand der altkirchlichen Perichorese als wechselseitige Durchdringung entfaltet.[184] Die wechselseitige Gemeinschaft des dreieinigen Gottes beschränkt sich nach Moltmann nicht nur auf das innertrinitarische Leben, sondern geht über dieses hinaus und bezieht durch den Geist Gottes auch die ganze Schöpfung mit ein. Der Perichorese der trinitarischen Personen entspricht die Perichorese Gott-Welt. So wird zum einen die ganze Schöpfung in den Lebensstrom des göttlichen Energieaustausches hineingenommen und nimmt somit teil am innertrinitarischen Leben Gottes. Zum anderen wirken aber auch die Schmerzen und Freuden der Welt auf Gott zurück. Es entsteht also ein wechselseitiges, vielfältiges Beziehungsnetz, eine »kosmische Lebensgemeinschaft zwischen Gott dem Geist und allen seinen Geschöpfen«[185]. Die Schöpfung steht damit nicht Gott als nichtgöttliche Welt gegenüber, sondern sie wird vielmehr als ein innertrinitarisches Geschehen gedacht. Moltmann bringt dies auf die Formel: »Die Schöpfung existiert *im* Geist, ist geprägt *durch* den Sohn und geschaffen *vom* Vater. Sie ist also *aus* Gott, *durch* Gott und *in* Gott«.[186]

Ethisch gesehen bedeutet diese vielfältige Bezogenheit Gottes zu seiner Schöpfung, dass die Kreaturen als eine dem menschlichen Handeln verpflichtende Instanz wahrgenommen werden. Die Natur in ihrer Deutung *als* Schöpfung ist nicht eine ethisch

184 Moltmann, Trinität, 191 ff.
185 Moltmann, Schöpfung, 28.
186 A.a.O., 109.

neutrale[187] und beliebig verfügbare Ressource, sondern sie ist ein *anvertrautes und geschenktes* Leben, das von Gott kommt und täglich neu Anteil an seiner lebensschaffenden Trinität hat.

Diese Deutung der Natur, als anvertraute und geschenkte Gabe, induziert eine weitreichende ethische Relevanz. Alles, was ist, verdankt sich nicht sich selbst, sondern Gott hat diese Schöpfung für alles Leben bereitet und lebensfreundlich gestaltet.[188] In der Wohlbeschaffenheit, Vielfalt und Schönheit der Schöpfung zeigt sich die von Gott herkommende Güte des Lebens. Diese Wahrnehmung zieht, wie der dänische Theologe und Pionier einer Ökologischen Theologie, Ole Jensen, betont, eine Verwunderung über das uns unverdient Zukommende nach sich, der eine *geschuldete Dankbarkeit* folgt.[189] Im Umgang und bei der Nutzung von anderen Kreaturen sollten wir uns daher immer an der ethischen Frage nach der *Gegengabe* orientieren: Was sind wir dafür schuldig, dass wir das Leben unverdient empfangen? Was sind wir dafür schuldig, dass wir um den Preis der Vernichtung anderen Lebens leben? Was sind wir dafür schuldig, dass wir uns von anderen Lebewesen ernähren?

Am Beispiel der Ernährungskultur bedeutet dies, dass die Kreaturen jedenfalls artgemäß gelebt haben müssen, bevor sie geschlachtet oder geerntet wurden.

---

187 Zur ethischen Neutralisierung der Natur siehe JONAS, Prinzip, 22ff.

188 Der Schöpfungsglaube kennt freilich auch das Bedrohliche und Zerstörerische in der Schöpfung (Kap. 3.4.3). Dies schließt aber das Schöpfungslob der guten und lebensdienlichen Ordnung Gottes nicht aus (vgl. Gen 1,31; Ps 104,24).

189 JENSEN, Zwang, 119. Ähnlich auch MEYER-ABICH, Naturphilosophie, 220–223, 299f., 426–428.

»Die Kultur«, so Jensen, »gründet dann auf etwas, was man empfangen hat, und nicht auf einem unbegrenzten Recht.«[190] Nicht grenzenloses Nehmen, sondern die Balance von *Nehmen im Einklang von Geben* wird entsprechend zum Leitbild eines schöpfungsadäquaten Umgangs mit der Schöpfung.

Theologisch gesehen, ist die oben genannte trinitarische Beziehung Gottes zu seiner Schöpfung ein Ausdruck seiner Liebe zu seinen Geschöpfen. Gott, als der »Liebhaber des Lebens«, wie es in Weish 11,26 heißt, kann nicht ohne seine geliebten Geschöpfe sein, weil die Liebe ihrem Wesen nach immer Gemeinschaft sucht und sich im Anderen schöpferisch mitteilen will. »Das ganze materielle Universum ist ein Ausdruck der Liebe Gottes [...] Der Erdboden, das Wasser, die Berge – alles ist eine Liebkosung Gottes.«[191] Im Gegensatz zum klassischen Theismus, der betont, dass diese Liebe »ohne Leidenschaft liebt« (Thomas von Aquin), zeigen die biblischen Bilder vielmehr: Gottes Liebe *lässt sich* auf seine Geschöpfe *ein*, sie *reagiert auf* die Geschöpfe und *leidet mit* ihnen. So lesen wir zum Beispiel: »Da tat es Gott leid, die Menschen auf der Erde gemacht zu haben, es schmerzte ihm mitten im Herzen« (Gen 6,6).

Diese leidenschaftliche, erwidernde Liebe Gottes zu seinen Geschöpfen haben wir in Kapitel 2.1.9 und 2.2.1 als *Einlassungsgeschichte Gottes* bezeichnet, die mit der Erschaffung der Welt beginnt und mit der sich Gott immer mehr der Welt ausliefert. Gott wohnt mit seiner schöpferischen Liebe al-

---

190 Jensen, Zwang, 156.
191 Papst Franziskus, Laudato sí, 67.

len Geschöpfen ein und auch wir sollen in der Liebe bleiben (1 Joh 4,16). Ethisch relevant ist dies auch in dieser Hinsicht, dass Gott durch seine liebende Präsenz in der Schöpfung auch an dem Schicksal und Leiden seiner Geschöpfe teilnimmt und berührt wird (vgl. Jona 4,10f.). »Durch den Geist leidet er die Leiden seiner Geschöpfe mit«[192], ohne dass Gott von diesem Leiden absorbiert wird oder in ihm aufgeht. Alle Leiden, die wir als Menschen den anderen Kreaturen zufügen, können daher auch als die Leiden Gottes gedeutet werden. Der Prozesstheologe John B. Cobb stellt vor diesem Hintergrund den ethischen Grundsatz auf: »Das für Gott Gute ist das für die Schöpfung Gute und das Gute für die Schöpfung ist das Gute für Gott.«[193]

Schlussendlich ist das wechselseitige Beziehungsgeschehen zwischen Gott und Welt auch in der Hinsicht ethisch relevant, weil das Gottesbild auch immer das Bild vom Menschen (als imago dei) und seinem Handeln prägt.[194] Ethisch gesehen beinhaltet ein Denken in wechselseitigen Beziehungen und Gemeinschaften eine Abkehr vom neuzeitlichen Lebensgefühl und -verständnis des Menschen als überlegener Herrscher, der die Natur als Objekt zum Zwecke seiner Bedürfnisbefriedigung ausnutzt. Im Sinne der wechselseitigen Durchdringung, kann sich auch das Ebenbild Gottes als ein Teil neben anderen Teilen in der Schöpfung, die miteinander verbunden und wechselseitig voneinander abhängig sind, verstehen.[195]

---

192 Moltmann, Schöpfung, 108.
193 Cobb, Umweltfragen, 24.
194 Moltmann, Schöpfung, 16.
195 Vgl. Kap. 2.1.2 und Kap. 3.4.

3.1.2 Das dynamische Beziehungsgeschehen der Geschöpfe untereinander

Vor allem die oben genannte Prozesstheologie versteht die Schöpfung als ein lebendiges und offenes Netzwerk von wechselseitigen Interaktionen der Kreaturen untereinander und der Kreaturen mit Gott. Die Schöpfung ist ein ständiger Werdeprozess in der Zeit. Während die Prozesstheologie auf der Philosophie von A. N. Whitehead basiert, können wir aber auch in den biblischen Überlieferungen ein dynamisches und vielfältiges Beziehungsnetz der Kreaturen entdecken.[196] Dies soll an den Beispielen von Gen 1 und Psalm 104 und den jeweiligen neutestamentlichen Bezügen verdeutlicht werden.

Die Koexistenz der Schöpfungsgemeinschaft bildet bereits im ersten Schöpfungsbericht den zentralen Ausgangspunkt. In Gen 1, so Christian Link, »hat alles Lebendige sein ›Haus‹ (oikos) und ist zugleich sinnvoll eingebunden in ein Netz elementarer Beziehungen, die seine Ernährung und Fortpflanzung, seine kreatürliche Verwirklichung und darüber hinaus den Austausch mit anderen Lebenswelten ermöglichen.«[197] Dieses ökologische Ordnungsgefüge beschreibt auch Paulus in 1 Kor 15,39–41: Es ist ein Geflecht, das Menschen, Tiere, himmlische Gestirne als Geschöpfe Gottes qualifiziert und miteinander verbindet.[198]

Das Besondere an diesem Beziehungsgeflecht ist, dass nach Gen 1 die Geschöpfe konstitutiv in den Schöpfungsprozess mit

196 Siehe Kap. 2.1.1.
197 Link, Schöpfung, 49 f.
198 Dazu Janssen, Sehen lernen, 161 ff.

ihrer *eigenen Kreativität* eingebunden sind.[199] Denn nicht nur der Schöpfer wirkt in der Schöpfung, sondern die Schöpfung wird selbst als aktiv, kreativ und reproduzierend beschrieben. Eine Verständnisweise des Geschöpflichen, die sich neutestamentlich in Mk 4,28 ausdrückt, wenn es heißt: »Denn die Erde bringt *von selbst* Frucht«. Die Geschöpfe stellen nach biblischer Überlieferung somit ein eigenes aktives Kraftfeld dar, ohne deren ko-kreatives Wirken Schöpfung nicht zu fassen ist.

Ethisch gesehen bedeutet dies, wenn die Geschöpfe aus eigener Kraft Geschöpfliches hervorbringen (vgl. auch Ps 139,15; Sir 40,1) und sich aufgrund von Jahwes Segen selbst reproduzieren, stellen sie nicht einfach tote Materie dar, sondern sind kreative Geschöpfe, die kraft des Segens und kraft ihrer lebensspendenden Umgebung einen Impuls zur Erhaltung, Entfaltung und zur steten Erneuerung ihres Lebens haben – es ist *Leben, das leben will*. Kein anderer Theologe hat diesen ethischen Aspekt des Lebens so stark gemacht wie Albert Schweitzer mit seiner Aussage: »Ich bin Leben, das leben will, inmmitten von Leben, das leben will«.[200]

Ein anderer zentraler Text, der die dynamische Verflochtenheit der Geschöpfe deutlich macht, ist der Psalm 104. Der Psalm ist ein großartiges Gemälde von einem Lebensnetz, in dem die »Lebensräume samt den in ihnen heimischen Lebewesen im Sinn eines funktionierenden Ganzen einander zugeordnet sind«. Es ist die »Einsicht in den Aufbau der Welt als

---

199 Siehe Kap. 2.1.1. Ausführlich zur Eigenaktivität der Geschöpfe: Welker, Schöpfung, 15–41.
200 Schweitzer, Ethik, 330. Siehe zur ethischen Bedeutung Kap. 3.2 und 3.4.

eines *Relationengefüges*«.[201] Die Schöpfung ist der, durch den Schöpfer ermöglichte, gemeinsame Lebensraum für Pflanzen, Tiere und den Menschen. Alle diese Kreaturen stehen in einer wechselseitigen und zweckhaften Beziehung zueinander, worin sich zeigt, dass sie vom Schöpfer »mit Weisheit« (V. 24; vgl. auch Spr 3,19f.) gemacht wurden. Erstaunlicherweise wird in Psalm 104 der Mensch im Gesamtgefüge der Schöpfung ganz *unbetont und ohne besondere Hervorhebung* nebenbei in Vers 14 und Vers 23f. erwähnt. Und auch rein quantitativ werden die anderen Geschöpfe (Vögel, Wildtiere, aber auch Berge, Gewässer und Gestirne) viel häufiger und ausführlicher erwähnt als der Mensch. Der Mensch ist hier als Geschöpf unter Geschöpfen eingebettet in das Ganze, in die Gemeinschaft der Geschöpfe (vgl. auch Pred 1,3–11). Er ist genauso auf die Lebensversorgung durch Gott angewiesen wie alle anderen Geschöpfe auch (V. 27–30).[202] Und dass sich die geschaffene Welt *nicht nach der menschlichen Nützlichkeit orientiert*, zeigt sich schon daran, dass im Meer auch der Leviathan lebt, der nicht dem Menschen mit seinen Bedürfnissen dient, sondern der als Spielpartner Gottes erscheint (V. 25f.).

Ethisch gesehen folgert Christian Link daraus zu Recht: »Die Bedeutung des 104. Psalms für die ökologisch orientierte Schöpfungstheologie liegt nicht zuletzt darin, daß er ohne jede Polemik den modernen Anthropozentrismus in die Schranken weist. Eine Sonderstellung, einen irgendwie geltend zu machenden Vorrang kann der Mensch in dem hier entfalteten Szenarium nicht behaupten«.[203]

---

201 Janowski, Schöpfungsglaube, 430f.
202 A.a.O., 425.
203 Link, Schöpfungstheologie, 364f. So auch Janowski, Schöpfungsglaube, 472.

Unter ethischen Gesichtspunkten reicht aber das in Psalm 104 beschriebene Netzwerk der Geschöpfe noch weiter. Es ist nicht nur eine Kritik am bis heute vorherrschenden anthropozentrischen Naturverständnis, sondern der Psalm ist zugleich Grundlage für ein *kulturelles Gegenmodell* im Mensch-Natur-Verhältnis. Indem im Psalm 104 die Geschöpfe aufeinander bezogen sind und eine wechselseitige dienende Funktion für andere Geschöpfe haben, ist ein Geschöpf *für das andere da.* Oder wie es in Sir 42,24f. über die verschiedenen Geschöpfe heißt: »Nichts von diesen hat er nutzlos erschaffen. Das eine wechselt mit dem anderen in seinem Wert ab«. Damit unterscheidet sich auch der Psalm 104 wesentlich von dem herrschenden anthropozentrischen Lebensgefühl, in dem alles *nur für uns da ist.*[204] Vielmehr geht es um ein *Füreinander-Dasein.* Aus der Grundhaltung des Füreinander-Daseins folgt die ethische Frage an uns: Wie können wir für die nichtmenschlichen Geschöpfe da sein? Die Bandbreite der Beantwortung reicht dann von der individuellen Verantwortung für einzelne Kreaturen bis hin zum anwaltschaftlichen Dasein für die bedrohte Kreatur als Ganzes, für die wir unsere Stimme erheben können. Jede Kultur, die zukunftsfähig sein will, muss sich, wie Meyer-Abich ausführt, an dem *Einklang von Angewiesenheit und Schuldigkeit* orientieren.[205] Unser gegenwärtiger Umgang mit der Schöpfung zeigt aber, dass wir meinen, wir wären die einzigen Kreaturen, die sich der kreatürlichen Balance vom Nehmen und Geben entziehen könnten. Schon die Bibel wusste, wenn der Mensch diese Balance verfehlt, wird er zur Bedrohung der gesamten Schöp-

204 Diese anthropozentrische Sicht wird auch im Hiobbuch heftig kritisiert, »mit dem Hinweis auf die Elemente der Welt, die sich den menschlichen Interessen nicht fügen und doch von Gott in je ihrer Art gewollt und erhalten sind«, Ebach, Gott, 154.

205 Meyer-Abich, Naturphilosophie, bes. 220–223, 229f., 426–428.

fung. Dies klingt auch am Schluss von Psalm 104 an, wenn es heißt: »Verschwinden sollen die Sünder von der Erde« (V. 35; vgl. Ps 1,4 f.).[206]

3.1.3 *Die Achtung der Vielfalt und offenen Prozesshaftigkeit der Schöpfung*

Blickt man auf Gen 1 und Psalm 104 gemeinsam, dann erscheinen unter ethischen Gesichtspunkten zwei weitere wichtige Aspekte im Hinblick auf die Vielfalt und Prozesshaftigkeit des Lebens.

Die in beiden Texten ausgedrückte Vernetzung der Geschöpfe untereinander verdeutlicht, jede einzelne Kreatur hängt wechselseitig mit anderen Kreaturen und ihren jeweiligen Umwelten zusammen. Es ist ein Lebensnetz, das sich durch eine *einzigartige Vielfalt* von Kreaturen auszeichnet. Die Bibel drückt diese Vielfalt mit dem Hinweis aus: Gott schuf »ein jedes nach seiner Art« (Gen 1)[207] und im Psalm 104,24 heißt es dann pointiert: »Wie zahlreich sind deine Werke, Herr, sie alle hast du in Weisheit gemacht, die Erde ist voll von deinen Schöpfungen«. Und im Neuen Testament heißt es dann so schön über die Vielfalt der Kreaturen in 1 Kor 15,39: »Nicht jedes Lebewesen hat den gleichen Leib«. Theologisch gesehen, spiegelt sich damit in der Biodiversität die Zuwendung und Herrlichkeit des Schöpfers, der im schöpfungsgeschichtlichen Werdeprozess ko-kreativ die *Vielfalt und die Einmaligkeit* der Kreaturen hervorgebracht hat. Diese ist Ausdruck einer, vom Schöpfer gewollten, gemein-

206 Vgl. Ebach, Schöpfung, 120.
207 Kap. 2.1.6.

samen schöpfungsgeschichtlichen Herkunft und Abstammung. Was dies ethisch bedeutet, hat Altner so auf den Punkt gebracht:

»Gerade weil Leben geschichtlich ist und durch eine sich wandelnde Vielfalt von Arten repräsentiert wird, erweist es sich in seinem aktuellen Erscheinungsbild für das Bewußtsein des Menschen als schützenswert. Zur Vielfalt des Lebens gehören Individuen, Arten, Populationen, Artgemeinschaften, Biotope und damit auch die unbelebte Natur, mit der das Leben in Wechselwirkung steht.«[208]

Damit ist die Richtung unseres Handelns gegenüber der außermenschlichen Natur klar vorgegeben: Es geht um die Achtung der schöpfungsgeschichtlich gewordenen Einmaligkeit und Vielfalt der Kreaturen im Kontext ihres Lebensnetzes. Biblisch gesehen knüpft dies an die Noahgeschichte an, in der die Arche als Symbol für »Gottes Artenschutzprogramm für alle Formen des Lebens«[209] erscheint. Gerade aber diese Vielfalt und Einmaligkeit der Geschöpfe sind heute massiv bedroht, sodass wir den Verlust der Arten *und* ihrer Lebensräume als »Wendepunkt der Erdgeschichte«[210] bezeichnen können. Es ist unsere kulturelle Aufgabe, dass das schöpfungsgeschichtlich gewordene Lebensnetz nicht noch weiter zerreißt und weitere gewordene Individuen der Schöpfungsgeschichte unwiederbringlich verloren gehen. Hier bedarf es einer neuen ethischen Sensibilität, denn anders als beim Klimawandel gibt es beim Biodiversitäts-

208 Altner, Naturvergessenheit, 69. Dahinter steht die Erkenntnis, dass es im Naturprozess jedes Ereignis und Ergebnis nur genau ein Mal gibt. Deshalb sind die verschiedenen Naturformen einzigartig.
209 Kappes, Mit-Geschöpfe, 70.
210 Böhning-Gaese/Bauer, Verschwinden der Arten, 15.

verlust und beim Zerreißen des Lebensnetzes keine eindeutig identifizierbaren Kippunkte. Es ist ein schleichender Prozess, der irgendwann zum unwiderruflichen Verlust führt.[211] Papst Franziskus mahnt daher zu Recht: »Unseretwegen können bereits Tausende Arten nicht mehr mit ihrer Existenz Gott verherrlichen, noch uns ihre Botschaft vermitteln. Dazu haben wir kein Recht.«[212]

Nicht nur die schöpfungsgeschichtlich gewordene Vernetztheit, Vielfalt und Einmaligkeit der Kreaturen betonen Gen 1 und Psalm 104, sondern auch die *Prozesshaftigkeit der Schöpfung* wird in den Texten angedeutet. Das zeigt sich sowohl in der Einsicht von Gen 1, dass sich die Schöpfung unter Einbezug der selbstorganisierenden, schöpferischen Kraft der Geschöpfe, unter Einbezug des ko-schöpferischen Wirkens Gottes *ereignet*. Die prozesstheologisch orientierte Theologin Catherine Keller bezeichnet dieses vielfältige eigenaktive Zusammenwirken der kreativen Geschöpfe mit Gott als »Genesis-Kollektiv«, das hier am Werk ist, sodass »Gott durch selbstorganisierende Systeme *kontinuierlich erschafft*.«[213]

Auch Psalm 104 nimmt diesen Aspekt der ständigen *Erneuerung* der Schöpfung auf, in dem es in Vers 30b heißt: »du erneuerst das Angesicht der Erde«.[214] Sehr eindrücklich wird diese creatio continua dann auch in Vers 30a bildlich ausgedrückt: »Du sendest aus deinen Odem, so werden sie geschaffen«. Gott

211 A.a.O., 37–40, 62–64.
212 Papst Franziskus, Laudato sí, 30.
213 Keller, Geheimnis, 101.
214 Janowski, Schöpfungsglaube, 429. Er betont, dass hiermit nicht die »Neuschöpfung«, wie Luther übersetzt, gemeint ist, sondern die kontinuierlich kreative Erneuerung.

durchströmt, so sagt es hier der Psalmist, mit seinem Odem, mit seinem lebensschaffenden Geist permanent die Schöpfung. Das kontinuierliche Beatmen der Schöpfung, sozusagen von Mund zu Mund, wird hier zum Bild der Gegenwart Gottes *in* seiner Schöpfung, der seine Schöpfung fortlaufend belebt und erneuert. Die Schöpfung ist damit im Werden und entwickelt sich theologisch gesehen aus dem ständigen Zufluss des Geistes Gottes. »Alles, was ist, existiert und lebt vom andauernden Zufluss der Energien und Möglichkeiten des kosmischen Geistes«[215].

Ethisch gesehen kann es daher bei der Verantwortung des Menschen für die Schöpfung nicht um den Erhalt des »status quo« der Schöpfung gehen.[216] Denn dies widerspräche der offenen Prozesshaftigkeit des Schöpfungsgeschehens und der darin eingeschlossenen ko-kreativen Beteiligung der Geschöpfe. Allerdings geht es darum, die *Regenerierfähigkeit und Überlebensfähigkeit* der Ökosysteme samt der Vielfalt ihrer Arten zu erhalten. Ein angemessenes schöpfungsadäquates Handeln orientiert sich daran, dass die Dynamik des Schöpfungsprozesses nicht wie bisher immer mehr eingeengt wird, sondern offengehalten wird. Die Schöpfung darf also ihre vortastende, kreative Fähigkeit zur Entfaltung samt der dafür notwendigen Vielfalt ihrer Ökosysteme und Arten nicht verlieren. Es geht um die prozesshafte Entfaltungsfähigkeit der Schöpfung, die gewahrt bleiben und geachtet werden muss oder, um es mit Altner zu sagen.

215 MOLTMANN, Schöpfung, 23.
216 Siehe dazu die Kritik am Terminus »Bewahrung der Schöpfung« in Kap. 3.4.1.

»Im offenen Spiel der Evolution die Entfaltungsfähigkeit des Lebens bewahren zu helfen, das ist die Aufgabe, die der Bioethik im Blick auf die zukünftige Schöpfungsgeschichte gestellt ist. [...] Beim Eingriff in die irdische Evolution ist auf die Kontinuität des bisherigen Prozesses, aus der ja auch die menschliche Gesellschaft hervorgegangen ist, und auf die Vielfalt seiner Garanten zu achten«[217].

Konkret äußerst sich dies auf der kulturellen Ebene in einer Entwicklung einer *schöpfungsadäquaten kulturellen Zeitordnung*. An die Stelle der bisherigen ständigen Beschleunigung der technisch-wissenschaftlichen Dynamik, die die mit unveränderlicher Langsamkeit verlaufende Naturgeschichte zerstört, tritt als neue Leitmaxime die *Angleichung der Kulturzeit an die Zeitskalen der Naturprozesse.*[218] Die Qualitäten und Quantitäten der Ressourcenverbräuche und Stoffeinträge orientieren sich in einer nachhaltigen Kultur an den Rhythmen und Regenerationszeiten der ökologischen Systeme. Dies äußerst sich in mindestens drei Leitmaximen:

1. Die Nutzungsrate sich erneuernder Ressourcen darf deren Regenerationsrate nicht überschreiten.
2. Die Nutzungsrate nicht-erneuerbarer Rohstoffe darf die Rate des Aufbaus sich regenerierender Rohstoffquellen nicht übersteigen.
3. Die Rate der Schadstoffemissionen darf die Kapazität zur Schadstoffabsorption nicht überflügeln.

---

217 Altner, Naturvergessenheit, 212f.
218 Held, Zeitmaße; Vogt, Umweltethik, 401ff.; Jonas, Prinzip, 70f.

Und auf der konkreten Handlungsebene äußert sich dies in der Form, dass die den Kreaturen *eigene Zeitlichkeit und Rhythmik* (Reproduktionszyklen der Natur und deren Regenerationsraten, artindividuelle Zeitlichkeit und Langsamkeit der naturgeschichtlichen Entwicklung) geachtet wird und ihnen der von ihnen *benötigte Raum zum Leben* (Raum für artspezifische Bedürfnisse, für Selbsterhalt, -reproduktion, -entfaltung und -darstellung) gegeben wird, in dem sich die gewachsene Vielfalt der Schöpfung ihren Anlagen gemäß selbst entfalten kann und der für ihre Entwicklung notwendig ist.[219] Maßnahmen wie die Reduktion des Flächenverbrauchs, die Ausweitung von nutzungsfreien Wildnis-Landschaften und Schutzgebieten, die weitergehende Vernetzung von Lebensräumen, das Renaturieren von Grünland, Wäldern, Mooren, Bächen und Flüssen oder die Ausweitung einer naturverträglichen, strukturreichen Landnutzung sind daher nicht nur naturpolitisch, sondern auch von der christlichen Schöpfungsethik her einzufordern. Den Kreaturen muss das jeweilige artspezifische »Ihre« zuerkannt werden. Dies drückt sich vor allem darin aus, dass das kreatürliche Werden *Zeit und Raum* braucht, die den Geschöpfen in der gegenwärtigen industriellen Zeit-Beschleunigung und Raum-Verdichtung genommen wird. Das theologisch handlungsleitende Leitbild, welches hinter der Achtung der von den Kreaturen benötigten Raum und Zeit steht, ist der Sabbat. An ihm können alle Kreaturen das jeweilige »Ihre« und »Eigene« entfalten und zur Ruhe kommen. In die Ruhe des Sabbats sind nicht nur die Menschen, sondern auch die Tiere (Ex 20,8–11; Dtn 5,12–15) und die ganze Erde mit ihren Pflanzen (Lev 25,1 ff.; Dtn 15,1 ff.; Ex 23,10–12) einbezogen.

219 Zur Bedeutung der Achtung der kreatureigenen Zeitlichkeit und Räumlichkeit siehe Hofmeister, Natur- und Schöpfungsverständnis, 298–301.

3.2 Die Würde der Geschöpfe achten

In der Umwelt- und Nachhaltigkeitsethik dominiert das Argument, die Lebensmöglichkeiten und das Wohlergehen der heutigen Menschen und der zukünftigen Generationen zu achten. Diese Zielrichtung ist zweifelsohne richtig und uneingeschränkt zu unterstützen. Beschränkt sich allerdings eine Schöpfungsethik auf diesen Aspekt, greift sie deutlich zu kurz und erfasst nicht hinreichend die Reichweite der biblisch-theologischen Perspektive. Eine umfassende Schöpfungsethik muss um die Zielrichtung ergänzt werden, dass auch die Ansprüche der nicht-menschlichen Kreatur – um ihrer selbst willen – berücksichtigt werden müssen. Die Natur ist, wie Huber betont, »nicht nur im Blick auf die Nutzungsmöglichkeiten künftiger Generationen, sondern auch um ihres Eigenwerts willen zu bewahren«[220]. Wenn diese Achtung der Selbstzwecklichkeit der Kreaturen nicht geschieht, bemisst sich der Wert der nicht-menschlichen Kreaturen ausschließlich an ihrer Verwertbarkeit und an dem Nutzen für uns Menschen. Wir lassen dann entsprechend von den Mitkreaturen nur das übrig, was für uns in irgendeiner Weise essenziell nützlich erscheint, wenn nicht gleich den menschlichen Nutzungs- und Verwertungsinteressen bedenkenlos der Vorrang gegeben wird. Und selbst in dieser, rein auf den Menschen bezogenen Argumentationslogik, können wir gar nicht wissen, was für uns nützlich ist oder nicht. »Vielleicht stellt sich eine heute ›unauffällige‹ Art morgen als Schlüsselart und als überlebenswichtig heraus, etwa weil sie mit weniger Wasser auskommt oder gegen Pilze besonders

220 Huber, Ethik, 248. Zur Entfaltung des Eigenwerts der Natur und dessen Konsequenzen siehe Gorke, Eigenwert.

resistent ist. […] Deshalb wäre es fahrlässig, die Arten in Ranglisten von essenziell bis verzichtbar einzuteilen«.[221]

Die weiterführende Einsicht, dass die Kreaturen auch um ihrer selbst willen zu schützen sind, besagt, dass in allen menschlichen Handlungen diese niemals als bloßes Mittel zu behandeln sind. Die Kreaturen sind jederzeit auch als Zweck an sich selbst zu achten. In der Umweltethik drückt sich dies in der Rede vom »Eigenwert der Natur« oder in der noch weitergehenden Formel von der »Würde der Kreatur« aus.

3.2.1 Wert, Eigenwert oder Würde der Geschöpfe

Bei einer ethischen Annäherung an das Thema ist es erst einmal hilfreich, begriffsmäßig zwischen Wert, Eigenwert und Würde zu differenzieren.[222] Denn oftmals werden diese Begriffe austauschbar gebraucht, obwohl völlig andere Implikationen mit den jeweiligen Begriffen verbunden sind.

Den Kreaturen einen Wert zuzuschreiben ist untrennbar verbunden mit den oben genannten menschlichen Präferenzen »für uns«. Die Kreaturen haben einen Wert *für uns* aufgrund ihrer Ökosystemleistungen und Dienstleistungen (Ernährungs- und Rohstoffquelle, regulierende Funktionen, Produktion von Sauerstoff, Filtern von Schadstoffen, Speichern von $C0_2$ oder als Quelle der Erholung). Dieser Wert der Kreaturen existiert daher nur *im Bezug auf den Menschen*, indem er den Wert setzt,

221 Böhning-Gaese/Bauer, Verschwinden der Arten, 64.
222 Siehe dazu Hofmeister, Natur- und Schöpfungsverständnis, 164–171; Huber, Würde, 166–174.

wieder entzieht oder mit anderen Werten als verrechenbar und austauschbar ansieht. So kommt es beispielsweise bei der Verfolgung von Nachhaltigkeitszielen immer wieder dazu, dass Naturwerte substituiert, verrechnet und ersetzt werden mit Werten aus den »Säulen« Soziales und Ökonomie.[223] Schon 1980 hat der Philosoph Robert Spaemann vor einer solchen In-Wertungsetzung der Natur gewarnt: »[S]olange der Mensch die Natur ausschließlich funktional auf seine Bedürfnisse hin interpretiert und seinen Schutz der Natur an diesem Gesichtspunkt ausrichtet, wird er sukzessive in der Zerstörung fortfahren. Er wird das Problem ständig als ein Problem der Güterabwägung behandeln und jeweils von der Natur nur das übrig lassen, was bei einer solchen Abwägung im Augenblick noch ungeschoren davonkommt.«[224] Und einer der wichtigsten Biologen unserer Zeit, Edward O. Wilson, antwortet in einem Interview auf die Versuche, den Wert der Natur für uns auch ökonomisch zu messen: »Der Vielfalt des Lebens einen Geldwert zu geben ist ein sicherer Weg, sie zu töten.«[225]

Weitsichtige Umweltethiker haben demgegenüber den Begriff des »Eigenwertes« entgegengesetzt. In der schwachen Form haben die Kreaturen einen inhärenten oder eudaimonistischen Wert (die schöne Pflanze erfreut den Betrachter).[226] Und in der starken Form haben die Kreaturen einen »eigenständigen (= intrinsischen) Wert«, weil sich in ihnen artikulierte Präferenzen äußern, die oftmals als eigene Interessen der Kreaturen bezeichnet werden (z.B. das Interesse, Schmerzen zu vermeiden, Glück zu erfahren oder ein Ziel bewusst zu verfolgen). Kritisch

---

223 Siehe dazu Hofmeister, Tourismus, 107–110.
224 Spaemann, Eingriffe, 197.
225 »Der Wert der Vielfalt«, in: Die Zeit Nr. 3 vom 10.01.2019.
226 Lienau, Geerdet glauben, 67, 123–126.

ist hier allerdings zu fragen, ob ein moralischer Status, der an empirische Eigenschaften und Fähigkeiten der Kreaturen gekoppelt ist, sich nicht als äußerst *lückenhaft* erweist. Was ist denn, wenn die Kreaturen diese Merkmale (wie Leidensfähigkeit und Empfindungsfähigkeit) nicht aufweisen? Gibt es dann nichts zu berücksichtigen? Herrscht dann jenseits der definierten Grenze dieser Fähigkeiten ethische Skrupellosigkeit und ethische Neutralität? Sollen diese Kreaturen einfach aus der moralischen Gemeinschaft ausgeschlossen werden?[227]

Der Würdebegriff hingegen geht über dieses Denken in Werten hinaus. Würde bezeichnet sowohl eine von menschlichen In-Wert-Setzungen unabhängige Qualität als auch von Fähigkeiten und Eigenschaften entkoppelten ethischen Status. Würde »ist nicht von einem anderen, der sie erkennt oder anerkennt, abhängig, sondern hat ihren Bestand in sich selbst. Gemeint ist eine Integrität, die durch andere weder zuerkannt noch entzogen werden kann, sondern unverfügbar und unveräußerlich ist.«[228]

In der klassischen theologischen Tradition wurde eine solche Würde allerdings exklusiv nur an den Menschen gekoppelt. Nur ihm kommt als Ebenbild Gottes (Gen 1,26a) diese besondere Würde zu und dies *unterscheidet* ihn gerade von der nichtmenschlichen Kreatur. Wenn man aber die Würde nicht von der Unterscheidung und Differenz her denkt, sondern vom *gemeinsamen* Schöpfungs-Sein her, eröffnet sich auch eine andere theologische Deutung. Wie oben in Kapitel 3.1 ausgeführt, sind alle Kreaturen, auch der Mensch, im Lebensnetz miteinander verwoben und eingebunden. Dieses Lebensnetz wiederum ist

227 Altner, Naturvergessenheit, 33–41.
228 Huber, Würde, 173.

gemeinsam auf Gott, den Schöpfer bezogen, auf ihn hin offen und von seiner Güte abhängig. Der Begriff »Würde der Kreatur« ist demnach so etwas wie die Quintessenz eines längeren biblischen Credos. Dieses Credo besagt, dass *alle* Kreaturen vom »Liebhaber des Lebens« (Weish 11,26) erschaffen wurden (Gen 1,1), für gut befunden wurden (Gen 1,31) und von seinem Geist durchwaltet werden (Ps 104,30); dass sie sowohl Partner im Bunde Gottes sind (Gen 9,12f.), als auch in die Erlösungstat Jesu Christi mit einbezogen werden (Kol 1,20) und so gemeinsam auf eine Zukunft bei Gott hoffen (Röm 8,19–22). Darin, in dieser grundlegenden *Beziehung des Schöpfers zu seiner Schöpfung*, ist die Würde aller Geschöpfe begründet. Die Würde besteht also, theologisch gesehen, nicht aufgrund irgendeiner Fähigkeit oder aufgrund irgendeiner Qualität, sondern findet ihre Verankerung in ihrer *Relation zum Schöpfer*, der alle Kreatur zu seinem Gegenüber und Eigentum (Ps 24,1) bestimmt hat.[229] An dieser allgemeinen geschöpflichen Würde haben dann *auch* die Menschen Anteil, als Geschöpf unter Geschöpfen. Aber allein die Menschen »können die Würde anderer Geschöpfe erkennen und anerkennen«.[230]

Eine häufig gestellte kritische Nachfrage lautet, ob die »Würde der Kreatur« nicht ein zu allgemeiner, umfassender, unspezifischer Ausdruck sei, der jegliche Wertabstufung und Spezifizierung vermissen lässt, sodass er wenig ethische Orientierungskraft besitzt. Dagegen ist aber hervorzuheben, dass die allgemeine Würde der Kreatur nicht deren notwendige Spezifizierung ausschließen muss. Im Gegenteil: Erst die Aussage,

---

229 So auch Moltmann, Weg, 279, 330–332; Huber, Würde, 174; Utzschneider, Würde, 136; Bedford-Strohm, Schöpfung, 203; Evangelische Kirche in Deutschland, Nutztier, 13.
230 Huber, Würde, 173.

dass am Anfang nicht exklusiv der Mensch mit seiner Würde steht, sondern die Würde *aller* Kreaturen, ermöglicht, dass in einem zweiten Schritt die verschiedenen Geschöpfe, aufgrund ihrer wesensmäßigen Andersheit, in ihrer je *eigenen* Würde wahrgenommen werden können. In der allgemeinen geschöpflichen Würde hat jedes seine eigene, besondere Würde, die auf dem je spezifischen Sosein und Anderssein beruht.[231] Ein Mensch ist nicht deshalb anders als ein Tier zu behandeln, weil dem einen Würde zukommt und dem anderen nicht, sondern weil beide *in* ihrer Würde etwas je anderes sind. In diesem Sinne kann man sich auch der Aussage des Vordenkers eines theologischen Würdekonzeptes der Schöpfung, Gotthard M. Teutsch, anschließen, dass »alle Lebewesen eine gleiche, aber auch eine große Unterschiede aufweisende Würde [haben], die auf vielerlei Weise verletzt oder auch nur gefährdet werden kann«.[232] Jedes Mitgeschöpf ist also gemäß seinem Wesen zu behandeln. Dazu bedarf es einer reflektierten Sensibilität, die sich in der biblischen Maxime ausdrückt: »Der Gerechte weiß, was sein Vieh braucht.« (Spr 12,10)

3.2.2 Die ethische Orientierungskraft der »Würde der Kreatur«

Die ethische Relevanz der Kreaturwürde besteht vor allem in dreierlei:

231 Zur Andersartigkeit der Geschöpfe siehe Hofmeister, Natur- und Schöpfungsverständnis, 267–273. Zur möglichen Untergliederung des Oberbegriffs »Würde« siehe das Schema in Teutsch, Würde, 24.

232 Teutsch, Würde, 55. Der Ethiker Gorke, der selbst einen holistischen Eigenwertbegriff vertritt, der dem Würdekonzept sehr nahe kommt, beschreibt ausführlich, was dies für die verschiedenen Naturwesen und Ökosysteme bedeutet, Gorke, Eigenwert, 125 ff.

Erstens kann der normative Gehalt der Kreaturwürde als ein Fluchtpunkt, als eine regulative Idee für ethische Entscheidungen dienen, zu der verschiedene religiöse und philosophische Traditionen[233] – nicht nur die christliche – einen Zugang haben. Sie könnte, wie die Menschenwürde, ein »Minimalgerüst« für die Suche nach ethischen Maßstäben werden, denn gerade die »Erfolgsgeschichte« der Menschenwürde hat ja gezeigt, dass sich verschiedene Traditionen über alle Differenzen hinweg annähern können, um die »unspezifische« Würde in der Handlungspraxis zu konkretisieren. Gemeinsamer kultureller Fluchtpunkt ist dabei, die Kreaturen nicht als bloßes Mittel zum Zweck für Ernährung, Arbeit, Unterhaltung etc. zu betrachten, sondern in ihrem Selbstzweckcharakter wahrzunehmen.

Zweitens impliziert die Idee der Kreaturwürde ein anderes handlungsleitendes Gefühlsbewusstsein gegenüber unserer natürlichen Mitwelt, indem diese nämlich im Sinnhorizont einer zugesprochenen, unverlierbaren Qualität wahrgenommen wird. Natur als Kreatur erscheint nicht mehr als ethisch neutrale Ressource menschlicher Bedürfnisse, als Gegenstand der Werttaxierung und als bloßes Mittel zum Zweck, sondern als Geschöpf, das seine eigenen »Unantastbarkeitsschwellen«[234] (O. Jensen) setzt. Die Würde der Kreatur zu achten, bedeutet, dass unseren Funktionalisierungen und unseren Instrumentalisierungen Grenzen gesetzt sind. Konkret bedeutet dies am Beispiel der Nutztierhaltung, dass Tiere nicht einfach als Produktionsmittel gesehen werden, deren Leistung es zu opti-

233 In der Philosophie findet sich der Naturwürdebegriff beispielsweise bei Hans Jonas, Robert Spaemann oder Klaus-Michael Meyer-Abich.

234 Jensen, Theologie, 249.

mieren gilt, sondern als Kreaturen mit artspezifischen Bedürfnissen, die es zu achten gilt. So wie wir mit der Menschenwürde die Unantastbarkeit verbinden, so käme auch der Kreaturwürde diese Funktion zu. Unantastbarkeit meint dabei nicht, dass die Schöpfung nicht gestaltet und genutzt werden kann, sondern dass, wie es in der Enzyklika *Laudato si* so schön heißt, das Prinzip »Vorrang des *Seins* vor dem *Nützlichsein*«[235] gelten soll. Was diese Grundhaltung im Umgang mit den Kreaturen ethisch konkret bedeutet, hat Gorke in vier einsichtige Grundregeln zusammengefasst, die eine hilfreiche Handlungsorientierung bieten.

Grundsätzlich ist festzuhalten, dass alle lebendigen Kreaturen, unabhängig von ihrem Empfindungs- oder Schmerzvermögen, bei der Verwirklichung ihres Wohls unterstützt oder behindert werden können. Es kann ihnen geschadet oder wohlgetan werden. »Wohl tun« ist dabei als das, was den Kreaturen gut tut, zu verstehen. Es ist das, »was dem anderen dient« (1 Kor 10,24; Phil 2,4). In diesem Sinne lässt sich auch von der christlichen Theologie her gut an die ersten beiden Prinzipien von Gorke anknüpfen.

1. Das *Prinzip des Nicht-Schadens* (als negative Pflicht im Sinne eines Schädigungs- und Tötungsverbotes, beispielsweise das Verbot, den Kreaturen ihr wesens- und artgerechtes Verhalten und ihre artspezifische, ökologische Integrität zu berauben, das Verbot der Ausrottung von Arten oder der Schädigung ökologischer Gleichgewichte und Kreisläufe).

---

235 Papst Franziskus, Laudato sí, 57.

2. Das *Prinzip des Wohltuns* (als positive Pflicht im Sinne der Förderung des Wohls der Kreaturen, beispielsweise durch artgerechte Haltung oder die Förderung der Selbstentfaltung und Selbstreproduktion, auch in natürlicher Umgebung).
   Da nach Gorke die Prinzipien des Nicht-Schadens und des Wohltuns nicht auf alle Naturentitäten gleichermaßen anwendbar sind[236], kommt ein weiteres drittes Prinzip ins Spiel.
3. Das *Prinzip des Nicht-Einmischens* (im Sinne einer »Würdigung des Gegebenen«[237], aber auch im Sinne der Pflicht, die dynamische Selbstorganisation der Kreaturen zuzulassen und zu ermöglichen).
   Trotz Beachtung dieser Prinzipien kann es Situationen geben, in denen die negativen Pflichten des Nicht-Einmischens und des Nicht-Schädigens verletzt worden sind. In diesem Fall greift ein weiteres Handlungsprinzip.
4. Das *Prinzip der wiederherstellenden Gerechtigkeit* (im Sinne die durch menschliches Fehlverhalten verursachten Schäden »wiedergutzumachen«, beispielsweise durch Flussrenaturierungen, Wiedervernässung von Mooren oder der Wiedereinbürgerung lokal ausgerotteter Arten).[238]

Mit dem Festhalten an diesen Grundhaltungen, die der Achtung der Würde der Kreaturen entsprechen, ist selbstverständlich der handelnde Mensch nicht aus konkreten Konflikt-

236 Gorke, Eigenwert, 121.
237 Meyer-Abich, Naturphilosophie, 396.
238 Die Aktualität dieses Prinzips zeigt sich gegenwärtig an der Diskussion um die »EU-Naturwiederherstellungsverordnung«, die nach dem Willen vieler Agrarministerien, Wirtschafts- und Bauernverbände wieder zurückgenommen werden muss, in: taz vom 14.07.2025, 9.

situationen und Pflichtenkollisionen befreit. Es bedarf dann in der Tat im *zweiten Schritt* einer praktikablen und realitätsnahen Konkretisierung und Differenzierung der genannten Grundhaltungen. Aber es macht einen entscheidenden Unterschied, ob ein Raster gebrauchsfertiger Handlungsnormen ein erster oder zweiter Schritt ist.[239] Unser Umgang mit den Geschöpfen unterscheidet sich darin, ob man von vornherein von einer Wertehierarchie ausgeht, in der die Tötung bestimmter Lebensformen prinzipiell erlaubt ist bzw. anhand derer die äußersten Grenzen der Quälerei zu ermitteln sind *oder* ob man allen Lebensformen die gleiche Achtung ihrer Würde schuldet und jede Ausnahme akribisch auf ihre Notwendigkeit hin prüft. Erst im letzteren Falle werden die Eingriffe in die Schöpfungsgemeinschaft nicht selbstverständlich, sondern sind das Ergebnis einer sorgfältigen Abwägung. In dieser Abwägung nehmen dann freilich die Schutzmaßnahmen mit steigender Organisationshöhe zu.[240] Denn in »unserer alltäglichen Lebenspraxis sind Abstufungen in der moralischen Berücksichtigung unterschiedlicher Formen des Lebens unvermeidlich«.[241] Entscheidend ist aber, dass dies ein zweiter und nicht ein erster Schritt ist. Zugleich ist dabei auch immer zu fragen, ob es nicht auch Alternativen gibt oder die Handlung auf schonendere Art durchgeführt werden könnte. Die Würde der Kreatur verpflichtet uns somit, Eingriffe in die uns anvertraute und zugewandte Schöpfung einer *begründeten Legitimation* zu unterziehen und Eingriffe auf ihre *Notwendigkeit und Alternativlosigkeit* hin zu prüfen.[242] Politisch-rechtliche Instrumente, wie Umweltverträglichkeitsprüfungen,

---

239 Auch Gorke entfaltet dezidiert eine solche zweite Stufe von Vorrangregeln, aber eben erst als einen *zweiten* Schritt, Gorke, Eigenwert, 169 ff.

240 Altner, Naturvergessenheit, 223 f.

241 Kappes, Mit-Geschöpfe, 83.

242 Siehe Hofmeister, Natur- und Schöpfungsverständnis, 308–310; Kap. 3.4.3.

sind daher zwingend nötig und dürfen nicht, wie es derzeit geschieht, dem allgemeinen Bürokratieabbau oder wirtschaftlichen Wettbewerbsinteressen geopfert werden.

Diese Reihenfolge von einer umfassenden Grundorientierung zum Konkreten entspricht auch ganz der jesuanischen Ethik, die sich nicht an überzeitlichen »Buchstaben« orientiert, sondern am »lebendig machenden Geist« (2 Kor 3,6). Seine ethischen Forderungen zeichnen sich durch *Radikalität und Kompromisslosigkeit* aus (vgl. die Bergpredigt in Mt 5,21–7,11). Nicht gebrauchsfertige Kompromisse und leicht praktikable Forderungen stehen am Anfang, sondern radikale Grundsätze, die anzeigen, in welche Richtung menschliches Handeln zu gehen hat. Diese allgemeine Richtungsangabe ist von einer *Grundeinstellung* der Liebe geprägt, welche erst in einem zweiten Schritt anhand von Geschichten und Beispielen konkretisiert wird. Die vorgegebene Handlungsrichtung muss sich im Konkreten immer wieder neu bewähren. Die Beispiele fordern die Hörer auf, anhand der grundlegenden Richtungsangabe in analogen Situationen analoges Handeln selbst zu entdecken und zu erfinden.[243]

Drittens kann die Achtung der Würde der Kreatur neue rechtliche Impulse geben. So hebt Moltmann hervor: »Wie die *Menschenwürde* die Quelle aller Menschenrechte darstellt, so ist die *Schöpfungswürde* die Quelle aller Rechte der Tiere, der Pflanzen und der Erde.«[244] Ohne die breite Debatte über

243 Ausführlich HOFMEISTER, Natur- und Schöpfungsverständnis, 305 ff.

244 MOLTMANN, Weg, 332. Auch nach der Priesterschrift sind alle nichtmenschlichen Geschöpfe als Bundespartner in das Rechtsleben des Noahbundes einbezogen, ohne dass dies an die Koppelung von Pflichten gebunden wäre. Vgl. Kap. 2.1.5.

die »Rechte der Natur« hier aufzurollen, ist darauf zu verweisen, dass es einerseits bereits Länder gibt, wie Uganda, Kolumbien oder Ecuador, in denen die Natur als Ganzes oder in Teilen (bestimmte Ökosysteme, Tier- und Pflanzenarten) als Rechtsperson bereits anerkannt ist. Andererseits ist auch in vielen Arbeiten mittlerweile dargelegt worden[245], inwiefern die *Zuerkennung* von Rechten eine notwendige und sinnvolle Sache ist, wenn die Rechte *unser* Verhalten betreffen. Nicht die kreatürliche Mitwelt braucht Rechte, sondern die Menschen, die menschlichen Gesellschaften brauchen die »Rechte der Natur«, damit ihrem würdeverletzenden Handeln Grenzen gezogen werden. Biblisch gesehen geht es um den wechselseitigen Zusammenhang von Recht und Gerechtigkeit. Die Kreaturen haben Rechte und deshalb schulden wir Menschen ihnen Gerechtigkeit.[246]

Die Rechte der Natur zu beachten bedeutet nicht, dass die Naturentitäten immer ethisch Vorrang haben, sondern es ist ein Schritt, um die notwendige Abwägung von Naturrechten und anderen Rechten im Gesetz zu verankern. Dies wäre ein angemessener Ausdruck der Würde der Kreatur, die schon seit Langem im Artikel 120, Abs. 2 der schweizerischen Bundesverfassung, welche Grundsätze für den Umgang mit der Gentechnik aufstellt, festgehalten ist: »Der Bund [...] trägt der Würde der Kreatur sowie der Sicherheit von Mensch, Tier und Umwelt Rechnung«. Für die Zukunft des deutschen Rechtssystems wegweisend ist die Urteilsverkündigung des Land-

---

245 Zuletzt vom Jurist Jens Kersten, der entfaltet, wie eine »ökologische Revolution des Rechts« konkret aussehen kann, Kersten, Grundgesetz. Vgl. dazu auch das »Netzwerk Rechte der Natur« und »Das Recht der Natur« in: Die Zeit Nr. 16 vom 13.04.2022, 31 f.

246 Kappes, Mit-Geschöpfe, 216 f.

gerichts Erfurt vom Sommer 2024 in Hinblick auf den »Dieselskandal«. Denn hier wurden erstmals in Deutschland – unter Bezugnahme auf die Charta der Grundrechte der Europäischen Union – die »Eigenrechte der Natur« anerkannt. »Aus der Charta ergibt sich das umfassende Recht ökologischer Personen, dass ihre Existenz, ihr Erhalt und die Regenerierung ihrer Lebenszyklen, Struktur, Funktionen und Entwicklungsprozesse geachtet und geschützt werden.«[247] Es ist zu hoffen, dass dies ein weiterer Schritt im Verlauf von menschheitsgeschichtlichen »moralischen Revolutionen« (Kwame Anthony Appiah)[248] darstellt. »Tatsächlich haben auch die Abschaffung der Sklaverei und die Gleichberechtigung von Frauen lange gebraucht, um geltendes Recht zu werden. Gut möglich, dass ein Eigenrecht der Natur jetzt vor einer ähnlichen Entwicklung steht.«[249] Der Würdebegriff stand dabei jeweils am Anfang dieser Entwicklung.

3.3 Mit allen Sinnen die Vielfalt der Geschöpfe wahrnehmen

»Wissenschaftliche Erkenntnisse legitimieren den Einsatz gegen die Klimakrise. [...] Für das politische Einlenken hingegen war noch nie ausschlaggebend, wer das bessere Argument hat, auch nicht, wer das moralische Argument hat«.[250] Die Klimaaktivistin Luisa Neubauer beobachtet hier

247 https://www.jura.cc/rechtstipps/eigenrechte-der-natur-erhoehen-schadensersatz/ [Stand: 04.05.2025].

248 Schneidewind, Transformation, 26–31.

249 »Das Recht der Natur«, in: Die Zeit Nr. 16 vom 13.04.2022, 32.

250 Luisa Neubauer, »Wie bekommt Klimaschutz die notwendige Macht?«, in: FUTURZWEI, Magazin für Zukunft und Politik Nr. 23, 2023, 6.

zu Recht, dass eine lückenlose rationale ethische Argumentationskette, aber auch moralische Appelle nicht automatisch zu einem anderen ethischen Umgang mit der Natur führen. Denn unser Handeln wird nicht nur durch rationale Argumente und »richtige Theorien« bestimmt. Schon der Apostel Paulus hat dies auf den Punkt gebracht: »das Gute, das ich will, das tue ich nicht« (Röm 7,19). Wesentlich für die Art und Weise unserer Handlung gegenüber der außermenschlichen Natur sind vielmehr unsere *vortheoretischen* Bezüge zur Natur.[251] Gemeint sind damit bestimmte Gefühlsbezogenheiten und Empfindungen zur Natur, die Art und Weise des Wahrnehmens von Natur und des Sich-zur-Natur-in-Beziehung-Setzen. Auch Neubauer betont in ihrer Analyse: »Ausschlaggebend ist aber: Was fühlen wir?«[252] Diese Erkenntnis ist auch in der Tradition der philosophischen Ethik nicht neu. Schon David Hume analysierte im 18. Jahrhundert, dass unser Gefühl dem Verstand und der Theorie vorausgeht. Weil wir bestimmte Gefühlsbezogenheiten, Empfindungen und emotionale Grundhaltungen haben, suchen wir uns die dazu passenden vernünftigen Argumente und Theorien. Dies gilt auch im Hinblick auf die Moral. Auch diese richten wir zumeist nach unseren vortheoretischen Orientierungen und Bezügen aus. Erstaunlicherweise gehen aber auch viele heutigen Tier- und Umweltethiken immer noch fälschlicherweise von dem Diktum aus, dass vernünftige Argumente moralisch entscheidend sind, und wundern sich dann, wenn das praktische Handeln und die alltäglichen Angewohnheiten der vernünftigen Theorie widersprechen.

---

251 Siehe Hofmeister, Natur- und Schöpfungsverständnis, bes. Teil 1.
252 Ebd.

Notwendig für einen veränderten Umgang mit der Natur ist daher auch ein *emotional-sinnlicher* Zugang, der die Natur als Schöpfung achtsam mit allen Sinnen wahrnimmt. »Achtsames Wahrnehmen« meint dabei keine Engführung auf ein individualistisches Wohlfühlen, sondern weist darüber hinaus auf eine veränderte Handlungspraxis.[253] In einer solchen achtsamen Sinneswahrnehmung kann gespürt und erfahren werden, dass der Mensch anderen lebendigen Wesen mit eigenen Sinndimensionen begegnet und mit diesen in einer Schöpfungsgemeinschaft verflochten ist. Bei einem solch sinnlich-emotionalen Ansatz wird der Art und Weise der Naturwahrnehmung eine zentrale Rolle zufallen. Denn die vorherrschende Wahrnehmung von Natur fungiert geradezu als eine Art »psychisches Ritual«, mit dem die sinnlichen Erfahrungen und Gefühlsbezogenheiten *mit* und *für* die Natur abgetötet werden. Ein Verständnis der Natur, das von nüchterner, sachlicher, verobjektivierender Distanz bestimmt ist, zwingt uns eine innere Haltung der Sachlichkeit auf, die uns ein teilnehmendes-einfühlendes Verhältnis zu unserer Mitwelt verbaut. Wenn wir, ohne jegliche Leidenschaften, Tiere und Pflanzen nur noch als »genetische Ressourcen« wahrnehmen, wenn Wiesen und Felder nur noch »Landreserven« sind und wenn Wälder nur noch einen »forstwirtschaftlichen Wert« oder einen »Freizeitwert« haben, dann werden wir kaum grundlegend unser Verhalten ändern. Alle Suche nach einem schöpfungsadäquaten Umgang mit der Natur bleibt oberflächlich, solange wir nicht den Descart'schen Ansatz des Naturzugangs revidieren, der mit seiner berechnenden, objektivierenden Methode empfiehlt, Abstand von der Sinneserfahrung und Abstand von der Phänomenalität der Na-

253 Lienau, Geerdet glauben, 131 f.

turformen zu nehmen. Denn dadurch werden die Naturformen *ethisch neutralisiert*[254] und erscheinen für den teilnahmslosen Betrachter nur noch als mathematisierbare Objekte oder instrumentalisierbare Ressourcen, ohne eigene (und damit dem menschlichen Bewusstsein verpflichtende) Sinnbereiche. Im Rückgriff auf die Einsichten von Hartmut Rosa und Charles Taylor betont Lienau: »Gingen wir nur noch instrumentell mit Natur um, verstumme sie, sie könne uns nicht ansprechen«[255] und würde entsprechend keine eigenen Ansprüche an uns stellen.

Demgegenüber können uns gerade die biblisch-theologischen Wahrnehmungen der Natur als Schöpfung einen anderen Weg weisen, der uns die den Kreaturen *eigenen* und *zukommenden* Sinndimensionen vergegenwärtigt.

Die folgenden (unvollständigen) Systematisierungen wollen diese verpflichtenden Sinndimensionen erschließen und aufzeigen, wie sie unser menschliches Handeln ausrichten können. Entsprechend versteht sich die folgende Skizze als *wahrnehmungskritisch*, d.h. sie stellt die herrschende, anthropozentrische und verobjektivierende Wahrnehmung[256] der Natur mit ihrem universalistischen Geltungsanspruch in Frage und verweist aus theologischer Perspektive auf Wahrnehmungs- und Erkenntnisformen von Natur, in denen das Moment der Achtung und des Respekts bereits beheimatet sind.

---

254 Ethische Neutralisierung meint nach Jonas, die innere Zweckhaftigkeit des Lebens zu ignorieren, vgl. JONAS, Prinzip, 57, 153 ff.

255 Lienau, Geerdet glauben, 109.

256 Der Begriff der »Wahrnehmung« wird im Folgenden in einem allgemeinen, weiten Sinne gebraucht, der auch die geschichtlich geformte Wahrnehmung des Glaubens umfasst. Zielt der Begriff *nur* auf die Wahrnehmung der fünf Sinne, so wird dies sprachlich als *sinnliche* Wahrnehmung charakterisiert.

3.3.1 *Ein liebender-staunender Blick als existenzverändernde Erfahrung*

Zentral im ersten Schöpfungsbericht ist – als krönender Abschluss – der Rückblick Gottes auf das Schöpfungswerk. Die Aspekte des Innehaltens (Gen 2,2), des Ansehens und des Staunens über die Vielfalt der Schöpfung (Gen 1,31) treten hier in den Vordergrund. In Entsprechung gerät auch das Ebenbild Gottes über das Wunder und die Vielfalt der Schöpfung ins Staunen: »Wie zahlreich sind deine Werke, Herr, sie alle hast du mit Weisheit gemacht, voll ist die Erde von deinem Eigentum!« (Ps 104,24). Eröffnet wird diese gefühlte Einsicht durch einen liebenden und teilnehmenden Blick auf die Schöpfung. In der Bergpredigt lesen wir, wie Jesus seinen Jüngern das Sehen lehrt und sie in eine »sinnliche Wahrnehmungsschule« schickt: »Seht die Vögel unter dem Himmel…« (Mt 6,26). »Schauet die Lilien auf dem Felde…« (Mt 6,28). Dies ist eine sinnliche Wahrnehmung auf das Erscheinen hin. Seht sie an! Schaut hin! Nehmt wahr und staunt! Die Pflanzen und Tiere werden in dieser Art der Wahrnehmung gewissermaßen aus der wissenschaftlichen Anonymität herausgeholt und als lebendige Individuen gesehen, deren Phänomenalität dann auch Anlass zur theologischen Deutung gibt. Wegweisend für eine ethisch relevante »Phänomenologie der Geschöpfe« sind die Überlegungen des Religionsphilosophen Georg Picht. Dieser hielt schon vor fast 40 Jahren fest: »Das Verfehlen dessen, was die Welt ist, und dessen, was die Phänomene sind, ist der Ursprung der heutigen Zerstörung der Natur.«[257] Demgegenüber rehabilitiert Picht eine sinnlich-emotionale Naturwahrnehmung, bei der die Phänomene so

257 Picht, Natur, 458.

wahrgenommen werden, wie sie sich »von sich aus«[258] zeigen. Um das »Sich-Zeigen« der Kreaturen wahrzunehmen, bedarf es keiner Apparatur, sondern *wacher Sinne*, mit denen wir die »Stimme der Geschöpfe« vernehmen können. Es gilt dabei innezuwerden und darauf zu warten, wie das sinnlich Gegebene von sich »hervortritt und sich zeigt«[259]. So zeigen sich die Kreaturen *von sich aus* in ganz verschiedenen Formen und Gestalten. Sie stellen sich in ihren lokalen und regionalen Spezifizierungen und Typisierungen dar. Sie präsentieren sich in verschiedenem Licht und in unterschiedlichen Farbspielen. Sie machen sich durch unterschiedliche Klänge und Töne bemerkbar. Sie verströmen vielfältige Düfte und erzeugen je eigene Atmosphären. Was bedeutet dies aber nun, wenn wir im Sinnesempfinden diese *eigene, hervortretende* Phänomenalität der Geschöpfe erfahren?

Erstens nehmen wir dadurch die Schönheit und das Wunderbare, das Tragende und Nährende der Schöpfung sinnlich wahr. Darin zeigt sich die Schöpfung als ein unverdientes Geschenk.[260] In ihrer geschenkten Vorfindlichkeit ist die Schöpfung nicht Quelle der Nutzung, sondern *Quelle der Gestimmtheit, Lebensfreude und -lust*. Nach dem Philosophen Charles Taylor ist eine solche »Quelle von Kraft und Sinn« unverzichtbar, »um die Probleme unserer Zeit handelnd lösen zu können.«[261] Die angemessene Reaktion auf diese erfahrbaren und geschenkten Quellen des Lebens ist ein »Sich-Wundern«, »und mit dem Sich-Wundern folgt die Dankbarkeit«[262], die unser Leben verändert.

258 A.a.O., 10. Vgl. zum »Hervortreten der Natur« auch Böhme, Natur, 125 ff.
259 Picht, Natur, 56.
260 Kap. 3.1.1.
261 Die Zeit Nr. 30 vom 11.07.2024, 45.
262 Jensen, Theologie, 276. Siehe dazu Hofmeister, Natur- und Schöpfungsverständnis, 201 ff.

Ein Zusammenhang, den Christen und Christinnen sich in jedem Erntedankfest vergegenwärtigen. Mittlerweile haben aber auch empirische Studien einen Zusammenhang zwischen sinnlicher Naturwahrnehmung und dankbarer Lebenszufriedenheit aufweisen können. »So hat man festgestellt, dass zehn Prozent mehr Vogelarten in einer Region genauso viel bringen für die Lebenszufriedenheit wie zehn Prozent mehr Einkommen«.[263]

Zweitens zeigt sich in der Wahrnehmung der Phänomenologie der Geschöpfe etwas, das nicht unserer Macht unterstellt ist und das nicht Produkt unseres Willens ist. So nimmt beispielsweise jede sinnlich-teilnehmende Betrachtung der Schöpfung ein Wachsen »von selbst« (Mk 4,28) wahr, das menschlichem Wollen unverfügbar bleibt. In den Sinneserfahrungen der Schöpfung kann daher ein Grundgefühl für das *Unverfügbare und Erhabene* der Kreatur entstehen, welches von uns Achtung und Respekt abverlangt. Paradigmatisch wird dies im Hiobbuch geschildert. In den Gottesreden (bes. Hi 38 ff.) wird die Erhabenheit der Schöpfung in vielfältiger Weise entfaltet und verdeutlicht, dass die Schöpfungsordnung sich keineswegs an den instrumentellen Interessen des Menschen orientiert. Der Mensch wird vielmehr von Gott dazu aufgefordert, die Wirklichkeit »... anders wahrzunehmen und sich neu im Gesamtgefüge der Schöpfung zu orientieren [...] Darin kommt eine ›Relativierung der Vorstellung vom Menschen als Ziel der Schöpfung‹ zum Ausdruck, die ihresgleichen sucht«.[264] Wenn wir uns, wie es Taylor sagt, »wieder als Winzlinge in einer umfassenden Ordnung« wahrnehmen und auch »die Macht des Unerklärlichen

263 Böhning-Gaese/Bauer, Verschwinden der Arten, 58.
264 Janowski, Schöpfungsglaube, 220. Zur Gottesrede, die die Geschöpfe als Kreaturen »eigenen Rechts« beschreibt siehe a.a.O., 213 ff.

und des Unverfügbaren spüren«[265], kann daraus ein Grundgefühl entstehen, das als »ökologische Demut« bezeichnet werden kann und in diesem Sinne unseren (politischen) Alltag verändert.

Drittens erfahren wir in den Sinneserfahrungen unser Sein als Sein *in* der Schöpfungsgemeinschaft. Denn im sinnlichen Wahrnehmen sind wir nicht in uns selbst gefangen, sondern bezogen auf Andere und Anderes. Jede Wahrnehmung konstituiert ein Beziehungsgeschehen, da sinnliche Wahrnehmung nicht ohne das Element der Begegnung zu denken ist. Gerade das Sinnesempfinden ermöglicht ein Sich-Einfinden in die Schöpfungsbeziehungen und schärft den Blick, Andere und Anderes in ihrer Lebendigkeit, Unverfügbarkeit, Verletzlichkeit und Endlichkeit – welches wir analog an unserem eigenen Geschöpf-Sein erfahren – wahrzunehmen und anzuerkennen. Tun ist dann nicht Pflichterfüllung, sondern ist vielmehr Ausdruck der Anerkennung der schöpfungsmäßigen Verflochtenheit. Wer sich innerlich verbunden fühlt, ist sensibel für das Ergehen des Anderen. Paradigmatisch deutlich wird dies in der Geschichte vom barmherzigen Samariter in Lk 10,25–37: Der Samaritaner handelt nicht von einer bestimmten Norm her, sondern seine Handlung der Nächstenliebe ergibt sich aus der sinnlichen Wahrnehmung des Anderen, des Überfallenen und aus einer bestimmten Konstellation heraus, die ihn zum Handelnden werden lässt. Hier zeigt sich das, was Dorothee Sölle als *sich berühren lassen vom Anderen* bezeichnet hat. Wer sich vom Leid des Anderen berühren lässt, verändert auch seine Handlungspraxis.[266]

265 Die Zeit Nr. 30 vom 11.07.2024, 45.
266 Sölle, Lieben, 29–36.

Viertens zeigen alle drei genannten Aspekte ein erkenntnistheoretisches Gegenmodell zu dem oben geschilderten neuzeitlichen Wahrnehmungs- und Erkenntnisideal, das die Natur nur von ihrer wertneutralen Objektseite her versteht und erforscht. Schon Georg Picht hatte gemahnt: »Je nachdem wie der Mensch ›Natur‹ *versteht*, wird er über ›Natur‹ *verfügen*.«[267] Das biblische Wahrnehmungs- und Erkenntnisideal ist hingegen von einer *sinnlichen, liebenden und teilnehmenden* Begegnung mit dem Anderen geprägt. Das hebräische Wort für Erkenntnis (jadah) umfasst ein »Innewerden« (Gen 3,7), ein »Achtgeben« (1 Sam 2,12) und »Rücksicht nehmen« (Ps 144,3). Wahrnehmung und Erkenntnis im alttestamentlichen Sinne ist somit kein Herrschaftsakt, kein distanziertes Analysieren, sondern eine liebende Zuwendung, ein Wahrnehmen mit dem »Herzen« (Dtn 8,5; Jos 23,14; Jer 31,33 f.), ein In-Beziehung-Treten, das Gemeinschaft stiftet. Dieses biblische Erkenntnisideal zielt darauf ab, wie Jürgen Moltmann zu Recht betont, »*erkennen, um teilzunehmen* und in die wechselseitigen Beziehungen des Lebendigen einzutreten.«[268] Das von Hartmut Rosa beschriebene Naturverhältnis des »Hörens und Antwortens« ist damit bereits im biblischen Erkenntnisideal grundgelegt. Voraussetzung für diesen wechselseitigen, resonanten Weltbezug ist, dass ein Gegenüber auch als eigenständig erscheinen kann und somit seine »eigene Stimme« (auch im Sinne der Widerständigkeit, etwa als Sturm oder Regen) zur Geltung bringen kann. »Die Stimme der Natur«[269] als ein eigenständiges, antwortendes Gegenüber ist für Rosa daher eine wesentliche »Resonanzachse«, die unsere Weltbeziehung und damit auch unser

---

267 Picht, Natur, 94. Vgl. auch a. a. O., 199.
268 Moltmann, Schöpfung, 18.
269 Rosa, Resonanz, 453.

Handeln verändert. Von daher gilt es achtsam wahrzunehmen, wie sich die Kreaturen aktiv selbst zur Geltung bringen, um eine Resonanzbeziehung aufzubauen. Ein biblisches Beispiel für die Eröffnung einer Resonanzbeziehung ist die Namensgebung der Tiere durch den Menschen in Gen 2,20. Mit dieser Namensgebung werden die Tiere zu einem eigenständigen, individuellen Gegenüber. Denn das Benennen unterscheidet sich »von bloßem Verwerten dadurch, daß das Benannte gerade in seinem Selbstsein bezeichnet wird«[270] oder wie Kappes es formuliert: »Dem Namensträger steht eine andere Behandlung zu als dem Namenlosen. Nicht ohne Grund haben Tiere in der industriellen Tierhaltung keine Namen, sondern Nummern auf ihren Ohrmarken.«[271]

3.3.2 Die Eigensinne der Kreaturen wahrnehmen und achten

Viele »ganzheitliche« Naturinterpretationen in Philosophie und Biologie weisen darauf hin, dass sich die Naturentitäten durch Lebensdrang, Absichtlichkeit, Zielstrebigkeit, Ekstatisch-Sein, Selbstdarstellung, Selbstorganisation, Eigenzeitlichkeit usw. auszeichnen.[272] Kurzum: Sie sind durch intrinsische »Eigensinne« bzw. durch einen »Selbstzweckcharakter« charakterisiert, die ihr jeweiliges Wesen ausmachen und die sich als eigene, nicht vom Menschen verfügte Sinnbereiche darstellen.[273]

---

270 Spaemann, Eingriffe, 197.
271 Kappes, Mit-Geschöpfe, 173.
272 Philosophisch ist in der Moderne an die Entwürfe von H. Jonas, H. Rolston, R. Spaemann oder K.M. Meyer-Abich zu denken. Naturwissenschaftlich an die Konzepte von J. v. Uexküll, K. Lorenz oder A. Portmann, vgl. dazu Hofmeister, Natur- und Schöpfungsverständnis, 278 ff.
273 Jonas, Prinzip, 153 ff.

Fragt man theologisch gesehen nach diesen Eigensinnen der Kreaturen, so ist auf die konstitutive Gottesbeziehung aller Kreaturen zu verweisen, die aber die Selbst- und Eigenständigkeit der Geschöpfe *nicht aufhebt, sondern miteinschließt.* Man kann in diesem Zusammenhang verschiedene Facetten von Eigensinnen nennen, die ausführlich in Kapitel 2.1.6 dargestellt wurden: Zu denken ist (1) an den *kreatureigenen Lebensdrang.* Es ist – wie Albert Schweitzer betont[274] – ein Impuls, leben zu wollen. Dieser Lebensdrang ist aber nicht nur ein Drang zum »Überleben«, sondern er trägt (2) auch den in den Kreaturen befindlichen Drang in sich, die in den jeweiligen Geschöpfen *angelegten Möglichkeiten zu verwirklichen.*[275] Diese drücken sich beispielsweise in dem Ausleben der (3) je *eigenen Zeitlichkeit und Rhythmik* aus, die jede Kreatur individuell auszeichnet. Ebenfalls drückt sich dies (4) in der je *eigenen Gestalt* der Geschöpfe aus, die Gott individuell »kleidet« (Mt 6,29f.). Der eigene Sinnbereich der Geschöpfe zeigt sich (5) auch an der in das Schöpfungsgeschehen eingebundenen *Eigenaktivität* der Geschöpfe, die als kreative »Ko-Schöpfer« Gottes selbstständig tätig sind. Aber auch (6) in der *»Widerständigkeit«* der Kreaturen, die die Bibel in vielfältiger Weise beschreibt. Diese reicht von hartnäckigen Wildkräutern im Gemüsegarten bis hin zum Sturm und Gewitter auf See und in den Bergen. Hier offenbart sich die Kreatur »mit einem ganz spezifischen Eigen- und Selbstsein, das als etwas Widerständiges erfahren wird.«[276]

Diese Eigensinne können wir sowohl theologisch herleiten und deuten, aber auch sinnlich erfahren. Dazu bedarf es nur einer

---

274 SCHWEITZER, Ethik, 329f.; 334.
275 A.a.O., 302.
276 ALTNER, Naturvergessenheit, 261.

sinnlich-teilhabenden Wahrnehmung der Geschöpfe. Wer sich mit allen Sinnen teilnehmend auf die Schöpfung einlässt, kann intuitiv die Eigensinne und damit den Selbstzweckcharakter der Kreaturen erfahren und entsprechend »moralisch« darauf antworten. Die den Geschöpfen eigenen Sinndimensionen lassen die Kreaturen – vermittelt über das menschliche Bewusstsein[277] – als verpflichtende Instanz erscheinen. Albert Schweitzer charakterisiert dies als ein *zum Erleben werdendes Erkennen*, welches uns ethisch bindet. In Abgrenzung zur verobjektivierten, distanzierten Naturwahrnehmung von Descartes formuliert er: »Das zum Erleben werdende Erkennen läßt mich der Welt gegenüber nicht als rein erkennendes Subjekt verharren, sondern drängt mir ein innerliches Verhalten zu ihr auf. Es erfüllt mich mit Ehrfurcht vor dem geheimnisvollen Willen zum Leben, der in allem ist.«[278] Schweitzer hat dies auf die zentrale Formel der »Ehrfurcht vor dem Leben«[279] gebracht. Diese meint immer ein Doppeltes: *Ehren und Fürchten*.

Auf der einen Seite das »Ehre geben« im Sinne einer Annäherung an das Ehrwürdige. Denn alle Kreaturen haben, wie auch menschliches Leben, den Impuls, leben zu wollen und sie zeichnen sich, wie oben betont, durch eigene, intrinsische Sinnbezirke aus, die es zu achten gilt. Und auf der anderen Seite meint Ehrfurcht aber auch: so etwas wie ein »Sich-Zurücknehmen« vor dem »Geheimnis des Lebens«, das Ehre gebietet. In allen Mitkreaturen zeigt sich, wie es Albert Schweitzer sagt, »der geheimnisvolle Wille zum Leben«[280], der vom Urgrund des Lebens, von Gott herkommt. Eine schöpfungsadäquate Wahr-

---

277 Kap. 3.4.
278 Schweitzer, Ethik, 330.
279 A.a.O., 328.
280 A.a.O., 330.

nehmungs- und Erkenntnisweise im Kontext der Überlebenskrise besteht daher auch darin, das Geheimnis der Kreaturen sinnlich zu »erspüren«, ihnen aber auch ihr Geheimnis als das Unverfügbare zu lassen. Für Rosa ist dies die Grundlage jeglicher Resonanzbeziehung zur Natur.[281]

3.3.3 Das Sichtbare weist über sich hinaus

Theologisch gesehen weist das, was wir in der Schöpfung sinnlich erfahren und wahrnehmen, über sich hinaus. Die sinnlich wahrnehmbare Schöpfung ist quasi *transparent* für den Urgrund und das tiefere Geheimnis der Schöpfung und »... diese Transparenz gibt sie im Phänomen der Schönheit sinnenfällig zu erkennen [...] Als Schöpfung ist unsere Welt ein theologisch sprachfähiger Kosmos.«[282] Biblisch wird dies wunderbar im Psalm 19,2 ausgedrückt: »Die Himmel *erzählen* die Ehre Gottes, und die Feste *verkündigt* seiner Hände Werk« (vgl. auch Hi 12,7–12). Und spiegelt sich dann nicht auch in der Vielfalt der Arten die Phantasie des Schöpfers wider?

Vor allem Jürgen Moltmanns Systematik entfaltet im Anschluss an weisheitliche Traditionen und in Anspielung auf Luthers Abendmahlsverständnis, dass Gotteserfahrungen *in, mit und unter* den alltäglichen Naturerfahrungen möglich sind. Theologisch gegründet ist diese Erfahrungsmöglichkeit im »Verständnis des Geistes Gottes als Kraft der Schöpfung und der Quelle des Lebens«[283]. Weiterhin hebt Moltmann die

281 Rosa, Account, 195 f., 215 ff, s. Kap. 6.2.3.1 und 6.2.3.4.
282 Link, Schöpfungstheologie, 469.
283 Moltmann, Geist, 48.

Gleichnishaftigkeit der Schöpfung im Hinblick auf die Zukunft der Schöpfung hervor. Er verweist dazu auf die neutestamentlichen Gleichnisse, in denen die »... verborgene *Gegenwart der Zukunft* des kommenden Reiches«[284] aufscheint. Übertragen auf die Erfahrung der Schöpfung heißt dies, dass wir die Geschöpfe zwar so erfahren, »... wie sie uns erscheinen, aber sie erscheinen uns dann im Vorschein ihrer eigenen wahren Zukunft.«[285] Die Geschöpfe können somit »als *Realverheißungen* des Reiches« gedeutet werden, die die »Spuren Gottes« in seiner Schöpfung zu erkennen geben.

Diese theologische Deutung der Phänomenalität der Geschöpfe ist ebenfalls nicht ohne ethische Relevanz zu denken:

Gott in allen Dingen erfahren impliziert, die Schöpfung so zu erhalten, damit sie als Medium dieser Erfahrung tauglich bleibt. Gleichzeitig ist damit »das Recht des Schöpfers auf seine Geschöpfe und mit ihm das Eigenrecht unserer Mitgeschöpfe anerkannt, das abgesehen von ihrem Wert für uns besteht.«[286]

Alle Dinge in Gott erfahren setzt einen Sinnbezug und Wahrnehmungshorizont voraus, in dem die Natur *als* Schöpfung Gottes erscheint. Die Natur ist dann nicht die naturwissenschaftlich abstrahierte und ethisch neutralisierte Natur, sondern sie ist in einen vorgegebenen, christlich geprägten und damit nicht beliebigen Sinnzusammenhang eingebunden, nämlich ihre *konstitutive Beziehung* zum Schöpfer. In diesem Sinnhorizont fragt der wahrnehmende Mensch nicht nur danach, wie die Dinge

---

284 MOLTMANN, Schöpfung, 75.
285 A.a.O., 76.
286 MOLTMANN, Geist, 49.

sind und erscheinen, sondern auch *wozu* sie bestimmt sind (z.B. ein Lob Gottes zu sein[287]) und was in Zukunft aus ihnen *werden soll* (z.B. Teilhabe an der neuen Schöpfung Gottes[288]). Und genau dieser Sinnhorizont wird somit zum Verpflichtungsgrund, der das Handeln noch vor der ethischen Reflexion bindet und bestimmt.[289]

Grundlegend für alles sinnlich-teilnehmende Wahrnehmen ist die theologische Einsicht, dass vor allem menschlichen Handeln die Zuwendung Gottes zu uns steht. Gott nimmt uns zuerst mit seinem liebenden Blick wahr, damit wir in dieser Art dann auch andere achtsam wahrnehmen und ihnen liebend begegnen. In Anlehnung an die prozesstheologische Wahrnehmungsethik von Christina Aus der Au formuliert Lienau: »Es braucht einen initiativen, zuvorkommenden Impuls von außen (Gottes liebevolles Anschauen), der uns ermächtigt, anderes liebevoll anzuschauen, was idealerweise in einen sich verstärkenden und verstetigenden Zirkel führt.«[290]

Zusammenfassend für dieses Kapitel kann hervorgehoben werden, dass sowohl die *eigenen (intrinsischen)* Sinndimensionen als auch die durch die konstitutive Gottesbeziehung *zukommenden* Sinndimensionen menschliches Handeln verpflichten und die beim Treffen von verantwortlichen Einzelentscheidungen miteinzubeziehen sind. Zwar enthält die sinnliche Wahrnehmung der Natur *als Schöpfung* keine konkreten Handlungsanweisungen, die als gebrauchsfertige Normen hervorzuziehen sind, wohl aber trägt diese »zum Erleben werdende« (Albert

287 Siehe Kap. 2.1.7.
288 Siehe Kap. 2.1.8.
289 Hofmeister, Natur- und Schöpfungsverständnis, 137 f., 302 f.
290 Lienau, Geerdet glauben, 134.

Schweitzer) Wahrnehmungs- und Erkenntnisweise zu einer ethischen Grundhaltung bei, die unser Verhalten im Umgang mit den nichtmenschlichen Kreaturen motiviert, anleitet und bindet.

Folgt eine Ökologische Ethik diesem grundlegenden Ansatz, so fangen die praktischen Konsequenzen bereits bei der kritischen Reflexion der vorherrschenden Wahrnehmungs- und Erkenntnisformen von Natur an, in denen von Natur nur das im Blick bleibt, was man messen, zählen und schließlich verwerten kann. Demgegenüber ist vom Leitbild einer *schöpfungsadäquaten Wahrnehmungs- und Erkenntnisweise* auszugehen. Ethisches Handeln im Kontext der Überlebenskrise kann es nicht ohne Sinnlichkeit und Gefühl, nicht ohne Beziehung und Begegnung mit dem Lebendigen geben.

3.4 Die spezifische Rolle und der Auftrag des Menschen in der Schöpfung

Der Mensch ist zwar ein Erdling unter Erdlingen[291], der zusammen mit seiner Mitwelt aus dem schöpfungsgeschichtlichen Werdeprozess hervorgebracht wurde. Aber er hat unzweifelbar die besondere Aufgabe, in Verantwortung vor Gott und unter Beachtung der oben genannten Grenzen die Natur *kulturell zu gestalten*. Die biblischen Überlieferungen sind in dieser Hinsicht eindeutig und entsprechen der zur biblischen Zeit gemachten Erfahrung, dass der Mensch sich seinen Lebensraum erst selbst kulturell erschließen, erarbeiten und dienstbar machen

291 Kap. 2.1.2.

muss.[292] Eine schöpfungsadäquate Kultur in die Welt zu bringen ist demnach der spezifische Beitrag des menschlichen Daseins »als Partizipation am Schöpfungsprozeß«[293]. Die entscheidende Frage dabei ist allerdings, *welche* kulturellen Veränderungen schöpfungsadäquat und dem göttlichen Auftrag angemessen sind und welche *nicht*. Angemessen sind beispielsweise die vom Menschen traditionell gestalteten Kulturlandschaften, die auch unter ökologischen Gesichtspunkten einen besonders hohen Wert haben. Denn traditionelle Kulturlandschaften sind das Ergebnis der Wechselwirkungen zwischen natürlichen Dynamiken und menschlichen Handlungen und zeichnen sich durch eine vielfältige und kleinteilige Mosaikstruktur aus, die wechselseitig miteinander in Verbindung stehen und ein »ökologisches Gefüge« bilden.[294] Eine nachhaltig-pflegliche Naturnutzung, die die Eigendynamik der Natur mit einbezieht und die ökologische Reproduktionsfähigkeit der Kulturlandschaft berücksichtigt, zerstört weder die Vielfalt der Tiere und Pflanzen noch die der Landschaften, sondern vergrößert beides durch den kleinräumigen Mosaikcharakter.[295] So sind beispielsweise Orchideen auf Magerrasen oder artenreiche Sandheiden das Ergebnis einer bäuerlichen Landwirtschaft und damit einer permanenten menschlichen Nutzung. Allein schon aus ökologischen Gründen kann eine Schöpfungsethik daher nicht einer vermeintlich statischen »Bewahrung der Schöpfung« das Wort reden.

---

292 Kap. 2.1.3; 2.1.4.

293 Sölle, Lieben, 150. Meyer-Abich führt dies naturphilosophisch aus und hebt hervor: Kultur in die Welt zu bringen ist das, was dem menschlichen Dasein in der Natur angemessen ist und wofür wir gut sind, ders., Naturphilosophie, 350ff.

294 Bätzing, Homo destructor, 140f.

295 A.a.O., 138–145. Bätzing nennt konkrete Kriterien für eine kulturelle Landnutzung, die es zu beachten gilt, a.a.O., 142f.

3.4.1 Bewahrung der Schöpfung?

Zwar ist die Formel von der öffentlichen und kirchlichen Breitenwirksamkeit her unübertroffen und kein anderer Begriff hat es bisher geschafft, die christliche Schöpfungsverantwortung so auf den Punkt zu bringen und eine ethische Sensibilität für das Thema zu erzeugen. Selbst erfahrenen Marketingexperten würde wohl kaum eine wirkmächtigere Formel einfallen. Aber theologisch ist die Formel von der »Bewahrung der Schöpfung« nur bedingt hilfreich und sachgerecht. Denn es gibt mindestens vier gewichtige Problemhorizonte, die der Formel anhaften und die jedenfalls bei einer weiteren Verwendung mitgedacht werden müssen:[296]

Erstens ignoriert die Formel, dass die Menschen selbst ein Teil der Schöpfung sind und dieser nicht in einem Subjekt-Objekt-Verhältnis gegenüberstehen. Gerade diese Trennungsfigur ist eine der Hauptwurzeln für die heutige Überlebenskrise.

Zweitens suggeriert die Formel einen statischen Schöpfungsbegriff, verbunden mit der menschlichen Aufgabe, die Welt so zu konservieren, wie Gott sie am Anfang geschaffen hat. Eine offene Prozesshaftigkeit der Schöpfung kommt so nicht in den Blick.

Drittens zeigt die Formel eine mangelnde Unterscheidung zwischen den Begriffen Natur und Schöpfung an. Natur ist zwar

296 BEDFORD-STROHM, Schöpfung, 151–154; VOGT, Umweltethik, 125f., 189 und GRÖHN, Bewahrung, 150ff. Constantin Gröhn selbst entwickelt mit Sarah Köhler als Alternative das Konzept »Paradising« (a.a.O., 168). Inwieweit aber die Paradieserzählung von Gen 2 auf unsere »postparadiesische Welt« (VOGT, Umweltethik, 125) zu übertragen ist, bedarf einer weiteren Erörterung.

eine konkrete Ausprägung der Schöpfung, aber der Schöpfungsbegriff weist über den Naturbegriff hinaus und übersteigt ihn.[297] Die Verantwortung des Menschen kann sich nur auf die Natur *als* Schöpfung beziehen, im Sinne der Verantwortung für die *Erde als Lebensraum*, nicht aber für die Schöpfung als Ganzes.

Viertens ist die »Bewahrung der Schöpfung« sowohl in der biblischen Überlieferung (vgl. Gen 8,20ff.; Jer 5,24; Ps 104,27ff.; Hi 38) als auch in der dogmatischen Tradition (Lehre von der »conservatio mundi«) eine theo-zentrische Aufgabe. Nur Gottes Wirken kann die Schöpfung (vor den Chaosmächten) bewahren. Es liegt eben nicht in der Hand des Menschen, die *gesamte* Schöpfung entweder zu bewahren oder zu zerstören. Dies als eine Aufgabe des Menschen zu sehen, wäre eher Ausdruck menschlicher Hybris und eine Verwechslung von Gott und Mensch.

Der besondere Status des Menschen besteht aber darin, dass *die Erde als Lebensraum* nur dem Menschen als vernunft- und freiheitsbegabtes Wesen zum verantwortlichen Gebrauch anvertraut ist. Nur er ist beauftragt, diese kulturell zu gestalten.

3.4.2 Anthropozentrik oder Physiozentrik?

Aus diesem besonderen Auftrag des Menschen, der nur wenig niedriger gemacht ist als Gott (Ps 8,6), wurde oftmals eine an-

297 HOFMEISTER, Natur- und Schöpfungsverständnis, 143ff. Welker weist zu Recht darauf hin, dass auch der Himmel zur Schöpfung gehört, WELKER, Schöpfung, 56ff.

thropozentrische Ethik abgeleitet, die gegenüber von physiozentrischen Ansätzen ins Feld geführt wurde. Ohne die seit Jahrzehnten geführte Debatte zwischen Anthropozentrik und Physiozentrik wieder neu aufzurollen, scheint uns die von Wolfgang Huber gemachte Unterscheidung zwischen einer *Anthropozentrik der Verantwortung* und einer *Physiozentrik der Interessen bzw. des Wohls* hilfreich und weiterführend zu sein.[298]

Die Anthropozentrik der Verantwortung stellt die *Frage nach dem Träger der Verantwortung* und nach dem Subjekt des ethischen Erkennens und Handelns. Diesbezüglich besteht das Wahrheitsmoment von anthropozentrischen Positionen darin, dass alles Erkennen und Handeln, auch in der Ethik des Umgehens mit der Natur, notwendigerweise *menschlich* ist. Jede Ethik nimmt ihren Ausgangspunkt beim Menschen als sittliches Subjekt und kann Seiendes nur unter den Gesetzen menschlichen Erkennens beurteilen. Diese Einsicht in die spezifische Besonderheit des Menschen hat seit jeher die das Abendland prägende griechische Philosophie ausgezeichnet, die den Menschen als das zur Rechenschaft fähige »animal rationale« beschrieben hat. Allein der Mensch ist in die Pflicht der Verantwortung gerufen und für die Konsequenzen seiner Handlung rechenschaftspflichtig. Auch aus theologischer Perspektive ist allein der Mensch Träger der Verantwortung für seine Mitwelt. Denn die biblische Überlieferung hebt als *die* entscheidende Aussage über den Menschen hervor, dass nur der Mensch zum Bild Gottes erschaffen ist (Gen 1,26a). Diese Gottebenbildlichkeit bleibt ihm auch nach dem Fall erhalten (vgl. Gen 5,1.3;6,9).

298 Ausführlich Hofmeister, Natur- und Schöpfungsverständnis, 155–164.

Aufgrund des ägyptischen Hintergrunds der Vorstellung von der Gottebenbildlichkeit können wir diese im Sinne der verantwortlichen Statthalterschaft oder Repräsentation deuten.[299] Eine Einsicht, die dann in der Flutgeschichte bestätigt und erneuert wird: Allein der zur Verantwortung fähige, sittlich handelnde Mensch bekommt den Auftrag zum Bau der Arche (Gen 6,14–16) und damit den Auftrag, »das Leben zu erhalten« (Gen 6,19–20).[300]

Von dieser unhintergehbaren Perspektive auf den Träger der Verantwortung ist aber die Frage nach der *Reichweite der Ethik* zu unterscheiden. Denn aus der Anthropozentrik der Verantwortung folgt keinesfalls zwingend eine Einstellung, die menschlichen Interessen grundsätzlich und immer Vorrang vor dem Wohl der nichtmenschlichen Natur gewährt. Diese wäre ein Anthropozentrik des Humanegoismus, bei dem uns nur die menschlichen Bedürfnisse ethisch in die Pflicht nehmen und die nichtmenschliche Natur jenseits des menschlichen Nutzens keinen Wert hat. Zu fragen ist vielmehr: Soll sich die Verpflichtung der Ethik allein auf die Bedürfnisse der Menschen bzw. der Menschheit beziehen? Oder soll die ethische Verpflichtung auch die Bedürfnisse der ganzen außermenschlichen Natur miteinbeziehen? Bejaht man dies, nehmen uns auch die nichtmenschlichen Geschöpfe ethisch in die Pflicht und wir können dies dann als Physiozentrik der Interessen bzw. des Wohls[301] bezeichnen. Es ist also keineswegs zwingend eine Anthropo-

299 Vgl. Kap. 2.1.2.
300 Vgl. Kap. 2.1.4.
301 Beim Begriff »Interesse« besteht die Gefahr, ihn auf einen Präferenzutilitarismus (z.B. die Fähigkeit zu leiden) zu verengen. Der Begriff »Wohl« weitet dies und zielt darauf ab, dass allen Kreaturen wohlgetan oder geschadet werden kann. »Wohl tun« ist als »was der Kreatur gut tut« zu verstehen, als das »was dem anderen dient« (1 Kor 10,24; Phil 2,4).

zentrik der Verantwortung mit einer Anthropozentrik der Interessen zu koppeln. Die oben ausgeführten ethischen Grundsätze zeigen vielmehr, dass es auch theologisch sachgerecht ist, das Wohlergehen der nicht-menschlichen Geschöpfe in unserem Handeln um ihrer selbst willen und als Kreatur Gottes zu berücksichtigen. Die Kreaturen sind nicht einfach nur dazu da, dass sie im Sinne des anthropozentrischen Humanegoismus dem Menschen zu dienen haben. Die Erde als Lebenshaus ist keineswegs nur Gegenstand menschlicher Verfügungsinteressen. Denn sie ist nicht *für uns da*, sondern *sie ist zum Lobe Gottes da* (vgl. Hi 38,7; Ps 19,17;96,1;97,1;148 u.a. m.). Diese nicht-anthropozentrische Sicht zeigt sich in anderer Weise auch in den Gottesreden des Hiobbuches. Gott hat Licht und Zeit nicht allein auf den Menschen hin erschaffen (38,12–15), er lässt es auch dort regnen, wo keine Menschen sind (38,26; vgl. auch Mt 5,45), er gibt auch Ibis und Hahn Einsicht und Weisheit (38,36), er versorgt auch die Löwin und ihre Jungen (38,39), obwohl diese den Menschen gefährlich werden können. Die Erde ist somit nicht nur nach menschlichen Bedürfnissen und Interessen eingerichtet, sondern Gott sorgt und herrscht auch über die Tiere, die vom Menschen aus betrachtet bedrohlich, gefährlich oder der kulturellen Nutzung entzogen sind, die aber dennoch in ihrer Art von Gott erhalten werden (vgl. bes. Hi 38,39–39,30).[302] Ebach betont im Hinblick auf das Hiobbuch: »Hier kommt eine Welt in den Blick, die sich menschlichen Interessen nicht fügt, in der Tiere – auch solche, die auf Leben und Tod Rivalen des Menschen sind – leben und in ihrer Art von Gott her leben dürfen.«[303]

302 Ebach, Gott, 130 ff.; Kappes, Mit-Geschöpfe, 54–58.
303 Ebach, Gott, 133.

3.4.3 *Schöpfungsethik als denkende Konfliktbewältigung*

Christliche Umweltethik hat die oben erwähnten ethisch relevanten Eigensinne der Kreaturen und ihre theologische Bestimmung zu berücksichtigen. Daher ist es ihr Anliegen – unter Wahrung der Differenzen –, möglichst viel Kooperation und Einklang ins Mensch-Natur-Verhältnis einzubringen. Dabei ist es geradezu konstitutiv für die christliche Ethik, die humanegoistischen Einstellungen zugunsten anderer zurückzunehmen und die Bedürfnisse der Schwächsten bzw. der Opfer zum Orientierungspunkt zu nehmen. Es ist eine Ethik des Maßes, die die Durchsetzung eigener Lebensinteressen aus Achtung vor anderem Leben begrenzt.[304] Wenn Meyer-Abich als Grundregel der Physiozentrik formuliert: »Nimm Rücksicht auf alles wie auf dich selbst«[305], so ist dies durchaus im Sinne des jüdisch-christlichen Gebotes »Du sollst deinen Nächsten lieben wie dich selbst« (Lev 19,18; Mk 12,31; Lk 10,27) zu verstehen, denn auch unsere Mitgeschöpfe können zu unseren Nächsten werden.

Ein solcher umfassender schöpfungsethischer Ansatz wäre aber missverstanden, wenn man daraus den Vorwurf einer »Blühwiesenromantik«[306] ableiten würde. Die Natur ist in der Tat keine friedliche Idylle, in der sich der Mensch nur wieder harmonisch einordnen muss. Auch eine ursprüngliche Harmonie zwischen Mensch und nicht-menschlicher Natur hat es nie gegeben.[307] In theologischer Perspektive ist die nach-paradie-

---

304 Zur Ethik der Selbstbegrenzung siehe Kap.6.1.

305 Meyer-Abich, Naturphilosophie, 463.

306 Günter Thomas hat diesen Vorwurf in einer mehrteiligen Reihe an eine Ökologische Theologie formuliert, URL: https://zeitzeichen.net/node/9445 [Stand 04.07.2025].

307 Bätzing, Homo destructor, 20, 376.

sische Schöpfung stets ein Konfliktraum, der auch von Gewalt und Verderben geprägt ist (vgl. Gen 6,11–13). Viele Kreaturen können ihr Leben nur erhalten, indem sie auf Kosten anderer leben. Jürgen Ebach fasst dies in seiner Auslegung der Gottesreden im Hiobbuch pointiert zusammen: Die Welt ist »... keine widerspruchsfreie ›heile‹ Welt, sondern eine, in der widerstreitende Interessen und Lebensbedürfnisse Raum haben (erste Gottesrede) – und der sie gegen die Frevler, die in Behemoth und Leviathan sich manifestierenden Chaosmächte, verteidigt (zweite Gottesrede)«. Hiob weiß nun, »... dass nicht an seinem Maßstab die Welt zu bemessen ist, und erst recht, daß nicht er die Welt regieren könnte«.[308]

Dieses Ernstnehmen des Bedrohlichen und Zerstörerischen in der Welt ist der berechtigte Einspruch gegen jede idyllisierende Naturverklärung.[309] Erst die zukünftige Welt wird ohne Leid, Geschrei, Schmerz und Tod sein (Offb 21,1 f.).[310] Selbst der oftmals unter harmonistischem Generalverdacht stehende Albert Schweitzer hat in seinem vom Urwaldaufenthalt geprägten Naturverständnis klar erkannt, dass sich – trotz allem Nährenden, Herrlichen und Schönen – Leben immer auf Kosten anderen Lebens durchsetzt.[311] Selbstverständlich ist nicht alles, was natürlich gegeben ist, auch moralisch gut. Es gibt das Böse, das sich in dem Lebenszerstörenden artikuliert und welches nicht dem Willen Gottes entspricht.[312] Während aber

308 Ebach, Gott, 155.
309 Lienau, Geerdet glauben, 50–54.
310 Kap. 2.1.8.
311 Schweitzer, Ethik, 334, 339.
312 Cobb/Griffin, Prozess-Theologie, 67–74. Für die Prozesstheologie ist das Böse kein dualistisches Gegenprinzip, sondern das Ergebnis einer bestimmten Konstellation, in der die Schöpfungsabsicht Gottes in ihr Gegenteil verkehrt wird; vgl. auch Keller, Geheimnis, 117 f., 134–139, 145 f.

die Kritiker einer ökologischen Theologie mit dieser Tatsache nur unterstreichen, dass in der Natur ein »gnadenloser Kampf aller gegen alle« herrscht,[313] ist die Ziel- und Sinnrichtung bei Schweitzer eine völlig andere: »Ich bin Leben, das leben will, inmitten von Leben, das leben will«[314] bedeutet, dass der vernunftbegabte, denkende Mensch, wenn er seine eigene Lebensbejahung anerkennt, auch analog die Lebensbejahung bei allem Seienden anzuerkennen hat. »Ethik besteht also darin, daß ich die Nötigung erlebe, allem Willen zum Leben die gleiche Ehrfurcht vor dem Leben entgegenzubringen wie dem eigenen.«[315] Für Schweitzer gehört es daher zum Spezifikum des Menschen, dass dieser in den Konflikten des Lebens *denkend* entscheiden kann, denn das moralische Handeln lässt sich für ihn nicht aus der Natur ablesen. Es gibt nur den mühsamen Weg, die eigenen, berechtigten Lebensansprüche mit denen des fremden Lebens immer wieder neu zu vermitteln. »Die Ehrfurchtsethik ist somit«, wie Claus Günzler treffend betont, »eine Ethik der denkenden Konfliktbewältigung und verfällt nicht der romantischen Verklärung der Realität zu einem idyllisch-friedvollen Miteinander aller Lebewesen.«[316]

Eine *denkende Konfliktbewältigung* im Sinne Albert Schweitzers bedeutet vor allem dreierlei:

Erstens sind die nichtmenschlichen Geschöpfe überhaupt wieder als Konflikt*partner* anzuerkennen. Gerade die oben herausgearbeiteten Aspekte der Eigensinne der Kreaturen, ihre Würde und die daraus abgeleitete Rechtsfähigkeit der Kreaturen (vgl.

---

313 https://zeitzeichen.net/node/9445 [Stand 23.09.2025].
314 Schweitzer, Ethik, 330.
315 A.a.O., 331. Vgl. dazu Altner, Naturvergessenheit, 46ff.
316 Zit. in Altner, Naturvergessenheit, 59.

das Bundespartner-Sein im Noahbund in Gen 9,10)[317] lassen die Kreaturen als Konfliktpartner mit eigenen Ansprüchen erscheinen. Das bedeutet nicht, dass den nicht-menschlichen Kreaturen immer Vorrang zu geben ist. Vielmehr geht es um die Suche nach möglichst viel Ausgleich, bei dem das rechte Maß dann erreicht ist, wenn nicht nur wirtschaftliche und soziale Interessen, sondern auch »die Bestands- und Entwicklungsinteressen (Überlebensinteressen) der Natur ebenfalls in das Bewertungskalkül Eingang finden«[318]. Der Mühe einer solchen ernsthaften Abwägung muss man sich schon stellen und es wäre im Umgang mit der nicht-menschlichen Kreatur schon sehr viel erreicht, wenn die von Schweitzer gestellte Frage nach der *Notwendigkeit* und *Alternativlosigkeit* der jeweiligen Handlung konsequent gestellt würde.[319] Manchmal sind allerdings auch die weitergehenden Folgen der Handlung nicht ganz abzusehen. Eine denkende Konfliktbewältigung schließt dann die Verpflichtung ein, die möglichen Neben- und Folgewirkungen gegenwärtiger Handlungen auf die kreatürlichen Partner gedanklich zu antizipieren und den durch Hans Jonas aufgestellten *Grundsatz der Vorsicht* walten zu lassen.[320] Gedanklich gefordert ist auf jeden Fall immer der Mensch, denn die ganze Schöpfung *blickt auf uns* und wartet auf das Offenbarwerden der »Herrlichkeit der Kinder Gottes« (Röm 8,21).[321]

Zweitens zeigt das Verständnis der Schöpfung als Konfliktraum an, dass sich die Schöpfung stets im Spannungsfeld konkurrierender Lebensansprüche befindet. Auch der Mensch hat einen

317 Kap. 3.2 und Schottroff, Schöpfung, 139 ff.
318 Altner, Naturvergessenheit, 113.
319 Schweitzer, Ethik, 340.
320 Jonas, Prinzip, 70–75. Zum Vorsichtsprinzip siehe auch Huber, Ethik, 251–255.
321 Kap. 2.2.4.

gut begründeten Anspruch auf sein Leben. Eine Physiozentrik der Interessen wäre daher auch missverstanden, wenn sie zu einer Selbstaufgabe des Menschen führen würde. Denn dies widerspräche der Ehrfurcht vor dem eigenen Leben oder wie es Schweitzer selbst sagt: »Um mein Dasein zu erhalten, muß ich mich des Daseins, das es schädigt, erwehren.«[322] Eine notwendige Korrektur des anthropozentrischen Gefühlsbewusstseins darf also nicht zur Unterbewertung des menschlichen Lebens führen, sondern zielt darauf ab, von dem gegenwärtig herrschenden »asymmetrischen« Konflikt zwischen Mensch und nicht-menschlicher Kreatur zu einer symmetrischeren Gestaltung des Konflikts zu kommen.[323] Zu dieser Symmetrisierung und damit Eindämmung des Konflikts trägt auch der bewusste menschliche Machtverzicht bzw. seine Selbstbegrenzung bei.[324] Denkende Konfliktbewältigung zielt daher nicht auf eine harmonische »Blühwiesenromantik«, sondern realistischerweise auf die »Verminderung der Gewalt gegen die nichtmenschliche Schöpfung«[325]. Die biblischen Texte konkretisieren diesen menschlichen Auftrag in der Form, dass der Mensch zwar den Boden kultivieren, die Pflanzen anbauen und die Tiere halten kann, aber immer verbunden mit sehr detaillierten Bestimmungen zu deren Schutz.[326] Die Nutzung ist immer gekoppelt mit der Fürsorgepflicht des Menschen, die sich an dem Wohlergehen der Kreaturen orientiert. Die Minimierung der Gewalt lässt sich auch anhand von vielen heutigen Anwendungsbeispielen durchdeklinieren: So ist grundsätzlich der Energie- und Rohstoffverbrauch ein gutes Maß für die Gewalt gegenüber der

322 Schweitzer, Ethik, 339.
323 Liedke, Schöpfungsethik, 300 ff.
324 Kap. 6.1.
325 Liedke, Schöpfungsethik, 318, und Bedford-Strohm, Schöpfung, 203.
326 Viele biblische Beispiele nennt Lienau, Geerdet glauben, 57 f.

nichtmenschlichen Schöpfung.[327] Und da selbst die Erzeugung von regenerativen Energien nicht ohne negativen Einfluss auf Natur und Landschaft ist, bedeutet das Prinzip, dass unter den möglichen Maßnahmen und Standorten stets jene ausgewählt werden, die die Natur möglichst wenig beeinträchtigen und bei denen die geringsten Nebenwirkungen zu erwarten sind. Dies wird aber – aufgrund der begrenzten natürliche Fläche hier in Deutschland – real nur möglich sein, wenn das Suffizienz-Prinzip[328] flankierend beachtet wird. Und im konkreten Umgang mit Tieren wäre beispielsweise die möglichst weitgehende Minimierung von Schmerz, Zerstörung und Tod ein realistisches Ziel, im Sinne, dass »der Gerechte weiß, *was sein Vieh braucht*« (Spr 12,10).

Drittens lassen sich Konfliktsituationen nicht neutralisieren und schuldlos auflösen. Wir bleiben als Menschen in unserem Handeln auf die Vergebungsbitte im Vaterunser (Mt 6,12) angewiesen. Viele Entscheidungen in Konfliktsituationen bringen als Grundhaltung eine Unsicherheit mit sich, da wir bei den wesentlichen Entscheidungssituationen des Lebens nie mit absoluter Sicherheit sprechen und handeln können. Auch wenn rein ratiozentrische Ethiken oft suggerieren, sie könnten die Entscheidungen im Umgang mit den Mitkreaturen anhand eines objektiven, Sicherheit gebenden Kriterienkatalogs durchregeln, sodass wir uns damit quasi von jeder moralischen Schuld freisprechen können, hat demgegenüber Albert Schweitzer nie be-

327 Gerhard Liedke hat dieses Kriterium in den Konziliaren Prozess eingebracht, vgl. Kap. 1.2; siehe auch Meyer-Abich, Naturphilosophie, 407–414.

328 Kap. 6.1. Nur wenn das Suffizienz-Prinzip angewendet wird, kann beispielsweise vermieden werden, dass Windparks in schützenswerten Landschaften oder auf wichtigen Vogelzugrouten (wie z.B. auf der Halbinsel Eiderstedt) gebaut werden.

stritten, dass die Ehrfurchtsethik auch in unlösbare Konflikte führen kann. Die Entscheidung für das kleinere von zwei unausweichlichen Übeln stellt für Schweitzer keine ethische Entschuldigung dar. Die Schuld bleibt und ist selbst nicht durch die Anwendung des Notwendigkeitskriteriums aufzuheben. Sie ist für Schweitzer nur mit der Pflicht zu sühnen, »aller Kreatur alles irgend mögliche Gute anzutun«.[329]

Denkende Konfliktethik nimmt uns also die Entscheidungssuche nicht ab, aber sie gibt uns Orientierungshilfen für die Konfliktsituationen an die Hand. Wie sich allerdings der Mensch letztlich entscheidet, hängt wesentlich davon ab, von welchem Natur- und Schöpfungsverständnis er sich bestimmen lässt: Natur als Mitgeschöpfe mit eigener Würde oder als Ressource für unsere Bedürfnisse.

3.4.4 Handeln in der Unterscheidung von »Letztem« und »Vorletztem«

In der Theologiegeschichte wurde die Frage nach dem besonderen Auftrag der Kirche und der Verantwortung der Christinnen und Christen angesichts gesellschaftlicher oder politischer Herausforderungen immer wieder gestellt und je nach theologischer Prägung unterschiedlich beantwortet. Bis heute ist es ein Streitpunkt, wie politisch Kirche sein darf.[330]

Für die evangelische Kirche besonders prägend war die lutherische Unterscheidung der verschiedenen Regimenter,

---

329 Schweitzer, Ethik, 341.
330 Vgl. Kap. 5.1 und 5.3.

durch die Gott in der Geschichte wirkt. Luther unterschied das Wirken Gottes durch das »weltliche Regiment«, in dem Gott – auch durch das Wirken der Obrigkeit – Recht durchsetzt, das Schwache schützt und das Böse straft, von dem Wirken Gottes durch das »geistliche Regiment«, in dem Gott durch die Herrschaft Christi und die Verkündigung des Evangeliums durch die Kirche Heil schafft.[331] Mit dieser Unterscheidung richtet er sich gegen die Vermischung von politischen und geistlichen Machtinteressen und Aufgaben, wie er sie vor allem in der großen Machtfülle der katholischen Kirche in seiner Zeit sah. Dagegen sieht er es als erste Aufgabe der Kirche an, dass sie das Evangelium Jesu Christi zu verkündigen und den Geboten Gottes zu gehorchen habe. Es solle ihr also nicht um die eigene Macht gehen, sondern um die Herrschaft Gottes.

Diese für den damaligen historischen Kontext wichtige kirchenkritische Unterscheidung der Regimenter Gottes wurde in der lutherischen Orthodoxie zu einer zeitlosen Lehre – die sogenannte »Zwei-Reiche-Lehre« – gemacht,[332] die mehr und mehr zu einer starren Trennung vom Reich Gottes und Reich der Welt, von Kirche und Obrigkeit führte, die am Ende beiden Bereichen ihre eigene »Eigengesetzlichkeit« zugestand. Dabei wurde jedoch vergessen, dass auch bei Luther die Welt keineswegs ihre eigenen Gesetze hat, sondern ebenso unter dem Gebot Gottes steht wie die Kirche, und dass auch Kirche Verantwortung im gesellschaftlichen Zusammenleben trägt.

---

331 Luther, Obrigkeit, WA 11.
332 Dieser Begriff ist sogar erst im 20. Jahrhundert geprägt worden. Huber, Folgen, 41–42.

Das, was Luther voneinander unterscheidet, muss daher in eine Beziehung zueinander gesetzt werden, sonst führt eine beziehungslose Unterscheidung zu einer gottlosen eigengesetzlichen Welt einerseits und zu einer weltlosen und unpolitischen Kirche andererseits. Die Folge einer solchen beziehungslosen Trennung von Kirche und Staat war – so Wolfgang Huber – eine Verbannung von Religion in den Bereich des Privaten und die »Auswanderung aller öffentlichen relevanten ethischen Fragen aus dem Bereich der Theologie«[333].

Diese Gefahr sehend hat Dietrich Bonhoeffer als lutherischer Theologe in seiner Ethik die Unterscheidung Luthers auf seine Weise neu interpretiert. Bonhoeffer widersprach der Vorstellung zweier Räume bzw. Wirklichkeiten, die hinter einer verkürzten Zwei-Reiche-Lehre aufscheint. Für ihn gibt es nur die eine Christuswirklichkeit, in der Gotteswirklichkeit und Welt wirklichkeit vereinigt sind. In dieser einen Christuswirklichkeit unterscheidet er das »Letzte« von dem »Vorletzten«. Das »Letzte« ist für ihn das Kommen Gottes in die Welt in Jesus Christus, mit dem er die Welt versöhnt und mit dem sein Reich beginnt, sich durchzusetzen. Dieses Letzte wird dem Menschen durch die von Christus erwirkte Rechtfertigung zuteil, sie ist ein Geschenk.[334] Das Vorletzte ist alles das, was dem Letzten vorangeht, die Weltwirklichkeit, wie sie von Gott geschaffen wurde, durch das Kreuz Jesu gerichtet und versöhnt und durch seine Auferstehung erneuert wird.

Diese Unterscheidung von Letztem und Vorletztem ist auch für die ethisch-theologische Auseinandersetzung mit den aktuel-

---

333 Huber, Folgen, 42.
334 Bonhoeffer, Ethik, 139–142.

len ökologischen Überlebenskrisen hilfreich. Denn hier geht es um grundlegende Herausforderungen im Bereich der von Gott geschaffenen Weltwirklichkeit. Genau genommen geht es um eine bisher nie erreichte Infragestellung und Gefährdung der Lebensrechte von Menschen und Mitschöpfung.

Letztes und Vorletztes müssen dabei jedoch unterschieden werden. Das Letzte muss Letztes bleiben, sonst wird es billig und verfügbar. Letztes und Vorletztes müssen aber auch in Beziehung zueinander gesetzt werden. Um des Letzten willen muss auch das Vorletzte theologisch in den Blick genommen werden und ist bedeutsam. In der Verhältnisbestimmung von Letztem und Vorletztem sieht Bonhoeffer zwei Gefahren, die es zu vermeiden gilt: die radikale Lösung und den Kompromiss. Die radikale Lösung hat nur das Letzte im Blick und sieht das Vorletzte schon dem Untergang geweiht. Da die Welt reif ist für das Gericht, trägt der Christ keine Verantwortung mehr für sie. Beim Kompromiss ist nur das Vorletzte im Blick. Das Letzte bleibt jenseitig und wird gerade so zur »ewigen Rechtfertigung für alles Bestehende«.[335] Die radikale Lösung setzt das Letzte absolut, der Kompromiss das Bestehende.

Letztes und Vorletztes müssen unterschieden werden, dürfen aber nicht voneinander getrennt werden. Vielmehr soll das Vorletzte dem Letzten den Weg bereiten. Das Kommen des Letzten – das Reich Gottes – kann zwar vom Menschen weder bewirkt noch verhindert werden, ist also allein Gottes Sache, aber die Zustände im Vorletzten können das Kommen des Letzten fördern oder erschweren. »Es gibt Zustände des Herzens, des

335 A.a.O., 146.

Lebens und der Welt, die das Empfangen der Gnade in besonderer Weise hindern, die das Glaubenkönnen erschweren«.[336]

Bonhoeffer spricht in seinem geschichtlichen Kontext vor allem von Situationen, in denen Menschen ihrer grundlegenden Rechte beraubt werden, z.B. von der Situation der Hungernden oder Rechtlosen. »Wenn die Hungernden nicht zum Glauben kommen, so fällt die Schuld auf die, die ihm das Brot verweigerten. Dem Hungernden Brot verschaffen ist Wegbereitung für das Kommen der Gnade«.

Die Aufgabe der Wegbereitung des Letzten im Vorletzten ist nach Bonhoeffer eine Aufgabe von großer Verantwortung für die Kirche. Das gilt auch heute in den drängenden Fragen der Überlebenskrise.

Die Unterscheidung von Letztem und Vorletztem hat etwas Entlastendes und zugleich Verpflichtendes. Sie entlastet die Kirche davon, Letztes leisten zu müssen. Es geht in ihrem verantwortlichen ökologischen Engagement nicht darum, das Reich Gottes schaffen zu müssen. Es geht auch nicht darum, die Welt vor dem Bösen erlösen und retten zu sollen. Zugleich verpflichtet die Unterscheidung dazu, für das Vorletzte – also das Leben in dieser Welt – volle Verantwortung zu übernehmen und alles Menschenmögliche zu tun, um Frieden, Gerechtigkeit und einen achtsamen und bewahrenden Umgang mit der Mitschöpfung zu schaffen. Huber interpretiert das Handeln im Vorletzten so, dass Christen und Christinnen sich im Reich der Welt als Bürger des Reiches Gottes bewähren sollen.[337]

---

336 A.a.O., 154.
337 Huber, Folgen.

Dazu gehört in den aktuellen Überlebenskrisen auch die Aufgabe, die Welt für kommende Generationen bewohnbar zu erhalten. Dabei werden Christinnen und Christen immer wieder hinter dem zurückbleiben, wozu die Gebote Gottes sie verpflichten. Sie werden immer wieder scheitern und sie werden immer wieder neu anfangen, im Vorletzten dem Letzten den Weg zu bereiten.

Die Aufgabe der Wegbereitung ist Aufgabe der Christinnen und der Christen und der Kirche und kann auch nicht einfach an Gott delegiert werden. Sie bleibt ihre Aufgabe, bis Gott sein Reich vollendet. So schreibt Bonhoeffer in seinen Haftbriefen, in denen ihm das Letzte vermutlich besonders nahe vor Augen stand: »Mag sein, dass der Jüngste Tag morgen anbricht, dann wollen wir gern die Arbeit für eine bessere Zukunft aus der Hand legen, vorher aber nicht.«[338]

338 Bonhoeffer, Widerstand, 34.

4. Kirche als Mahner, Mittler und Motor

2018 hat die Evangelische Kirche in Deutschland in dem Grundlagentext zur Nachhaltigkeit »Geliehen ist der Stern, auf dem wir leben« beschrieben, wie sie ihre eigene Rolle bei der Umsetzung der Nachhaltigkeitsziele der UN versteht. In der Einleitung des damaligen Ratsvorsitzenden Heinrich Bedford-Strohm zu diesem Text heißt es: »Wir wollen in dem Umsetzungsprozess der Agenda 2030 Mahner, Mittler und Motor sein. Wir wollen zur Umkehr mahnen, wir wollen in gesellschaftlichen Zielkonflikten vermitteln und um faire Lösungen ringen. Und wir wollen selbst in unserer kirchlichen Praxis noch nachhaltiger und glaubwürdiger werden. Wenn uns das gelingt, dann können wir zum Motor einer nachhaltigen Entwicklung werden, zur treibenden Kraft des Wandels – wie bereits in den 1980er Jahren die Kirchen im ÖRK«.[339] Hier wird also bewusst an die Zeiten des konziliaren Prozesses angeknüpft und an die Vorreiterrolle des ÖRK erinnert, die auch für die Gegenwart als ein Vorbild angesehen wird.[340]

Dieses Selbstverständnis der evangelischen Kirche als »Mahner, Mittler und Motor« ist zwar eine moderne und säkular anmutende Beschreibung der Aufgabe von Kirche im Bereich der Nachhaltigkeit, aber es knüpft in Teilen durchaus an uralte ekklesiologische Überlegungen zu den verschiedenen Aufgaben und Ämtern der Kirche und ihrer biblischen Wurzeln an.

339 EKD, Stern, 7.
340 Vgl. Kap. 1.2.

Grundlegende Aufgabe der Kirche ist die Bezeugung des Evangeliums. Dies impliziert zuerst den Zuspruch des Evangeliums, von der frohen Botschaft der freien Gnade Gottes. Es umfasst aber auch – anknüpfend an die 2. Barmer These – den Anspruch des Evangeliums, den Ruf in die Nachfolge Jesu und den Ruf zur Umkehr. Der Zuspruch und Anspruch des Evangeliums richten sich zuerst an die Kirche und an Christinnen und Christen, darüber hinaus aber auch an Menschen in der säkularen Gesellschaft, der Politik, der Wirtschaft und Zivilgesellschaft. Kirche hat also einen Öffentlichkeitsanspruch, der jedoch allein durch den Öffentlichkeitsanspruch des Evangeliums begründet und an diesen gebunden ist.[341]

Bei der Entfaltung des kirchlichen Auftrags wurden schon bei den Kirchenvätern der Alten Kirche verschiedene Aufgaben der Kirche unterschieden: Da ist zuerst von der *martyria* (Zeugnis) die Rede als zentraler Auftrag, das Evangelium »aller Kreatur« (Mk 16,15) zu bezeugen. Dieser Auftrag wird vor allem mit dem sogenannten Taufbefehl Jesu in Matthäus 28,19–20 begründet, das Evangelium in alle Welt zu tragen, Menschen aller Völker zu taufen und sie zu lehren, »[...] alles zu halten, was ich euch befohlen habe«. Aber auch der Aufruf des Apostel Paulus aus 2 Kor 5,20, Botschafter an Christi statt zu sein und von der Versöhnung mit Gott zu predigen, sowie die Aufforderung 1 Petrus 3,15, Rechenschaft zum Grund der eigenen Hoffnung gegenüber jedermann abzulegen, können als biblische Grundlage für das Verkündigungs- und Zeugnisamt der Kirche genannt werden. Zeugnis geben Christinnen und Christen aber nicht nur durch die wörtliche Verkündigung, sondern auch durch die Art

341 Huber, Folgen, 27; s. auch Kap. 5.2.1.

ihres Handelns und Lebens. Auch im Handeln und Leben, welche die Christusbotschaft als Referenzpunkt haben, bezeugen Christinnen und Christen »aller Kreatur«, woran sie glauben und was ihr Leben bestimmt.

Daran schließt sich der kirchliche Auftrag zur *diakonia*, der Dienst an Anderen – vor allem an den Armen – an. Dazu gab es schon in den ersten urchristlichen Gemeinden extra eingesetzte »Diakone«, wie man in der Apostelgeschichte nachlesen kann (Apg 6,1–7). Bereits in der neutestamentlichen Gemeindesituation bilden Verkündigungsdienst und tätige Diakonie eine untrennbare Einheit. Die »helfende Hand« in der Gemeinde reicht von der Armenspeisung über den Finanzausgleich (2 Kor 8,9) bis hin zum Gutes tun für alle Menschen (Gal 6,10). Diakonie ist damit als »helfende Hand« eine unverzichtbare Lebensäußerung der Kirche. Sie ist als ein Eintreten für Andere zu verstehen, welches sich sowohl auf die konkrete Not des Einzelnen bezieht als auch auf die politisch-strukturellen Gründe der Not. Diese anwaltschaftliche Funktion von Kirche bedeutet auch, dass die Kirche Interessensvertreterin von denjenigen ist, die keine Lobby und »Stimme« im gesellschaftlichen Diskurs haben. »Tu deinen Mund auf für die Stummen« (Spr 31,8) lautet die Kurzanweisung der hebräischen Bibel. Im Kontext der Ökologiekrise wird die Kirche daher denjenigen ihre Stimme leihen, die beispielsweise besonders von den Folgen des Klimawandels bedroht sind, aber auch allen Mitgeschöpfen, deren »Seufzen« (Röm 8,22) nicht gehört wird.

Ein weiteres Amt der Kirche ist die *leiturgia* – die Feier des Gottesdienstes und des Abendmahls. Auch wenn es dabei in erster Linie um eine *Sammlung* um Wort und Sakrament geht, von denen die Kirche lebt und durch die sie begründet wird, bedeutet das nicht ein Rückzug aus der Welt. Vielmehr dient die Sammlung der *Sendung* in die Gesellschaft. Diese »Sendung gewinnt ihre konkrete Gestalt aus der Not der von Unrecht, Gewalttat, nuklearer und ökologischer Vernichtung bedrohten Welt«.[342] Die empfangende Gemeinde antwortet damit als handelnde Gemeinde in Form eines Gottesdienstes im Alltag der Welt (vgl. Röm 12,1 f.).

Als viertes Wesensmerkmal von Kirche wird später noch die *koinonia* (die Gemeinschaft) ergänzt. Diese Gemeinschaft ist nicht einfach eine Interessensgemeinschaft Gleichgesinnter, sondern eine Geist-Gemeinschaft der Gläubigen. Diese geistgewirkte Gemeinschaft reicht aber über die engen Kirchengrenzen hinaus und zeugt von der Hoffnung der Bibel, dass der lebensschaffende Heilige Geist »auf alle Welt« (Apg 2,17) ausgegossen wird. Die Gemeinschaft ist damit eine *weltoffene* Gemeinschaft, die in solidarischer Gemeinschaft mit Notleidenden und Ausgegrenzten lebt.

Diese vier wesentlichen Aufgaben bzw. Wesensmerkmale der Kirche *martyria*, *leiturgia*, *diakonia* und *koinonia* – haben sich durch die Geschichte bis heute erhalten und sind heute noch als Ausdruck des bezeugten, des gefeierten, gelebten und gemeinschaftlichen Glaubens in nahezu allen Kirchen lebendig. Gleichzeitig begründen alle vier Wesensmerkmale das öffentliche, gesellschaftliche Engagement von Kirche.

Kirche als Mahnerin, Mittlerin und Motor einer nachhaltigen Entwicklung kann man daher als Aktualisierung des heutigen

342 Moltmann, Geist, 248.

biblisch begründeten Auftrages der Bezeugung des Evangeliums durch die vier grundlegenden Dimensionen von Kirche verstehen.

Bei der Kirche *als Mahnerin* ist im Blick, dass die Kirche hörbar und sichtbar in der Öffentlichkeit für Andere und Anderes eintritt. Kirche bringt in diesem Sinne parteilich das Evangelium als eine befreiende Botschaft der Gerechtigkeit für alle Geschöpfe zur Sprache. Weil aber die Schlussfolgerungen, die aus dem biblischen Zeugnis für viele ethische und politische Fragen gezogen werden, nicht immer eindeutig sind, braucht es auch einen Raum, in dem über diese Schlussfolgerungen fair gestritten werden kann. Das ist die Aufgabe der Kirche *als Mittlerin*, die Verständigungsprozesse zwischen verschiedenen Akteursgruppen initiiert. Kirche *als Motor* im Sinne einer treibenden Kraft für eine nachhaltige Entwicklung wiederum lässt sich zum einen aus den biblischen Weisungen zur Schöpfungsverantwortung und zum friedlichen und gerechten Zusammenleben, aber auch aus dem Auftrag zum gelebten Glauben – der Diakonie – begründen.

Interessant ist, dass die Trias Kirche als Mahnerin, Mittlerin und Motor für eine nachhaltige Entwicklung nicht nur eine aktuelle Beschreibung des Selbstverständnisses des Auftrages von Kirche im Bereich der Nachhaltigkeit ist, sondern auch Erwartungen von Teilen der Zivilgesellschaft widerspiegelt. Die Vorschläge zu dieser Trias kamen von dem Kammervorsitzenden der ehemaligen Kammer für nachhaltige Entwicklung der EKD, dem Transformationswissenschaftler Uwe Schneidewind, der damals Präsident des Wuppertalinstituts für Klima, Umwelt und Energie war.[343] Die Trias wurde im Rat der EKD durchaus kontrovers diskutiert, letztlich aber so angenommen und als Teil des EKD-Textes autorisiert. Diese Rollen spiegeln die Erwartungen von Teilen der Gesellschaft und der Wissenschaft an die Kirchen wider, die jedoch heute nach unserem Eindruck von immer mehr kirchlichen Verantwortungsträgern und auch von einigen Vertretern der evangelischen Theologie in Frage gestellt und als zu moralistisch und als Selbstüberschätzung bewertet werden.[344] Die Erwartungen an die Rolle der Kirche fallen zunehmend stärker auseinander, möglicherweise weil die Kirchen wie auch die Gesellschaft in ihren Positionen sich immer mehr spalten. So sollen die Kirchen nach der Erwartung der ökologisch Engagierten aus Wissenschaft und Gesellschaft – wie z.B. Fridays for Future oder anderen Klimaaktivisten – viel stärker eine mahnende prophetische Rolle einnehmen. Sie sollen aber auch bei gesellschaftlichen Zielkonflikten vermitteln und für faire Dialoge sorgen. Schließlich sollen sie vor allem selbst durch glaubwürdiges Handeln Vorreiter sein. Andere in den Kirchen, aber auch außerhalb der Kirchen meinen dagegen, Kirche soll sich mehr auf ihre geistliche Kernkompetenz besinnen und die ökologischen Fragen lieber anderen wie z.B. den Umweltverbänden überlassen. Hinzu kommt, dass die EKD und auch die Landeskirchen sich offenbar angesichts schwindender Mitgliederzahlen und angesichts von institutionellem Versagen wie z.B. im Umgang mit sexuellem Missbrauch auch in ihrer eigenen gesellschaftlichen Relevanz immer mehr selbst in Frage stellen. Die Befürchtungen, dass viele Mitglieder sich an zu deutlichen politischen Statements stören und diese als Bevormundung empfinden und deshalb

343 Schneidewind, Transformation, 314–320.
344 Kap. 5.2.2.

abwenden könnten, sind dabei oft handlungsleitend. Dabei belegt die aktuelle 6. Kirchenmitgliedschaftsuntersuchung von 2023, dass dies keineswegs der Fall ist, sondern eine deutliche Mehrheit (nämlich 75 Prozent) der Kirchenmitglieder (sowie auch viele Nichtmitglieder) erwarten, dass Kirchen sich zu drängenden gesellschaftlichen Fragen positionieren. Es gibt viel mehr Kirchenmitglieder, die austreten wollen, wenn sich Kirche nicht klar genug zu gesellschaftlich-politischen Fragen positioniert (43 Prozent), als solche, die der Meinung sind, Kirche solle sich auf religiöse Fragen beschränken (25 Prozent).[345] Ein Fazit der aktuellen Kirchenmitgliedschaftsuntersuchung lautet deshalb: »Der Beitrag der Kirchen zur Aktivierung und Stabilisierung der Zivilgesellschaft und zur gesellschaftlichen Integration ist erheblich. Das ist kirchenpolitisch bedeutsam. Die Zivilgesellschaft profitiert in hohem Maße davon, wenn kirchliche und nicht-kirchliche Stellen (z. B. auch staatliche) gut zusammenarbeiten. Umgekehrt hängt auch für die Kirchen dieser Erfolg maßgeblich von einer guten Vernetzung mit der Zivilgesellschaft zusammen, die deshalb zu erhalten und auszubauen ist«.[346]

Der Diskurs zur Rolle der Kirche in den aktuellen gesellschaftlichen Debatten ist also voll im Gang. »Kirche als Mahnerin, Mittlerin und Motor für eine nachhaltige Entwicklung« ist aus unserer Sicht ein bedenkenswertes und überzeugendes Modell, was inzwischen vor allem im kirchlichen Kontext, aber auch darüber hinaus durchaus vielfältige Rezeption erfahren hat.

---

345 https://kmu.ekd.de/fileadmin/user_upload/kirchenmitgliedschaftsuntersuchung/PDF/Wie_h%C3%A4ltst_du%E2%80%99s_mit_der_Kirche_%E2%80%93_Zur_Bedeutung_der_Kirche%E2%80%93in%E2%80%93der%E2%80%93Gesellschaft_KMU_6.pdf (S. 57).

346 A. a. O., 93.

4.1 Kirche als Mahnerin

»Ausgelöst wurde die Reformation nicht durch den Mut zum Frieden, sondern durch den Mut zum Konflikt, zum Streit um der Wahrheit willen«.[347] Dieser Mut zum Konflikt gehört daher zum reformatorischen Erbe der Kirche. Es ist ein reformatorischer Widerspruch gegen einen problematisch angesehenen Status quo, der zugleich mit einer Veränderungsbereitschaft für einen grundlegenden Wandel verbunden ist.[348]

Die spätere reformatorische Theologie unterscheidet die drei Ämter Christi: das prophetische, das priesterliche und das königliche Amt. Daraus wurde im 20. Jahrhundert von einigen Theologen und von der ökumenischen Bewegung das prophetische Amt der Kirche abgeleitet.[349] Als biblische Grundlage für das prophetische Amt sind die alttestamentlichen Propheten mit ihren kritischen Zeitansagen und Umkehrrufen, aber auch das Amt der Propheten in den neutestamentlichen Gemeinden zu nennen. Auch Johannes und Jesus werden angesichts ihrer Rufe zur Umkehr im Neuen Testament mehrfach als Propheten bezeichnet und charakterisiert.

In der Kirchengeschichte wurde prophetische Kritik in der Kirche jedoch einerseits durch die starke Institutionalisierung von Kirche eher marginalisiert und aus der Kirche verdrängt und

---

347 Huber, Protestantismus, 124.

348 Valentin, Potentiale, 760.

349 Hier ist als Erstes Karl Barth zu nennen, der aus dem prophetischen Amt Christi das prophetische Wächteramt der Kirche ableitet. Dabei besteht jedoch ein unumkehrbares Gefälle vom prophetischen Amt Christi und dem prophetischen Amt der Kirche. Das prophetische Amt Christi darf nicht mit dem prophetischen Amt der Kirche gleichgesetzt werden. Denn der Ruf der Umkehr und der Ruf in die Nachfolge richtet sich zuerst an die Kirche selbst. Bornkamm, Amt Christi.

häretisiert. Andererseits wurde prophetische Kritik auch als Herrschaftsinstrument zur Durchsetzung von Machtansprüchen oder kirchlichen Moralvorstellungen missbraucht.[350] Das alles macht es nicht leicht, unbefangen an das prophetische Amt und »Kirche als Mahnerin« anzuknüpfen.

Erst in der zweiten Hälfte des 20. Jahrhunderts gewann angesichts der großen globalen Herausforderungen und Überlebensfragen die Rede von dem prophetischen Amt der Kirche in der weltweiten Ökumene wie auch in Teilen der Theologie – hier vor allem der Befreiungstheologie, der politischen und der Ökotheologie – wieder an Bedeutung, wenngleich sie in Kirche und Theologie umstritten bleibt. Der bleibende und aktuelle Wahrheitsgehalt der Anknüpfung an die prophetische Tradition besteht darin, dass diese das Bestehende und das allgemein Übliche in Frage stellt und zu einem Aufbruch zu neuen Ufern mahnt. Propheten wie etwa Jesaja, Jeremia, Hosea oder Amos haben die gesellschaftlichen Verhältnisse ihrer Zeit radikal kritisiert und wurden deshalb auch angefeindet. Das prophetische Wort ist daher provokativ und stößt auf Widerstand so wie auch die kirchliche Rolle als Mahnerin. Auch Jesus hat die prophetische Tradition aufgenommen und beispielsweise damalige Herrschaftsverhältnisse kritisiert: »Ihr wisst, die als Herrscher gelten, halten ihre Völker nieder, und ihre Mächtigen tun ihnen Gewalt an« (Mk 10,42). Letztlich war auch sein Tod am Kreuz die Konsequenz dafür, dass er bei den Mächtigen und Etablierten Anstoß erregt hat (1 Petr 2,8). Diese prophetische Tradition darf und kann auch die heutige Kirche im Kontext der Überlebenskrise nicht zugunsten von einem rein modera-

350 Huber, Folgen, 25.

tiven Ausgleich vernachlässigen. »Achtet die Prophetie nicht gering« (1 Thess 5,19) mahnt bereits der Thessalonicherbrief. Dies bedeutet nicht, dass der christliche Glaube zu politischen Zwecken instrumentalisiert werden soll, sondern dass die sich in Jesus Christus offenbarten Grundhaltungen des Glaubens und seine Parteinahme für die Armen, Kranken und Schwachen als kritisches Potential in die gesellschaftlichen Diskurse über Nachhaltigkeit eingebracht werden müssen. »Die Kirche kann und darf also nicht verschweigen, daß ihr Bekenntnis zu dem Mann am Kreuz Anstoß und Ärger macht… Glaube und Politik gehören zusammen«.[351] Daher gibt es im Kontext der Überlebenskrise auch keine »Neutralität«. Denn diese wäre nur die Akzeptanz des Bestehenden und des »Weiter so«. Die prophetische Tradition macht demgegenüber die »Parteilichkeit Gottes« für das Leben und Gottes »vorrangige Option für die Armen« in der gesellschaftlichen Debatte stark und ist auch dazu bereit, als Mahnerin aus dieser Option konkrete politische Forderungen abzuleiten.

In der Verbindung mit der Mittler- und der Motorrolle erscheint uns daher die Mahnerrolle für die besonderen Potentiale der Kirchen im Bereich der Nachhaltigkeit und der sozialökologischen Transformation bedeutsam. Denn sie verknüpft die prophetische Kritik mit dem offenen Diskurs zu den sachgemäßen Lösungen sowie der Frage nach der Glaubwürdigkeit von Kirche. Die kulturelle Kraft von Theologie und Kirche besteht gerade nicht in der Anpassung an die gesellschaftlichen Verhältnisse, sondern in ihrer Rolle, sich auch öffentlich zu Wort zu melden. Bedford-Strohm betont daher zu Recht, es ist ein

351 Huber, Protestantismus, 15.

Missverständnis, »Kirche und Theologie dadurch für die Welt interessant zu machen, dass sie ihre Botschaft entschärfen und mundgängig machen. Kultur kann überhaupt nur entstehen und sich weiterentwickeln, wenn es gesellschaftliche Quellen der Widerständigkeit gibt, die [...] zum Nachdenken, Innehalten oder auch zur Umkehr bringen«[352].

Im Folgenden soll anhand von Beispielen aufgezeigt werden, was die Rolle der Kirche als Mahnerin konkret bedeutet und wie sie ausgestaltet werden kann.

4.1.1 Der Ruf zu einer umfassenden ökologischen Umkehr

In Kapitel 1.2 wurde bereits darauf hingewiesen, dass die Kirchen in der weltweiten Ökumene und in ihren unterschiedlichen Sozialgestalten schon seit 50 Jahren in unterschiedlicher Intensität für Nachhaltigkeit und somit als Mahnerin für einen sozial-ökologischen Wandel eintreten. Deshalb sollen hier nur einige wenige exemplarische Texte aus der Ökumene wie der EKD aus den letzten Jahren zitiert werden, in denen die Rolle der Mahnerin besonders eindrücklich zutage tritt. Hier sind zuerst Texte zu nennen, die den Ruf zur Umkehr nach innen an die Kirchen selbst richten.

Anlässlich des Reformationsjubiläums wurde 2016 bei einer internationalen ökumenischen Konsultation in Volos (Griechenland) ein »Manifest für eine ökologische Reformation der Chris-

352 BEDFORD-STROHM, Kirche, 529. Vgl. auch DERS., Lieben, 118 ff., s. Kap. 6.2.2.

tenheit« verabschiedet.[353] Darin wird festgehalten, dass der Ruf nach einer ökologischen Reformation am dringlichsten von den Christinnen und Christen aus den Erdteilen – nämlich Afrika, dem Pazifik und Lateinamerika – kommt, die am meisten durch die ökologischen Krisen betroffen sind. Solch eine ökologische Reformation bedeutet zunächst eine theologische Kritik an den tieferen Wurzeln der ökologischen Zerstörungen wie auch an Formen des Christentums, die die ökologische Dimension der biblischen Botschaft ignorieren. Ganz praktisch bedeutet sie, dass vieles in den Traditionen und der kirchlichen Praxis sich verändern muss. Angefangen von einer ökologischen Re-Lektüre biblischer Texte, einer Veränderung von Liturgie und Gottesdienst, Unterricht, dem Amtsverständnis bis hin zur Transformation der Praxis von Kirchengemeinden zu »grünen Gemeinden«. Der Anspruch einer »ökologischen Reformation« wird als sehr grundsätzlich und umfassend verstanden. Es geht – so Larry Rasmussen – um noch mehr als nur um Aufrufe zur Schöpfungsverantwortung und zu einer ökologischen Theologie. Sie zielt auf eine umfassende Erneuerung der ganzen Kirche.[354]

2019 fand in Wuppertal eine internationale ökumenische Konsultation mit über 50 Teilnehmerinnen und Teilnehmer aus über 20 Ländern aus allen Erdteilen statt, die von der Vereinten Evangelischen Mission, Brot für die Welt, EKD und dem ÖRK zum Thema »Kairos for Creation« veranstaltet wurde. In dem von den Teilnehmenden verabschiedeten »Wuppertal Call«

---

353 https://www.oikoumene.org/sites/default/files/Document/Manifesto_on_an_ecological_reformation_of_all_Christian_traditions_March2016.pdf [Stand: 22.09.2025].

354 Rasmussen, Veni creatur, 24.

wurde das vielfältige Versagen der Kirchen bekannt und eine umfassende ökologische Umkehr gefordert. Jetzt – so der Wuppertal Call – sei die Zeit für alle Kirchen, für die Schöpfung einzutreten, der »Kairos for Creation«.[355]

Für den Bereich des deutschen Protestantismus sei an zwei Texte der EKD aus dem Jahr 2007 und dem Jahr 2009 zum Klimawandel erinnert, in denen sie sehr deutlich inhaltlich und sprachlich als Mahnerin auftritt. Das ist zuerst ein kurzer Text des Ratsvorsitzenden Wolfgang Huber aus dem Jahr 2007 mit dem Titel »Es ist nicht zu spät für eine Antwort auf den Klimawandel«, der vom damaligen Rat zu einem EKD-Text erklärt wurde. Ausgehend von der unmissverständlichen Dramatik der Klimakatastrophe wird hervorgehoben, dass wir die globale Erwärmung nur begrenzen können, wenn wir zu schnellen und entschlossenen Maßnahmen bereit sind. Das alttestamentliche Bild einer Mauer, die immer mehr Risse bekommt, bevor sie zusammenzufallen droht, wird herangezogen, um die Dramatik der Lage zu verdeutlichen.[356]

2009 folgte die von der Kammer für nachhaltige Entwicklung erarbeitete umfangreichere Denkschrift »Umkehr zum Leben. Nachhaltige Entwicklung im Zeichen des Klimawandels« von 2009. Auch hier richtet sich der Ruf zur Umkehr zunächst an die Kirche selbst, bevor sich die Kirche auch mit Forderungen an Politik und Gesellschaft richtet. »›Kehret um, und ihr werdet leben‹ – diesen prophetischen Ruf gilt es, zuerst für uns als Kirche zu hören, anzunehmen und ihn zu leben. Dann werden wir als Kirche auch eine Stimme werden, die sich in der Diskussion

355 Andrianos/Biehl/Gütter u. a., Kairos for Creation, 317.
356 EKD, Klimawandel, 6.

um die Suche nach neuen politischen und ökonomischen Leitbildern zu Wort melden kann, eine Stimme, auf die andere in Gesellschaft, Politik und Wirtschaft hören können«.[357]

Die Sprache dieser Denkschrift ist ebenfalls bemerkenswert eindringlich und warnend. »Wir machen uns schuldig vor Gottes Augen und vor der Welt und leugnen seine befreiende und verändernde Macht, wenn wir als Christen trotz allen Wissens nicht den global und lokal herrschenden Ungerechtigkeiten, den Menschen verachtenden Kriegen und dem aus Maßlosigkeit geborenen Raubbau an seiner Schöpfung entgegentreten«.[358] Inhaltlich und sprachlich wird auch hier deutlich erkennbar an die Inhalte und Sprache des konziliaren Prozesses der 80er Jahre angeknüpft.

2018 folgte der bereits mehrfach zitierte EKD-Text zum Thema Nachhaltigkeit. Auch hier werden die ökologischen Krisen in ihrer Dringlichkeit unmissverständlich dargestellt und festgestellt: »Es ist höchste Zeit, dass die Menschheit Wege findet, innerhalb der ökologischen und sozialen Grenzen unseres Planeten zu leben. ›Weiter so‹ geht nicht«.[359]

2022 hat der Rat der EKD eine Beauftragung für Schöpfungsverantwortung der EKD eingerichtet und Landesbischöfin Kühnbaum-Schmidt aus der Nordkirche mit dieser Aufgabe betraut. Das ist ein wichtiges Signal, das zeigt, welche Bedeutung das Thema Nachhaltigkeit und Schöpfungsverantwortung für die EKD hat und dass sie hier nach außen noch sprachfähiger

357 EKD, Umkehr, 114.
358 Ebd.
359 EKD, Stern, 71.

werden will. Grundsätzlich sind damit die Voraussetzungen geschaffen, die Rolle der Kirche als Mahnerin öffentlich auszuüben. Diese Beauftragung wird allerdings nach unserer Wahrnehmung in ihrer Funktion nicht ausreichend unterstützt. Denn angesichts der Schärfe und auch der Komplexität der Debatten um die Nachhaltigkeit ist zur Ausübung der Mahnerrolle eine fachliche Zuarbeit unverzichtbar. Aber leider wurden im Kirchenamt der EKD ausgerechnet im Themenbereich Nachhaltigkeit und Klimagerechtigkeit die personellen Ressourcen gekürzt, obwohl sie angesichts der hohen Dringlichkeit eigentlich ausgebaut werden müssten.[360] Denn es hängt auch an personellen Ressourcen und fachlicher Expertise, wie stark die EKD ihre Positionen gegenüber der Bundesregierung, den Ministerien und in zivilgesellschaftlichen Bündnissen einbringen kann und wie sie in ihrer mahnenden Rolle ernstgenommen wird.[361]

Der Ausbau von Ressourcen im Bereich Nachhaltigkeit legt sich auch deshalb nahe, weil die EKD-Synode sich in den letzten 15 Jahren fast jährlich zu klimapolitischen und schöpfungstheologischen Fragen positioniert und viele Aufträge an den Rat beschlossen hat. Sie hat nicht nur bemerkenswerte Selbstverpflichtungen zur Erreichung der Klimaneutralität für den Bereich der EKD und der Landeskirchen mit klaren Zielvor-

360 Das 2017 neu eingerichtete Referat für Nachhaltigkeit wurde 2023 bei seiner Neubesetzung auf 50 % reduziert. Die Kammer für nachhaltige Entwicklung wurde 2022 aufgelöst und der Themenbereich in ein neues Kammernetzwerk integriert. Das bietet zwar die Chance zu Vernetzungen mit anderen Themenfeldern, aber auch die Gefahr, dass der dringend nötige kontinuierliche fachliche Austausch zum Themenfeld Nachhaltigkeit zu kurz kommt und Expertinnen und Experten sich abwenden, weil dieser Austausch fehlt.

361 Bis 2020 war die EKD noch im von der Bundesregierung eingesetzten Rat für Nachhaltigkeit durch ein Ratsmitglied vertreten, sie stellte sogar die Vorsitzende. Heute hat sie dort keine eigene Vertretung mehr.

gaben beschlossen, sondern auch zahlreiche Appelle an Politik und Gesellschaft zur Bekämpfung der ökologischen Krise gerichtet. Das hat sich seit der Wahl der neuen Präses Anna Nicole Heinrich im Jahr 2021, der das Klimathema ein Herzensanliegen ist und die selbst mit der Klimabewegung gut vernetzt ist, spürbar intensiviert. Die Synode hat 2022 unter ihrer Leitung das Thema Klimagerechtigkeit ausgiebig diskutiert und dabei auch den Dialog mit der letzten Generation gesucht und einen mutigen Beschluss zum Tempolimit gefasst, was beides sowohl in den Kirchen als auch in der Presse hochkontrovers diskutiert wurde. Der Beschluss zum Tempolimit, der vor allem eine Selbstverpflichtung, aber auch einen eher moderaten Appell an die Politik umfasst, wurde leider vom Rat der EKD und von der Kirchenkonferenz bis heute nicht umgesetzt. Das Tempolimit gilt in Fachkreisen als ein einfaches, kostengünstiges, sozial gerechtes und wirksames Mittel, um im Verkehrssektor Emissionen einzusparen[362] und es wird sogar von einer Jahr für Jahr wachsenden Mehrheit der Bevölkerung befürwortet.[363] Dennoch war die Angst vor den Vorwürfen einer moralischen Bevormundung wie auch die Angst vor weiteren Kirchenaustritten offenbar so groß, dass man von der aktiven Umsetzung des Beschlusses lieber Abstand nahm. An diesem Beispiel wird deutlich, dass die Wahrnehmung der Rolle der Kirche als Mahnerin gegenwärtig nicht konsistent ist. Es gibt einzelne Vorstö-

---

362 https://www.umweltbundesamt.de/sites/default/files/medien/479/publikationen/texte_14-2023_fluessiger_verkehr_fuer_klimaschutz_und_luftreinhaltung.pdf [Stand: 26.09.2025].

363 2023 votierten 42 Prozent »mit auf jeden Fall« und 22 Prozent mit »eher ja« für ein Tempolimit von 130 km/h. Andere Umfragen zeigen seit 2020 eine stabile Mehrheit von 59 Prozent. https://de.statista.com/statistik/daten/studie/258757/umfrage/umfrage-zum-tempolimit-auf-autobahnen/ [Stand: 22.09.2025]. Sogar unter den ADAC-Mitgliedern gibt es eine knappe Mehrheit von 54 Prozent für das Tempolimit. https://www.adac.de/verkehr/standpunkte-studien/positionen/tempolimit-autobahn-deutschland/ [Stand: 22.09.2025].

ße und Stellungnahmen, die aber dann gleich wieder relativiert oder nicht konsequent umgesetzt werden.

4.1.2 Ethik des Genug

»Schwimmt nicht mit dem Strom, sondern macht euch von den Strukturen dieser Zeit frei, indem ihr euer Denken erneuert« (Röm 12,2). Diese biblische Aufforderung macht sich die Kirche zu eigen, wenn sie sich in der weltweiten ökumenischen Bewegung schon seit geraumer Zeit kritisch mit dem Wachstumsparadigma auseinandersetzt, welches als ein wichtiger Treiber für die Überschreitung planetarer Grenzen gilt. Sie sprechen damit ein Thema an, das von großen Teilen der Politik und der Wirtschaft immer noch tabuisiert wird und übernehmen so eine wichtige, wenn auch unbequeme Rolle als Mahnerin. Sie tun es aus dezidiert theologischen Gründen.[364] Und sie sind dazu prädestiniert, weil sie – anders als z. B. Politiker oder Wirtschaftsverbände – nicht bestimmten Interessengruppen, sondern zuerst Zielen und Werten verpflichtet sind, die sich aus ihrem grundlegenden Amt der Bezeugung des Evangeliums ergeben. Auch müssen sie nicht, wie Politiker, Sorge um eine Wiederwahl haben und können so auch zu unpopulären Entscheidungen stehen.

Wichtige Vordenker und Vorreiter für eine kritische Auseinandersetzung mit dem Wachstumsgedanken waren auf nationaler Ebene auch kirchliche Initiativgruppen in den 80er Jahren, die sich teils aus ökologischen Erwägungen, teils im Hinblick auf

364 Kap. 6.1.3.

die wachsenden globalen Ungleichheiten für einen anderen einfacheren Lebensstil einsetzten.[365] Slogans wie »einfacher leben damit andere überleben« prägten die Suche nach einem anderen schöpfungsliebenden und solidarischen Lebensstil. Die Transformationsforscherin Valentin schreibt der evangelischen Kirche daher die Fähigkeit zu, »auch mit wenig Konsum glücklich zu sein und ästhetische Schlichtheit zu genießen.«[366] Basisgruppen und Kommunitäten probierten einen solchen Lebensstil ganz praktisch aus, oft noch in kritischer Distanz zu den mehr bürgerlich geprägten Kirchengemeinden und Kirchenleitungen. Gleichzeitig setzte in Universitäten, aber auch in kirchlichen Think Tanks wie der Evangelischen Forschungsstätte in Heidelberg (FEST) auf fachlicher Ebene ein Nachdenken über alternative Wirtschaftsmodelle und alternative Modelle zur Berechnung zu Wohlstand und Wohlfahrt ein. So entwickelte der ehemalige Umweltbeauftragte der EKD Prof. Diefenbacher in den 1990er Jahren gemeinsam mit anderen den Nationalen Wohlfahrtsindex, der dem verkürzten Ansatz der Wohlstandsmessung, der sich auf das Bruttoinlandsprodukt beschränkt, einen Ansatz mit weiteren Kriterien, die für die Wohlfahrt eines Landes wichtig sind, gegenüberstellte.[367] Der Gedanke eines suffizienten Lebensstils und einer ressourcenschonenden Praxis in den Kirchen gewann – auch durch die Arbeit der Umweltbeauftragten der Landeskirchen – mehr und mehr Rückhalt in den Kirchen, bis er ab 2007 in offizielle Verlautbarungen der EKD Eingang fand.

365 Z. B. die Ökumenische Initiative Eine Welt (ÖIEW) oder die Initiative »Anders besser leben«. BMU, Lebensqualität.
366 Valentin, Potentiale, 759.
367 http://www.nationaler-wohlfahrtsindex.de/de/kontakt [Stand: 28.09.2025].

So geschah es in den oben aufgeführten Texten der EKD. Am deutlichsten wird eine Abkehr vom Wachstumsparadigma in der Denkschrift von 2009 gefordert. Hier ist auch erstmals von einer »Ethik der Genügsamkeit« die Rede. »Eine Lebens- und Wirtschaftsweise, die auf ständiges Wachstum setzt, ist nicht nur gefährlich und unverantwortlich, sie leugnet auch die von Gott geschaffene heilsame Endlichkeit des Menschen. Letztlich geht es darum, dass wir als Menschen das für uns richtige Maß wieder finden und uns eine neue Ethik der Genügsamkeit einüben.«[368] Die Wirkungsgeschichte dieser Denkschrift war vor allem innerkirchlich durchaus beachtlich.[369] Sie wurde aber auch in zivilgesellschaftlichen und politischen Fachkreisen immer wieder positiv rezipiert. Sowohl die hohe Fachlichkeit als auch die eindringlichen ethischen Appelle wurden von nichtkirchlichen Akteuren gewürdigt. Vor allem die Forderung einer »Ethik des Genug« hat eine innerkirchliche wie gesellschaftliche Wirkungsgeschichte bis heute.[370]

Auch im EKD-Grundlagentext von 2018 zur Nachhaltigkeit wird deutlich zur Abkehr vom Wachstumsparadigma aufgerufen und

368 EKD, Umkehr, 113. Hier ist noch von einer »Ethik der Genügsamkeit« die Rede. In den folgenden EKD-Texten wandelt sich die Begrifflichkeit in eine »Ethik des Genug«. Das geschah bewusst, weil »Genügsamkeit« als zu harmlos und individualistisch angesehen wurde.

369 Eine ökumenische Initiative zur sozial-ökologischen Transformation, in der zahlreiche evangelische Landeskirchen und katholische Bistümer mitarbeiten, bezog sich bei ihrer Gründung 2013 explizit auf die Denkschrift und gab sich den Namen »Umkehr zum Leben – den Wandel gestalten«. www.umkehr-zum-Leben.de.

370 Die kirchliche Initiative »anders wachsen« aus der sächsischen Landeskirche griff die Forderung einer »Ethik des Genug« 2010 auf und behandelt seither das Suffizienzthema als ihren Schwerpunkt. www.anders-wachsen.de Das Ökumenische Netzwerk Klimagerechtigkeit, in dem viele Landeskirchen und Bistümer mitarbeiten, hat 2023 eine Lobby und Advocacy Kampagne gegenüber Bundestagsabgeordneten zum Thema Suffizienz gestartet. https://www.netzwerk-eine-erde.de/ [Stand: 22.09.2022]. Niederschlag findet dies auch im Gutachten des Sachverständigenrat für Umweltfragen, Suffizienz.

für eine Ethik des Genug und für eine »Selbstbegrenzung aus Freiheit« geworben.[371] Aber der Ton ist mehr fragender und werbender: »Selbstbegrenzung aus Freiheit ermöglicht eine Haltung inspirierenden Fragens: wovon habe ich im Überfluss zu wenig? Wovon habe, nutze und konsumiere ich zu viel? Wo kann Verzicht Gewinn sein? Was ist das rechte Maß?«[372] Kritisch festgehalten wird, dass der Gedanke der Suffizienz in der Agenda 2030 wie auch in vielen politischen Programmen fehlt. Ohne solche Suffizienzstrategien jedoch, ohne ein Weniger an Verbräuchen, an Konsum, an Mobilität etc. werden sich – so der EKD-Text – die Ziele für nachhaltige Entwicklung nicht erreichen und auch die planetaren Grenzen nicht einhalten lassen. Hier sind die Kirchen schon seit geraumer Zeit einen Schritt weiter gegangen, in dem sie ein Genug fordern und nach einem gelungenen Leben jenseits von Wachstum und steigendem Konsum fragen.

Jedoch wird festgehalten, dass die Kirchen bei den Antworten auf eine zukunftsfähige Lebensweise nicht automatisch besser sind und auch nicht mehr wissen als andere, sondern sie vielmehr gemeinsam mit anderen unterwegs sind. Ihre Hauptaufgabe dabei ist es, dass sie dabei Fragen stellt, die andere nicht fragen, weil sie zu unbequem sind. »Auf viele entscheidende Zukunftsfragen suchen wir noch gemeinsam mit vielen anderen die richtigen und machbaren Antworten. Wie sieht gutes Leben aus? Welchen Wohlstand wollen wir? Wo ist Suffizienz eher als Wachstum das zukunftsweisende Ziel? Welches Wachstum bleibt wichtig? Wie messen wir gelingende Entwicklung

371 Kap. 6.1.3.
372 EKD, Stern, 11.

besser als bisher?«[373] Die Beantwortung dieser für eine nachhaltige Transformation unverzichtbaren Fragen immer wieder neu einzufordern, gehört zur Rolle der Kirche als Mahnerin.

4.2 Kirche als Mittlerin

Eine nachhaltige Transformation der Gesellschaft bedarf eines intensiven Diskurses, der sich einerseits mit den Grundsatzfragen einer Kultur der Nachhaltigkeit beschäftigt, in der es andererseits um normative Leitbilder und kollektive Vorstellungen von einem schöpfungsadäquaten Leben geht: Wie soll unsere Kultur aussehen und wohin soll sie sich entwickeln? Wie wollen wir leben? Wie verstehen wir uns als Mensch innerhalb der Natur?[374] Solche Fragen bedürfen einer gemeinschaftlichen Verständigung und Willensbildung. Andererseits bedarf es aber auch Diskursen darüber, wie mit dem Nachhaltigkeitsanspruch in den verschiedenen Handlungsfeldern und mit deren Zielkonflikten konkret umgegangen werden kann. In beiden Diskursbereichen ist die Rolle der Kirche als Mittlerin gefragt. Die Rolle der Kirche als Mittlerin gewann in den gesellschaftlichen Debatten der zweiten Hälfte des 20. Jahrhunderts zu den großen sozialen, ökonomischen und ökologischen Herausforderungen eine wachsende Bedeutung. In den Akademien, den evangelischen Foren, in Gemeinden und kirchlichen Netzwerken wurden und werden wichtige Dialoge zwischen Wirtschaft, Land-

373 A.a.O., 31.

374 Bereits Albert Schweitzer hat die kulturelle Debatte als den zentralen Hebel für einen ehrfurchtsvollen Umgang mit der Natur angesehen, siehe Schweitzer, Kultur, bes. 97 ff. Denn eine Gesellschaft, die sich dieser kulturellen Debatte nicht stellt, gleicht einem Schiffe, »das mit defektem Steuerapparat in stetig beschleunigter Fahrt seine Steuerbarkeit verliert und damit der Katastrophe zutreibt«, a.a.O., 98. Vgl. Kap. 6.2.

wirtschaft, Politik, Verbrauchern und Kirche seit Jahrzehnten erfolgreich geführt.

Insbesondere die kirchlichen Akademien wurden als sogenannte »Dritte Orte« gegründet, in denen man sich – oft noch in abgelegener und ruhiger Lage – Zeit und Raum nimmt für den Austausch kontroverser Positionen. Die kirchlichen Akademien sind unverzichtbare Begegnungsflächen, die nicht nur Diskurse anregen und arrangieren, sondern auch Impulse setzen in der begründeten Hoffnung, dass dadurch neue Einsichten und Konsense entstehen, mit denen so vorher keiner gerechnet hat. Akademien sind in dieser Hinsicht *Forum und Faktor* zugleich. Entscheidend ist dabei, dass zwischen diesen beiden Polen (Forum und Faktor) ein wechselseitiges Verhältnis besteht. Eine einseitige Bestimmung der kirchlichen Mittlerfunktion in der Form, dass Kirche »nur« ein neutrales und faires Forum für eine gesellschaftliche Debatte zur Verfügung stellen möge, in dem dann die »Anderen« eine Kontroverse führen können, greift daher deutlich zu kurz. Vielmehr ist mit der Arrangeur-Rolle immer zugleich die Akteur-Rolle verbunden, denn der Arrangeur wird bereits zum Akteur, indem er den Diskurs in bestimmter Hinsicht initiiert. Zu Recht heißt es daher im Positionspapier zum Selbstverständnis der Evangelischen Akademien:

»Eine Alternativsetzung von ›Forum oder Faktor‹ ist falsch. Denn der Debatte darüber [...] liegt die Einsicht voraus: Wir sind Faktor, indem wir Diskurse initiieren, selbst wenn wir uns innerhalb der konkreten Foren bemühen, ergebnisoffen zu agieren. Wir haben unweigerlich eine Position vorab bezogen, indem wir zeitaktuelle oder brisante gesellschaftliche Themen mit allen davon betroffenen Personen sowie den dafür zuständigen Entscheider/innen thematisieren. Wir haben ein Interesse am Diskurs und an einer spezifischen Diskurskultur. Wenn also von Forum und Faktor die Rede ist, sind damit keine alternativen Formen von Akademiearbeit gemeint«.[375]

»Mittlerrolle« bedeutet also keine »positionslose« Rolle, denn dies wäre dann eine sich ausschließende Alternative zur o.g. »Mahnerrolle«. »Mittler« bezeichnet vielmehr vom kirchlichen Auftrag der Bezeugung des Evangeliums und von den christlichen Grundorientierungen her einen diskursiven Beitrag zur Gestaltung des Gemeinwohls zu geben. Kirchliche Akteure bringen dabei ihre *eigenen* theologisch-ethischen Perspektiven bei gesellschaftlichen Fragestellungen ins Spiel (z.B. Gottes Vision von einer gerechten Gesellschaft) und stellen Fragen und Themen in den Diskursraum, die umfassender sind als die Anliegen aus dem Blickwinkel einzelner Interessensgruppen (z.B. die kulturelle Dimension der Nachhaltigkeitsdebatte). In diesem Sinne hat Kirche als »Mittler« einen spezifischen Beitrag im gesellschaftlichen Diskurs zu leisten und kann als »das Licht der Welt« und als das »Salz der Erde« (Mt 5,13 ff.) das Antlitz der Welt verändern.

Diese Rolle der Kirche als Mittlerin gewinnt aktuell angesichts der Spaltungen, des sich verschärfenden Tons, aber auch der Bildung von »Blasen« in der Gesellschaft eine wachsende Bedeutung und kann gar nicht hoch genug eingeschätzt werden. Im Grunde geht es auch um die Erhaltung und die Pflege von informierten Debattenkulturen und fairem gesellschaftlichen Austausch, die wichtige Grundpfeiler einer Demokratie sind.[376]

---

375 Positionspapier_der_Ev_Akademien.pdf (evangelische-akademien.de) [Stand: 04.08.2025]. Das Papier geht von der Grundthese aus, dass Diskurse als eine gesellschaftliche Praxis zu verstehen sind, die Realität erzeugt und strukturiert.

376 SCHNEIDEWIND, Transformation, 315.

Auch in der Debatte um eine nachhaltige Transformation der Gesellschaft müssen alle zivilgesellschaftlichen Kräfte (auch die Kirchen) daran interessiert sein, dass sich nicht immer mehr einzelne (Interessens-)Gruppen nur noch in wechselseitiger Abgrenzung gegenüberstehen. Im Vorwort des EKD-Grundlagentextes »Vielfalt und Gemeinsinn« von Heinrich Bedford-Strohm heißt es daher treffend: »Kirchliche Aufgabe ist und bleibt es, einen Grundkonsens zu vermitteln, der zugleich Vielfalt ermöglicht«.[377]

Maßgeblich ist hierbei die christliche Grundorientierung, die sich am biblischen Leitbild der »versöhnten Verschiedenheit« ausrichtet. Was dies für die kirchliche Diskurskultur konkret bedeutet, wird paradigmatisch vor allem in den biblischen Geistausgießungstexten (Joel 3; Apg 2) und am biblischen Bild der Gemeinde als »Leib Christi« (vgl. 1 Kor 12) deutlich. In den Texten von der Ausgießung des Geistes Gottes zeigt sich, dass dieser Geist Einheit und Gleichheit wirkt, ohne jedoch die kulturellen, nationalen und sprachlichen Differenzen und Andersartigkeiten auszublenden oder einzuebnen. Gleichheit erscheint hier nicht als uniforme, abstrakte, gleichmachende Gleichheit, sondern als eine *differenzierte und vielgestaltige* Gleichheit, die dennoch – oder gerade deswegen – für »Knechte und Mägde« (Joel 3,2) ein unüberhörbar sozialrevolutionäres Moment enthält und eine *neue Gemeinschaft* verschiedener Menschen schafft.[378] Die Pfingstgeschichte führt damit vor Augen, »... was die moderne Zivilgesellschaft braucht, aber so oft nicht zu leisten vermag, nämlich die *Kommunikation in der Differenz*«[379].

---

377 EKD, Vielfalt, 7.
378 Siehe Welker, Geist, bes. 143 ff., 214 ff.
379 Bedford-Strohm, Kirche, 530.

Auch im biblischen Bild vom »Leib Christi« wird deutlich, »... dass Verschiedenheit und Zugehörigkeit zur Gemeinschaft aufeinander angewiesen und voneinander abhängig sind«.[380] Das Bild vom »Leib Christi« mahnt aber angesichts der Verschieden- und Zerstrittenheit nicht nur das gemeinsam Verbindende an, sondern impliziert auch eine »eigene« Diskursregel für kirchlich initiierte Diskurse, die in der Erinnerung besteht: »Wenn ein Glied leidet, so leiden alle Glieder mit« (1 Kor 12,26). Dies bedeutet, dass Kirche als Mittlerin bei den gesellschaftlichen Diskursen immer darauf achten muss, auch die Schwächsten und diejenigen, die keine Stimme haben oder deren Interessen oft übergangen werden, in der Debatte zu hören. Es ist daher Aufgabe von Kirche, als Mittlerin darauf zu achten, dass etwa die Menschen, die im globalen Süden am meisten unter dem von den Industrieländern verursachten Klimawandel leiden oder auch die »stimmlosen« Mitgeschöpfe bei den Debatten um eine nachhaltige Transformation quasi »mit am Tisch« des Diskurses sitzen. Auch ihnen ist angemessen Gehör zu schenken und ihre Stimmen müssen genauso zur Geltung kommen wie die der anderen Betroffenen.

Ein weiteres Kennzeichen für die Ausgestaltung der Mittlerrolle von Kirche wird in dem EKD-Text 130 sowohl auf die inhaltliche Behandlung von Zielkonflikten bei der Umsetzung der Nachhaltigkeitsziele als auch auf die Art und Weise, wie kontroverse Debatten geführt werden sollen, hervorgehoben. Diese sollen fair und partizipativ sein und auch die emotionalen Auswirkungen einer sozial-ökologischen Transformation thematisieren. »Sie [die Kirche] sollte dazu beitragen, dass Menschen

380 EKD, Vielfalt, 88.

zusammenkommen, um über ihre Hoffnungen, Erwartungen und Ängste, die sie mit Transformationsprozessen verbinden, reden. Dabei gilt es, gemeinsam nach solidarischen Antworten zu suchen, nach Handlungsoptionen, bei denen wirklich niemand achtlos zurückgelassen wird«.[381]

In der Tat gibt es eine ganze Reihe von Zielkonflikten bei der Umsetzung der Nachhaltigkeitsziele, in denen sich nicht nur verschiedene Interessen, sondern auch unterschiedliche emotionale Grundhaltungen widerspiegeln. Anhand von drei Beispielen soll nun erläutert werden, wie die Kirche ihre Mittlerrolle konkret wahrnehmen kann.

4.2.1 Diskurse zur sozial-ökologischen Transformation initiieren

Auf EKD-Ebene wurde seit 2018 nicht nur der Think Tank Nachhaltigkeit eingerichtet, in dem zahlreiche kirchliche Fachkonferenzen und Einrichtungen mit außerkirchlichen Expertinnen und Experten zusammenarbeiten, die sich mit den verschiedenen Nachhaltigkeitsaspekten befassen. Es wurden auch jährliche größere Nachhaltigkeitsforen zu Schwerpunktthemen durchgeführt, in denen Haupt -und Ehrenamtliche sich mit Fachleuten aus den jeweiligen Problembereichen vernetzen können. Durch die vermittelnde Rolle der Kirche ist ein projektbezogener Austausch entstanden, bei dem über längere Zeit mit verschiedenen Akteuren und Akteurinnen gemeinsam Themen entwickelt und gezielt bearbeitet werden.

381 EKD, Stern, 33.

2023 wurde in Berlin gemeinsam mit Brot für die Welt, der Diakonie Deutschland, der EKD und der Akademie des Versicherers im Raum der Kirchen zur Halbzeitbilanz der SDGs ein großer Kongress mit hochkarätigen Podien und zahlreichen Workshops durchgeführt, in denen es um die Entwicklungen in den Kirchen und um hoffungsvolle Praxisbeispiele ging. Hier wurde ein Diskursraum zu den Blockaden und Hindernissen für eine nachhaltige Entwicklung sowie zu den möglichen Transformationshebeln initiiert und damit ein wichtiger Beitrag zu einer Kultur des Dialogs um mehr Nachhaltigkeit geleistet.

4.2.2 Zielkonflikte zum Thema Landwirtschaft und Tierwohl

Ein Beispiel für Zielkonflikte bei der Umsetzung der Nachhaltigkeitsziele wie auch bei der Einhaltung der planetaren Grenzen ist das besonders kontroverse Thema Landwirtschaft und Tierwohl. Bekanntermaßen ist die Landwirtschaft – besonders die konventionelle Landwirtschaft – für einen großen Teil der klimaschädlichen Emissionen verantwortlich. Zu diesem Thema hat sich die EKD in vielen Texten und Studien ausführlich geäußert.[382] Diese können hier nicht in aller Ausführlichkeit nachgezeichnet werden. Im EKD-Text von 2018 werden besonders die Zielkonflikte zwischen den vermeintlich für die Ernährungssicherung und das Auskommen der Landwirte notwendigen Produktionssteigerungen einerseits und der Notwendigkeit zur Begrenzung des Klimawandels wie auch der Erhaltung der Biodiversität andererseits behandelt. Das in der Bundesregierung vorherrschende konventionelle auf Ertragssteigerungen ausge-

382 EKD, Brot.

richtete Modell der Landwirtschaft wird als noch nicht nachhaltig angesehen. Die von der Bundesregierung selbst im Rahmen ihrer Nachhaltigkeitsstrategie gesetzten Ziele der Reduzierung des Stickstoffüberschusses auf 70 Kilogramm pro Hektar und die Anhebung der landwirtschaftlich genutzten Fläche für den Ökolandbau auf 20 Prozent bis 2030 werden befürwortet, jedoch hängt die Realität der Umsetzung dieser Ziele immer noch weit hinterher. Auch die EKD hat sich auf ihrer Synode 2013 intensiv mit diesem Thema Ausbau des Ökolandbaus befasst und vor allem die Frage gestellt, was die Kirchen selbst dazu beitragen können. Dabei ging es um das bis heute äußerst umstrittene Thema, wie die Kirchen ihr eigenes Land bewirtschaften bzw. welche Kriterien sie für ihr verpachtetes Kirchenland aufstellen. Die Debatten und die einzelnen Vorschläge können hier nicht alle nachgezeichnet werden. Immerhin wurden bei der Synode die ethischen Leitlinien, die es bereits gab, wie die ordnungsgemäße und umweltgerechte Bewirtschaftung, Stärkung des ländlichen Raums und die Regionalität der Pächter gegenüber überregionalen Unternehmen bekräftigt. Bei der Frage der Priorisierung des ökologischen Landbaus jedoch konnte keine Einigung erzielt werden. Der Beschluss der Synode lautete schließlich: »Ökologische und konventionelle Betriebe, die nachhaltig wirtschaften, sollen Vorrang haben«. Die Formulierung »konventionelle Betriebe, die nachhaltig wirtschaften« wurde auf Druck einer Gruppe in der Synode noch ergänzt. Das kann man als faulen Kompromiss betrachten. Man kann es aber auch als eine Formulierung würdigen, in der den vielen konventionellen Betrieben die Hand ausgestreckt und ihnen signalisiert wird, dass man anerkennt, was sie in Sachen Nachhaltigkeit schon tun und dass man sie in ihrem Bestreben auf dem Weg hin zum Ökolandbau unterstützen möchte. Genau in diesem Geist hat z.B. eine Kirchengemeinde in Mecklenburg in einem aufwendigen Dialogprozess mit den Pächtern ihre eigenen Vorstellungen mit diesen diskutiert und mit ihnen gemeinsam Kriterien für eine Förderung der ökologischen Landwirtschaft auf dem Pachtland ausgehandelt, die sie nicht überfordern und die letztlich mehr Erfolge erzielt haben als ein schroffes Entweder-oder.[383] Die Rolle der Mittlerin bedeutet hier, dass Kirche sich nicht nur mit der »einfacheren« Rolle der Mahnerin begnügen darf, sondern die Sachzwänge der Betroffenen – hier der Landwirte – wahrnehmen und würdigen muss und mit ihnen zusammen nach machbaren Lösungen suchen sollte, die gleichzeitig das Ziel der Einhaltung der planetaren Grenzen nicht aufgeben. »In den Agrardialogen, zu denen die Kirche immer wieder einladen sollte, muss deutlich werden, dass die Kirche die Zwangslage, in der sich viele landwirtschaftliche Betriebe befinden, sieht und nicht den Bauern die Schuld für Fehlentwicklungen geben will. Es sollte darum gehen, dass alle Akteure gemeinsam nach Lösungen suchen, sich für bessere Rahmenbedingungen für die Landwirtschaft einsetzen«.[384] Allerdings braucht es für solche Dialoge auch personelle Ressourcen und fachliche sowie kommunikative Kompetenzen. Leider ist auch der Bereich des kirchlichen Dienstes auf dem Land sowie der Landwirtschaftsethik auf EKD-Ebene und in den Landeskirchen in den letzten Jahren deutlich gekürzt worden.

Ein positives Beispiel für gelungene Dialoge, die sich sogar auf die inhaltliche Entwicklung von kirchlichen Texten auswirken, war der Entstehungsprozess eines weiteren EKD-Papieres zum Thema Nutztierhaltung, Ernährungsethik und Tierwohl, das 2019 veröffentlicht wurde.[385]

383 EKD, Stern, 44.
384 A.a.O., 46.
385 EKD, Nutztier.

Bei der Entstehung dieses Textes hat die Kammer für nachhaltige Entwicklung auf Bitten des Rates der EKD mit dem Bauernverband, den Landfrauen und der Landjugend sehr intensive Dialoge über einige Thesen geführt, die in dem Papier behandelt werden. Das hat dazu geführt, dass nicht nur die besonderen Anliegen der Landwirte erkennbar in dem Papier aufgenommen wurden, sondern auch dass das Papier an einigen Stellen fachlich noch stärker und differenzierter ausgefallen ist, ohne seine ethisch-theologische Grundausrichtung zu verlieren.

4.2.3 Zielkonflikte zur Verkehrswende

Ein zweites kontroverses Thema bei der Umsetzung der Nachhaltigkeitsziele wie auch bei der Einhaltung der planetaren Grenzen ist das Thema Verkehrspolitik. Dies ist ebenfalls von hoher Bedeutung, weil der Verkehrssektor der einzige ist, in dem die CO_2-Emissionen immer noch steigen und in dem bislang alle selbstgesetzten Ziele verfehlt werden, eine Wende also überfällig ist. Gleichzeitig werden die gesellschaftlichen Debatten in diesem Bereich hochemotional geführt. Die vorgeschlagenen Maßnahmen für eine Verkehrswende – wie z.B. die Priorisierung des öffentlichen Nahverkehrs gegenüber dem Individualverkehr, Ausbau von Radwegen oder das Verbot von Inlandsflügen – sind ähnlich umstritten wie Maßnahmen zum Thema Agrarwende. 2020 hat sich ein Bündnis von neun großen gesellschaftlichen Organisationen aus dem Bereich Umwelt, Soziales und Gewerkschaften[386] für eine sozialverträgliche Mobilitätswende gebildet, zu dem auch die EKD zur Mitarbeit eingeladen wurde. Bis dahin war es nicht üblich, dass die EKD

386 BUND, NABU, AWO, SOVD, VDK, VCD, DGB, IGM, Verdi.

sich in solchen zivilgesellschaftlichen Bündnissen als nur eine unter vielen engagiert oder die Appelle anderer mitzeichnet. Das war eine ungeschriebene Regel im Kirchenamt der EKD, die vor allem mit formalen, aber auch inhaltlichen Argumenten begründet wurde. Die formale Begründung ist die, dass es zahllose solcher Anfragen gibt bzw. gab und die EKD sich in vielen Bündnissen verzetteln würde. Ein inhaltliches Argument war, dass die EKD sich nicht als eine unter vielen gesellschaftlichen Organisationen versteht, sich also nicht selbst verzwergen bzw. zu einer NGO herabstufen will. Wenn sie sich in Form eines Appells äußert oder in einem Bündnis auftritt – so die bisherige Regel – dann als die Initiatorin oder zusammen mit der Deutschen Bischofskonferenz. Es stellt sich jedoch die Frage, ob diese Selbsteinschätzung, dass die Kirche mehr ist als eine gesellschaftliche Organisation unter anderen ist, noch Bestand hat, oder ob es nicht gerade heute an der Zeit ist, demütiger zu werden und sich als einer von vielen gesellschaftlichen Akteuren zu verstehen, der aber durchaus eine eigene Perspektive und unverwechselbare Botschaft einzubringen hat. Die Praxis beweist längst, dass diese ungeschriebenen Regeln sich nicht mehr halten lassen. Trotz dieser Debatte gelang es im Hinblick auf das Mobilitätsthema, den Rat der EKD zu überzeugen, an diesem wichtigen Punkt eine Ausnahme zu machen und ein Zeichen zu setzen für die Bündnisfähigkeit der EKD für mehr Klimagerechtigkeit und eine sozialverträgliche Mobilitätswende. Das Bündnis, das zusammen mehr als 20 Millionen Mitglieder repräsentiert, hat gemeinsam – also auch unter Mitwirkung der EKD – ein Papier entwickelt, in dem es nicht nur um eine umweltverträgliche Mobilitätswende im Sinne von einem Ausbau des öffentlichen Nahverkehrs gegenüber dem Individualverkehr und einer Antriebswende geht. Es ging vielmehr auch darum, wie diese Wende sozial gerecht und arbeitnehmerfreundlich gestaltet werden kann, welche wirtschaftlichen Transformationsprozesse es dafür braucht und welche kulturellen Transformationen nötig sind, um dieses Ziel zu erreichen.[387] Das Bündnis hat sich viel Zeit genommen, die unterschiedlichen Positionen und verschiedenen Perspektiven ausgiebig zu diskutieren und Gemeinsamkeiten auszuloten. Es herrschte dabei immer ein Geist der gegenseitigen Wertschätzung und des konstruktiven und zielgerichteten Dialogs. Viele Rückkoppelungsschleifen mussten gedreht werden, aber am Ende konnte ein gemeinsames Papier einstimmig verabschiedet werden. Was keinen Konsens fand – wie z.B. die Forderung eines Tempolimits – wurde nicht aufgenommen. Der Ansatz des Papieres ist ein bewusst inklusiver und vermittelnder Ansatz. »Das Bündnis sozialverträgliche Mobilitätswende eint der Wunsch, Brücken zu bauen und konstruktive Lösungsvorschläge in die öffentliche Debatte einzubringen, die Gemeinsamkeiten ausloten, statt Polarisierungen zu verstärken«.[388] Bewusst wird der These entgegengetreten, dass Klimaschutz und soziale Gerechtigkeit sich ausschließen. Vielmehr – so die gemeinsame Überzeugung des Bündnisses – ergänzen sie sich und bedingen sich sogar häufig.

Dieses Bündnis ist seither sehr aktiv und hat immer wieder auf der Grundlage des gemeinsamen Grundsatzpapieres aktuelle Stellungnahmen und Pressemitteilungen verfasst, viele Veranstaltungen mit Politikern und Politikerinnen sowie der Wissenschaft und Zivilgesellschaft durchgeführt und eine beachtliche positive Resonanz erzielt. Viele Organisationen haben ihr

387 »Klima schützen und sozial gerechte Mobilitätswende«. Das Bündnis für eine sozialverträgliche Mobilitätswende wird getragen von dem BUND, dem NABU, dem VCD, dem SOVD, der AWO, dem VDK, der IGM, Verdi, dem DGB und der EKD.

388 Bündnis für eine sozialverträgliche Mobilitätswende, Klima, 9.

Interesse bekundet, dem Bündnis beizutreten, bzw. es zu unterstützen. Das Bündnis tritt erkennbar in der Rolle der Vermittlerin, aber auch als Mahnerin auf. Der EKD wurde gespiegelt, dass sie in dem Bündnis eine wichtige Rolle spielt. Sie ist nicht nur eine Fürsprecherin für die Opfer der ökologischen Krisen im globalen wie nationalen Kontext und eine Vertreterin der kulturellen und ethischen Dimension der anstehenden Transformationen, sie kann auch wie kaum eine andere Organisation zwischen sozialen und ökologischen Perspektiven vermitteln. Denn anders als die anderen Bündnispartner ist sie nicht in erster Linie einer bestimmten Interessengruppe verpflichtet, sondern Inhalten und Werten, die sowohl der Gerechtigkeit wie auch dem Schutz der natürlichen Lebensgrundlagen dienen. Das sind wichtige Gründe, die dafürsprechen, dass die Kirchen auch in anderen Fragen die Rolle als Mittlerin übernehmen könnten, wenn sie es denn wollen. Für diese Rolle wie auch für die Rolle der Mahnerin ist die eigene Glaubwürdigkeit, d.h. die eigene glaubwürdige Praxis von entscheidender Bedeutung.

4.3 Kirche als Motor

Die Bedeutung der Motorrolle ergibt sich aus dem zentralen und vorgeordneten Verkündigungs- und Zeugnisauftrag der Kirche. Damit das Zeugnis der Kirche gehört wird und überzeugt, muss die Kirche selbst glaubwürdig sein, denn »an ihren Früchten sollt ihr sie erkennen« (Mt 7,16). Da der Glaube durch die Taten spricht, muss die kirchliche Praxis auch dem entsprechen, was verkündigt wird. Das gelingt oft nicht, denn auch die Kirche ist nicht immer besser und weiß es auch nicht immer besser als die anderen gesellschaftlichen Akteure. Aber sie muss sich doch nach Kräften darum bemühen, das selbst zu leben, was sie von anderen fordert. Und sie muss ehrlich sein in ihrer Selbsteinschätzung, d.h. sie muss eigenes Versagen offen eingestehen. Nur so gewinnt sie bzw. erhält sie ihre Glaubwürdigkeit.

In diesem Zusammenhang ist es interessant, dass in der aktuellen Kirchenmitgliedschaftsuntersuchung das diakonische Handeln der Kirche hohe Zustimmungswerte bekommt. Der Diakonie und der Caritas als gelebte Glaubenspraxis wird sowohl von Kirchenmitgliedern als auch von Nichtkirchenmitgliedern mehr Vertrauen geschenkt als den Kirchen selbst.[389] Es geht dabei allerdings nicht darum, in der Öffentlichkeit »gut dazustehen«[390], sondern die eigene schöpfungsadäquate Handlungspraxis ist der gelebte Ausdruck des christlichen Glaubens und seiner leitenden Grundorientierungen. Die Rolle als Motor kann dabei sehr vielschichtig sein und reicht von Beiträgen zu einem neuen Mensch-Natur-Verhältnis über das »Ins-Rollen-Bringen« von gesellschaftlichen Debatten bis hin zu Reduzierungen von Treibhausgasemissionen im kirchlichen Gebäudebestand. Einige exemplarische Beispiele sind in diesem Zusammenhang zu nennen.

4.3.1 Ökumenische Bewegung und Initiativgruppen als Treiber

Bei der Frage, wie Kirche zu einem Motor für nachhaltige Entwicklung werden kann, sei nochmals an die besondere Rolle

389 https://kmu.ekd.de/fileadmin/user_upload/kirchenmitgliedschaftsuntersuchung/PDF/Wie_h%C3%A4ltst_du%E2%80%99s_mit_der_Kirche_%E2%80%93_Zur_Bedeutung_der_Kirche%E2%80%93in%E2%80%93der%E2%80%93Gesellschaft_KMU_6.pdf [Stand: 04.08.2025], 41.

390 So der Vorwurf von Roth, Oft zu einseitig, 18 ff. Vgl. Kap. 5.3.2.

der ökumenischen Bewegung und der Initiativgruppen in den 80er Jahren bis hin zur Gegenwart erinnert. Nach Wolfgang Huber sind beide – die ökumenische Bewegung wie auch die Initiativgruppen – genauso Sozialgestalten der Kirche wie die Kirchengemeinden und die verfassten regionalen Kirchen.[391] Diese beiden Sozialgestalten von Kirchen werden jedoch leider bei aktuellen kirchlichen Reformkonzepten regelmäßig ausgeblendet. Ohne die ökumenische Bewegung und ohne Initiativgruppen stünden die verfassten Kirchen im Bereich Nachhaltigkeit und Klimaneutralität nicht da, wo sie heute stehen. Auf wichtige Texte und Prozesse der ökumenischen Bewegung wurde bereits an anderer Stelle hingewiesen.[392]

Auch die nationalen kirchlichen Initiativgruppen und ökumenischen Netzwerke zum Thema Klimagerechtigkeit, ökologische Umkehr und Wachstumskritik, die sich als Antwort auf die wachsende Klimakatastrophe in den letzten 15 Jahren gegründet haben, sind sehr wichtige Akteure, die man als Vordenker und »Treiber« der großen Kirchen im Bereich Nachhaltigkeit bezeichnen kann.[393] Sie haben kritische Entwicklungen in den

391 Huber, Kirche, 44–58.

392 Kap. 1.2 und 4.1.1.

393 Die ökumenische Initiative »Umkehr zum Leben – den Wandel gestalten« wurde 2013 gegründet. Sie agierte viele Jahr als ein Think Tank, der viele wichtige theologische wie auch politische Beiträge zum Thema Anthropozän und Transformation von Gesellschaft und Kirche leistete und heute stärker an praktischen Alternativen arbeitet. Sie wird von über 30 Kirchen und kirchlichen Einrichtungen getragen.
Die Initiative »anders wachsen« hat 2011 eine breite Unterschriftenaktion gestartet, um die EKD zu drängen, sich kritischer zur Wachstumsfrage zu positionieren. Sie arbeitet aktuell an der Entwicklung von »anders-wachsen-Gemeinden«.
Das Ökumenische Netz Klimagerechtigkeit vernetzt seit 2012 Aktionen von Kirchen zum Thema Klimagerechtigkeit und betreibt erfolgreich politische Lobbyarbeit. 2025 schlossen sich »Umkehr zum Leben« und Ökumenisches Netzwerk Klimagerechtigkeit zu dem Netzwerk »Eine Erde – Das ökumenische Netzwerk« zusammen.

ökologischen Krisen und des Klimawandels früher gesehen und benannt als die Institutionen und immer wieder durch Appelle und Unterschriftsaktionen die verfassten Kirchen gedrängt, sich zu positionieren und ihre Praxis zu verändern. Ohne ihre kritischen Analysen, Fragen und Forderungen wären wichtige Beschlüsse für mehr Nachhaltigkeit und Klimagerechtigkeit der Kirchen so nicht erfolgt. Sie haben erreicht, dass inzwischen – spät, aber nicht zu spät – fast alle Landeskirchen sich regelmäßig zum Thema Klimagerechtigkeit positionieren und eigene Klimaschutzkonzepte oder sogar verbindliche Klimaschutzgesetze verabschiedet haben.

4.3.2 Beschlüsse zum Klimaschutz und zur Nachhaltigkeit und ihre Umsetzung in den Kirchen

2008 hat die EKD-Synode sich mit dem Schwerpunktthema »Klimawandel-Wasserwandel-Lebenswandel« befasst und erstmals Beschlüsse zur Reduzierung der Emissionen in den Kirchen mit konkreten Zielvorgaben gefasst. An EKD und Landeskirchen wurde der Appell gerichtet, ihre CO_2-Emissionen bis 2015 um 25 Prozent zu reduzieren. Damit sollten auch die Kirchen ihren Beitrag zu den damaligen staatlichen Zielen der Klimaneutralität bis 2050 leisten. Als Ziel für die Klimaneutralität im Bereich der EKD wurde bei der Synode 2008 das Jahr 2045 beschlossen. Seit 2008 hat die EKD-Synode regelmäßig fast jährlich diese Beschlüsse bekräftigt, die Einsparziele fortgeschrieben und das Ziel für die eigene Klimaneutralität mehrmals verschärft bis aktuell 2035. Zur Umsetzung dieser Beschlüsse haben fast alle Landeskirchen Klimaschutzkonzepte mit konkreten Maßnahmen zur Emissionssenkung beschlossen. Klimaschutzmanagerinnen und -manager wurden eingestellt und die FEST beauftragt, die Entwicklung der Emissionen EKD-weit zu erfassen und darüber der Synode Bericht zu erstatten. Alle drei Jahre berichtete der Umweltbeauftragte von 2009–2022 über den Stand der Umsetzung. Obwohl die Entwicklung der Klimaschutzkonzepte und die Übermittlung der Daten damals noch freiwillig waren und sich nicht alle Landeskirchen beteiligten,[394] konnten anfangs die Emissionen noch in dem beschlossenen Korridor abgesenkt werden. Beim Klimabericht von 2020 wurde aber deutlich, dass sowohl die Ziele für 2015 (Absenkung um 25 Prozent) als auch für 2020 (Absenkung um 40 Prozent) nicht mehr erreicht wurden. 2015 wurden EKD-weit »nur« ca. 20 Prozent und 2020 nur 29 Prozent der Emissionen abgesenkt.[395]

Auf diesen Befund reagierten 2020 sowohl die Konferenz der Umweltbeauftragten als auch der 2018 neu gegründete Think Tank Nachhaltigkeit der EKD mit einem Brief an die EKD und die Landeskirchen und warnten, dass bei dieser Entwicklung die Kirchen ihre Glaubwürdigkeit verlieren und ihre selbst angestrebte Motorrolle in Frage stellen. Die Synode griff 2021 diesen Weckruf auf und beschloss, dass der Rat der EKD und die Kirchenkonferenz zusammen mit dem Kirchenamt verbindlichere Maßnahmen zur Erreichung der eigenen Klimaziele entwickeln sollen und dass die für die Kirchen angestrebte Klimaneutralität aufgrund von Erkenntnissen aus der Klimaforschung von 2045

394 14 von 20 Landeskirchen machten mit. Die Landeskirchen in den neuen Bundesländern und die kleinen Landeskirchen sahen sich dazu nicht in der Lage.

395 Ob das viel oder wenig ist, ist immer eine Frage der Perspektive. Gemessen an den eigenen Zielen, die auf den Vorgaben der Klimawissenschaftler fußen, ist es eindeutig zu wenig. Gemessen daran, dass es kaum andere vergleichbare Großorganisationen und auch keine anderen Kirchen gibt, die sich solche Ziele überhaupt gesetzt haben, ist es schon ein beachtlicher Erfolg.

auf 2035 vorgezogen werden sollte.[396] 2022 gelang es, eine EKD-Klimaschutzrichtlinie mit konkreten Maßnahmen zu den Themenbereichen Gebäude, Energie, Mobilität, Ernährung, Bildung, Gottesdienst, Finanzierung und personelle Ressourcen sowie einer datenbasierten Roadmap zu verabschieden, die mit allen Landeskirchen abgestimmt wurde und schließlich vom Rat und der Kirchenkonferenz im Oktober 2022 beschlossen wurde.[397] Diese Klimaschutzrichtlinie ist nun die gemeinsame Grundlage, auf der die Landeskirchen rechtlich verbindliche Regelungen treffen und viele sogar schon eigene Klimaschutzgesetze beschlossen haben. Kerninhalte dieser EKD-Richtlinie und dieser Gesetze sind Bestimmungen, nach denen ab 2024 immer wieder die Notwendigkeit von Gebäuden und Bedarfen kritisch überprüft, nur noch nichtfossile Heizungen eingebaut, Ökostrom bezogen, wo immer möglich PV-Anlagen errichtet, nur noch Dienstwagen mit nichtfossilem Antrieb genutzt, Inlandsflüge untersagt, in kirchlichen Häusern möglichst ökologische und fair gehandelte Produkte gekauft und fleischreduzierte Mahlzeiten mit ökologischen und regionalen Produkten angeboten werden sollen. Die Emissionen der Landeskirchen werden ab 2024 auch verbindlich und einheitlich erhoben und von der FEST ausgewertet. Der Klimabericht vor der Synode zur Entwicklung der Emissionseinsparung soll nun jährlich erfolgen. Diese Beschlüsse sind große Erfolge und Fortschritte auf dem Weg zu mehr Glaubwürdigkeit und zur Bekräftigung der eigenen Rolle als Motor für Klimaschutz. Zu Recht kann hier von einem wichtigen Meilenstein gesprochen werden. Auch von anderen Akteuren wie z. B. Ministerien oder NGOs wird der EKD Respekt

---

396 https://www.ekd.de/ekd_de/ds_doc/Beschluss-zu-Die-Zeit-ist-jetzt-Auf-dem-Weg-zur-Klimaneutralitaet.pdf [Stand: 04.08.2025].

397 https://www.ekd.de/ekd_de/ds_doc/Klimaschutzrichtlinie_Begruendung_Roadmap.pdf [Stand: 04.08.2025].

für diese Beschlüsse gezollt. Nun kommt jedoch alles darauf an, dass sie auch konsequent und beharrlich umgesetzt werden.

Auch im Bereich Nachhaltigkeit hat sich in den letzten sieben Jahren in den Landeskirchen und der EKD viel bewegt. Sei es im Bereich Ausbau von PV-Anlagen, im Bereich Beschaffung, der Mobilität, der Biodiversität, Bildung für nachhaltige Entwicklung bis hin zu Gottesdiensten, Schöpfungsspiritualität und Gemeindekonzepten gibt es inzwischen viele Beispiele für Best-Practise-Dokumentationen und -Arbeitsmaterialien.[398]

Die Ausführungen zu Kirche als Mahnerin, Mittlerin und Motor für nachhaltige Entwicklung zeigen, dass die Kirchen viele Potentiale haben, um einen ganz eigenen Beitrag zum Umgang mit und z.T. auch zur Bewältigung der aktuellen Krisen zu leisten. Es bleibt wichtig, immer wieder an diese besonderen Potentiale zu erinnern und sie beharrlich mit der nötigen Demut, aber auch dem nötigen Selbstbewusstsein zu nutzen. Gerade die »hybride Struktur«[399] von Kirche als Institution, Organisation und Bewegung und die Tatsache, dass sie in unterschiedlichen Sozialgestalten existiert, kann dabei hilfreich sein, die verschiedenen Rollen auch unterschiedlich zu gewichten. Nicht alle müssen überall das Gleiche machen und die verschiedenen Rollen gleichzeitig ausüben. Vielmehr können sich je nach Erfordernissen und Kontexten die jeweiligen Rollen von Mahnerin, Mittlerin und Motor verändern und verschieben. Zu-

---

398 Geschichten des Gelingens zur Umsetzung der Nachhaltigkeitsziele in Kirche und Diakonie, https://www.ekd.de/ekd_de/ds_doc/transformation2021.pdf [Stand: 04.08.2025].
Nachhaltig durch das Kirchenjahr. Materialien für Gottesdienst und Andachten zu den SDGs https://www.ekd.de/ekd_de/ds_doc/materialien_nachhaltigkeit_2019.pdf [Stand: 04.08.2025].

399 Hauschildt/Pohl-Patalong, Kirche.

kunftsaufgabe wird es sein, zu klären, welche Rollen wo und von welcher Organisationsform sinnvollerweise ausgeübt werden können, sodass auch eine wechselseitige Stärkung erfolgt und der öffentliche Auftrag der Kirche sichtbar wird. Kirchlicherseits geht es um die Wertschätzung der unterschiedlichen Aufgaben von Kirche als Motor, Mittlerin und Mahnerin für das Ganze der Kirche im Sinne des Bildes vom Leib Christi mit den verschiedenen Gliedern (1 Kor 12,12 ff.).

5. Öffentliche Verantwortung von Kirche und Theologie in der Überlebenskrise

5.1 Verhältnis von Kirche und Politik – kirchengeschichtliche Perspektiven

Die Kritik, dass die Kirche sich zu sehr in die Politik einmische oder sogar selbst Politik mache[400], ist keineswegs nur eine Kritik aus der Gegenwart. Auch in der Geschichte wurde sie immer wieder von verschiedenen Akteuren geäußert. In vielen Konfliktfällen der Kirchengeschichte ging es nicht nur um das grundsätzliche Verhältnis von Staat und Kirche, sondern auch um die Frage, wann Kirche genau herausgefordert ist, sich zu politischen Entwicklungen zu positionieren – sei es durch Stellungnahmen oder sogar durch Bekenntnisse. So war es z.B. ein zentrales Anliegen der Reformation, die politischen Machtansprüche der damaligen Kirche und die Vermischung von politischen und geistlichen Interessen, Aufgaben und Funktionen kritisch in Frage zu stellen. Die Rückbesinnung auf die Kernaufgaben der Kirche – nämlich der Verkündigung des Evangeliums und der freien Gnade Gottes – wie auch die Unterscheidung der verschiedenen Regimenter, durch die Gott in der Geschichte wirkt, waren zentrale theologische Erkenntnisse Martin Luthers, die wegweisend waren für den Weg der protestantischen Kirchen.[401]

400 Kap. 1.2 und 4.1.
401 Kap. 3.4.4.

Trotz dieser wichtigen Unterscheidung bleibt festzuhalten, dass Kirche und ihre Botschaft nicht getrennt werden kann von ihren politischen und gesellschaftlichen Wirkungen. Denn für viele – z.B. die aufständischen Bauern in der Zeit der Reformation – hatte die theologische Botschaft zu Zeiten Luthers von der »Freiheit eines Christenmenschen« eben auch politische Implikationen. Biblische Aussagen und ihre theologischen Interpretationen können auch deshalb nicht von ihrer politischen Wirkung getrennt werden, weil sie eben nicht nur auf das Seelenheil, sondern auf den ganzen Menschen in all seinen Daseinsbezügen zielen.

Dennoch müssen die Aufgaben des Staates und die Aufgaben der Kirche unterschieden werden. Spätestens seit dem Ende der Staatskirche und den staatskirchlichen Regelungen der Weimarer Republik von 1918 sind Kirche und Staat getrennt. Diese Regelungen der Weimarer Verfassung wurden 1949 unverändert ins Grundgesetz der Bundesregierung aufgenommen. Weder darf Kirche sich anmaßen, den Staat und seine Aufgaben ersetzen zu können, noch darf der Staat zu einer totalen Macht werden, die die Aufgaben der Kirche beschneidet und Religion durch eine totalitäre Ideologie ersetzt.

Letzteres war in Deutschland vor 80 Jahren durch die Machtergreifung der Nationalsozialisten der Fall. Dagegen wandte sich wiederum die Bekennende Kirche mit ihrer Barmer Theologischen Erklärung von 1934, in der sie diesen totalitären Anspruch mit bekenntnishaften Thesen zurückwies. Die Aussage der 5. Barmer These, dass Kirche den Staat an Recht und Gesetz erinnern muss, gilt vielen als Grundlage für die öffentliche und politische Verantwortung von Kirche. Einige in der Bekennenden Kirche wie z.B. Bonhoeffer gingen sogar noch weiter und sahen auch durch das politische Handeln des Staates selbst, insbesondere angesichts der Diskriminierung und Verfolgung der Juden, die Kirche zum Bekenntnis herausgefordert.

Auch in der Zeit nach dem Zweiten Weltkrieg und der Gründung eines demokratischen Rechtsstaates im Westen und eines sozialistischen Staates im Osten Deutschlands sind die Fragen nach dem Verhältnis von Kirche und Politik weiterhin relevant geblieben. Im Westen entwickelte sich ein überwiegend entspanntes Verhältnis zwischen Kirche und Staat, was von gegenseitiger Anerkennung und Wertschätzung in ihren unterschiedlichen Funktionen geprägt war. Denn die Aufgaben von Staat und Kirche waren und sind durch die Verfassung im Grundsatz weitgehend geklärt.

Wichtig ist es, dass sowohl der Staat als auch die Kirche die Grenzen des eigenen Handelns immer wieder bedenken. Die Aussage des Verfassungsrechtlers Böckenförde »Der freiheitliche, säkularisierte Staat lebt von Voraussetzungen, die er selbst nicht garantieren kann«[402], stellt die These auf, dass der Staat moralische Grundlagen braucht, die er selbst nicht schaffen kann. Diese These fand große Zustimmung und sie markiert zugleich die Grenzen des staatlichen Handelns. Gleichzeitig weist ein Kernsatz aus dem gemeinsamen Wort der Kirchen zur wirtschaftlichen und sozialen Lage in Deutschland von 1997 auf die Grenzen kirchlichen Handelns gegenüber der Politik hin: »Die Kirchen wollen nicht selbst Politik machen, sie wollen Politik möglich machen«[403]. Deutlich wird, dass es Kirche

402 Böckenförde, Entstehung, 112.
403 Deutsche Bischofskonferenz und Rat der Evangelischen Kirche in Deutschland, Zukunft, Ziffer 4.

vor allem darum gehen sollte, den demokratischen Rechtsstaat und die politische Gestaltung grundsätzlich zu fördern und die Politik nicht durch eigene Aktivitäten und Programme zu ersetzen.

Dies war die Haltung der Kirchenleitungen beider großen Volkskirchen. Aber es gab in den 70er und 80er Jahren Protestbewegungen z. B. mit kritischen Positionen zu den Fragen nach Wiederbewaffnung und Aufrüstung oder auch zur Nutzung der Atomenergie, an denen sich auch kirchlich engagierte Gruppen und Personen beteiligten. Sie übten nicht nur scharfe Kritik an konkreten politischen Entscheidungen, z. B. am Nato-Doppelbeschluss und am Bau von Atomkraftwerken, sie sahen wegen der drohenden Gefahr eines Endes des menschlichen Lebens die Kirchen sogar zu einem Bekenntnis herausgefordert. Hier sah man die Notwendigkeit, nicht nur den Staat an seine Verantwortung für das Leben zu erinnern, sondern – mit Bonhoeffer gesprochen – »dem Rad in die Speichen zu fallen«. In der DDR waren die Kirchen ebenfalls durch die Frage der Aufrüstung, durch Abgrenzungen gegenüber der sozialistischen Ideologie, durch Einschränkungen ihrer eigenen Handlungsmöglichkeiten und durch Einschränkungen von Bürgerrechten vielfältig herausgefordert, sich zu positionieren. 1983 brachten die DDR-Kirchen auf der Vollversammlung des Ökumenischen Rates der Kirchen angesichts der Aufrüstung mit der Forderung eines Friedenskonzils die Bekenntnisfrage ins Spiel und trugen damit wesentlich zu der Ausrufung des »Konziliaren Prozesses für Gerechtigkeit, Frieden und Bewahrung der Schöpfung« bei. Mit ihrem mutigen öffentlichen Einstehen für Freiheit und Demokratie gelang ihnen schließlich 1989 gemeinsam mit vielen Bürgerinnen und Bürger eine friedliche Revolution, wie sie in der Geschichte nur selten geschieht.

In der Gegenwart ist die Demokratie in Deutschland durch zahlreiche Krisen vielfältig herausgefordert. Kriege in Europa und im Nahen Osten, die globale Klimakatastrophe, wachsende soziale Ungleichheiten, die Zunahme von Migration und das Erstarken von antidemokratischen Einstellungen erzeugen Gefühle der Angst und Ohnmacht. Die Debatten zur Lösung dieser Konflikte werden in Politik und Gesellschaft nicht nur mit größerer Schärfe geführt, sie führen auch zu wachsenden Spaltungen und gegenseitigen Verwerfungen bis hin zur Zunahme von verbaler und körperlicher Gewalt.

Angesichts dieser Situation stellt sich die Frage, wie soll Kirche sich in dieser Situation verhalten? Wie kann sie zur Stärkung von Demokratie, von Gerechtigkeit, von Freiheit und von Zukunftsfähigkeit beitragen? Wie soll sie sich in der aktuellen Überlebenskrise positionieren, die das Überleben der Menschheit und Teile der nichtmenschlichen Schöpfung in Frage stellt?

5.2 »Kleiner Kirchenkampf?« – Aktuelle Kontroversen zwischen Öffentlicher Theologie, Öffentlichem Protestantismus, theologischer Transformationskritik und »Kairos for Creation«

Mit diesen eben genannten Fragen, nämlich ob und in welcher Weise sich Kirche zu gesellschaftlichen und politischen Fragen verhalten soll, befassen sich auch verschiedene aktuelle Richtungen in der protestantischen Systematischen Theologie, die dabei durchaus zu sehr konträren Positionen kommen.

5.2.1 Welche Art von Verantwortung hat Kirche in der Überlebenskrise? – Positionen von Öffentlicher Theologie und Öffentlichem Protestantismus

Vertreterinnen und Vertreter der sogenannten »Öffentlichen Theologie« sind als Erstes zu nennen, wenn es darum geht, die Bedeutung der öffentlichen Verantwortung von Kirche, aber auch die Sprachfähigkeit von Kirche und Theologie im säkularen Raum zu thematisieren.[404] Diese Theologie, die vor ca. 30 Jahren in Südafrika, Großbritannien, den USA und Deutschland entstand und maßgeblich von Wolfgang Huber mitgeprägt wurde, beruft sich vor allem auf Dietrich Bonhoeffer, der in seiner Ethik festhält, dass die Heilsbotschaft Christi nicht nur das Leben des Einzelnen betrifft, sondern das Leben der ganzen Schöpfung. Weil Gott in Jesus Christus ganz und gar in die Weltwirklichkeit eingegangen ist und seine Liebe dieser ganzen Weltwirklichkeit gilt, geht es im christlichen Glauben nicht nur um das Transzendente, sondern auch um Weltgestaltung.[405] Wichtiges Kriterium für diese Weltgestaltung ist die Nachfolge Jesu, insbesondere im Dasein für andere und in der Parteinahme für die Schwachen. Ein weiterer wichtiger Bezugspunkt der Öffentlichen Theologie ist die Barmer Theologische Erklärung. »Die Barmer Theologische Erklärung, deren zweiter Artikel den Öffentlichkeitsanspruch des Evangeliums

404 Diese wurde in Deutschland maßgeblich von Wolfgang Huber entwickelt (Huber, Kirche und Öffentlichkeit), und von vielen seiner Schülerinnen und Schüler – darunter besonders Bedford-Strohm – auf verschiedene Kontexte und gesellschaftliche Fragen angewandt. In den letzten zwanzig Jahren hat diese Theologie auch die EKD sehr stark geprägt, weil sowohl Huber als auch Bedford-Strohm als Ratsvorsitzende mit ihrer Theologie in den Verlautbarungen der EKD ihre Handschrift hinterlassen haben. Die Vielgestaltigkeit einer Öffentlichen Theologie spiegelt sich in der Festschrift seiner Schülerinnen und Schüler zu Hubers 80. Geburtstag. Bedford-Strohm u.a., Öffentliche Theologie.

405 Bonhoeffer, Ethik, 39–41.

festhält, ist darum zur Magna Carta der Öffentlichen Theologie geworden. Die Kirche ist nicht ein privater Verein zur Pflege der Seelen ihrer Mitglieder, sondern Organ des göttlichen Anspruchs auf das ganze Leben in der Welt«.[406] Kennzeichen der Öffentlichen Theologie sind also der interdisziplinäre Diskurs, die Sprachfähigkeit der Kirche in die Öffentlichkeit und in weltliche Kontexte, ihre Kooperationsfähigkeit und die Parteinahme für die Schwachen.

Vertreterinnen und Vertreter der Öffentlichen Theologie haben sich im kirchlichen, diakonischen wie auch wissenschaftlichen Kontext zu vielen aktuellen ethischen wie gesellschaftlichen Herausforderungen geäußert, darunter auch explizit zur Klimakatastrophe. Der Klimawandel wird von ihnen als eine der größten Herausforderungen der Gegenwart gekennzeichnet – für die Gesellschaft und die Kirche. So schrieb z.B. schon 2007 Wolfgang Huber als Ratsvorsitzender in seinem Appell zum Klimawandel, dass wir mit einer kommenden Katastrophe rechnen müssen und dass wir zum schnellen Handeln bereit sein müssen, um der Erderwärmung zu begegnen. Er vergleicht die Lage mit dem Bild einer Mauer aus Jesaja 30 – nämlich einer Mauer, die ein Riss durchzieht, der sie zum Einsturz zu bringen droht. Der Appell schließt mit dem Satz: »Uns bewegt die prophetische Stimme, nicht durch unsere Sünde den Riss der Mauer so groß werden zu lassen, dass sie einstürzt. Und wir erinnern uns an die Mahnung des Apostel Paulus (Galater 6,7): Irret euch nicht! Gott lässt sich nicht spotten. Denn was der Mensch sät, das wird er ernten.«[407]

---

406 Albrecht/Anselm, Protestantismus, 28.
407 Huber, Klimawandel, 20, s. Kap. 4.1.1.

Ähnlich deutliche Worte kann man auch bei Heinrich Bedford-Strohm und anderen Vertretern der Öffentlichen Theologie finden. Im Umgang mit der Klimakrise plädieren sie für einen grundlegenden Mentalitätswandel, eine »Ethik der Selbstbegrenzung«, für einen stärkeren Diskurs mit den Naturwissenschaften, für die Anerkennung der Endlichkeit und die Achtung der Mitgeschöpfe.[408]

Vertreter der liberalen Theologie und des sogenannten »Öffentlichen Protestantismus« mahnen dagegen zur Zurückhaltung gegenüber zu deutlichen und einseitigen öffentlichen Positionierungen der Kirche zu politischen Fragen. Der Öffentliche Protestantismus vertritt die Position, Kirche habe vor allem die Aufgabe, für faire Debatten zu sorgen und Diskursräume offen zu halten.[409] Er befürwortet wie auch die Öffentliche Theologie die öffentliche und politische Verantwortung der Kirche, sieht die Aufgabe der Kirche aber eher darin, die Freiheitsrechte des Einzelnen, die sich aus dem Evangelium ableiten, zu stärken und Motor des diskursiven Austragens von Differenzen zu sein.[410] Vertreter des Öffentlichen Protestantismus warnen vor Moralisierungen, da diese nach Luhmann die Gesellschaft übermäßig spalten, was nicht im Interesse von Kirche sein könne.[411] Hinter der Individualisierung und Pluralisierung, die auch eine Frucht der Reformation und Aufklärung sei, könne man auch als Kirche nicht

408 Ebd.; Bedford-Strohm, Schöpfung; Gütter, Freiheit.

409 Albrecht/Anselm, Protestantismus. Der Öffentliche Protestantismus ist vor allem mit den Namen Christian Albrecht und Reiner Anselm verknüpft. Aber auch andere, wie Michael Roth oder Philipp Stoellger, lassen sich z.T. dieser theologischen Strömung zuordnen.

410 Albrecht/Anselm, Protestantismus, 9.

411 Gorski, Moral.

zurück.[412] Die Hochschätzung der Individualität relativiere manche Wahrheitsansprüche. Kirche müsse vorsichtig sein, sich zu Fragen verbindlich zu äußern, die nur der Einzelne in seinem Gewissen entscheiden könne. Kirche als fehlerhafte Institution könne nicht dem Einzelnen sagen, was richtig und falsch ist für sein Leben. Damit würde sie die Mündigkeit des Einzelnen missachten.[413]

Seine Stärke hat der Öffentliche Protestantismus in seinem Eintreten für faire Diskurse und mehr Demokratie in der Gesellschaft wie auch in der Kirche. Angesichts der Zunahme von Extremismus und Demokratiefeindlichkeit und der zunehmenden Unfähigkeit, sich überhaupt noch zwischen verschiedenen »Blasen« der Gesellschaft zu verständigen, ist die vom Öffentlichen Protestantismus angemahnte Rolle der Kirche, Diskursräume offen zu halten, durchaus wichtig und gewinnt aktuell an Bedeutung.[414]

Der Verweis auf das Gewissen und die Mündigkeit des Einzelnen verkennt jedoch, dass der Mensch ein Beziehungswesen ist und Individualität nicht ohne Sozialität gedacht werden kann. Auch wenn Kirche früher die Mündigkeit und die Rechte des Einzelnen oft aus machtpolitischen Gründen beschnitten hat, was ohne Zweifel theologisch nicht zu rechtfertigen ist, so kann die Antwort heute nicht sein, dass sie sich deshalb komplett bei gesellschaftlichen Konfliktfragen zurückhält und ihre öffentliche Verantwortung vernachlässigt.[415] Angesichts der Überlebenskrise ist es vielmehr Aufgabe der Kirche zu fragen,

412 Albrecht/Anselm, Protestantismus, 16.
413 Anselm, in: Huber, Lebenshaltung, 34.
414 Vgl. Kap. 4.2.
415 Huber, Lebenshaltung, 47.

ob eine ungehinderte Ausübung der Individualität noch im Einklang mit den unabweisbaren planetaren Grenzen steht. Ein einseitiger Verweis auf die Individualität des Handelns verkennt, dass die negativen Folgen dieses Handelns im Kontext der Überlebenskrise *nicht privat* bleiben. Huber betont aus unserer Sicht zu Recht: »Es gibt ohne Zweifel Situationen, in denen es das Beste ist, die Individualität zu achten und zu schützen; aber es gibt andere Situationen, in denen es verheerende Konsequenzen hat, wenn wir die Individualität sich ohne Einspruch und ungehindert entfalten lassen.«[416] Es ist fraglich, ob das größte Problem in den westlichen Gesellschaften heute tatsächlich in der Beschneidung der Individualität liegt[417] oder nicht viel mehr in den Folgen einer falsch verstandenen Individualität und eines naturvergessenen Anthropozentrismus, mit dem der Einzelne seine Interessen über die anderer stellt und die Mitschöpfung als Objekt behandelt, das er für seine Bedürfnisse bedenkenlos nutzen kann. Gerade diese Haltung hat auch maßgeblich zu den aktuellen ökologischen Überlebenskrisen der Gegenwart beigetragen.

Kirche – so eine weitere Forderung der Vertreter des Öffentlichen Protestantismus – müsse sich statt um allzu eindeutige Forderungen und Bekenntnisse um »Ausmittlungsprozesse« zwischen individuellen Rechten und Fragen des Gemeinwohls bemühen.[418] Die gesellschaftlich-politische Verantwortung der Kirche, die von einigen auch als »Wächteramt der Kirche« verstanden wurde,[419] sieht der Öffentliche Protestantismus

416 A.a.O., 35.
417 A.a.O., 36.
418 Albrecht/Anselm, Protestantismus, 23.
419 So Karl Barth in Bezug auf die Barmer Theologische Erklärung nach Bornkamm, Amt Christi.

kritisch, weil Kirche hier nicht mehr als Teil der Gesellschaft, sondern als außenstehende quasi übergesellschaftliche Institution verstanden würde. Überhaupt sehen sie die Gefahr einer »Verkirchlichung« der christlichen Weltverantwortung. Damit ist gemeint, dass die Verantwortung des Einzelnen wie auch die Bedeutung der einzelnen Christinnen und Christen in der Weltgestaltung zu wenig wahrgenommen und die Rolle kirchlicher Stellungnahmen überhöht wird. In den letzten Jahrzehnten sei der Forumscharakter des Protestantismus, wie er sich z. B. in den Hochzeiten der Akademien gezeigt habe, zurückgegangen, die Selbstlegitimierung der Kirche habe zugenommen. Aus der Anwaltschaft für das Gemeinwohl sei oft die Verteidigung eigener Partikularinteressen geworden. Das zeige sich z. B. in der Entwicklung der kirchlichen Öffentlichkeits- und Pressearbeit, die stärker als früher die eigenen kirchlichen Interessen verfolge, statt einen Beitrag zur öffentlichen Meinungsbildung zu leisten.[420] Der Öffentliche Protestantismus dagegen trete nicht primär für die Vertretung kirchlicher Partikularinteressen, sondern für gesellschaftliche Pluralität bei der Suche nach dem gemeinsamen Guten und die Erhaltung des demokratischen Diskurses ein. Berechtigt ist dieser Einwand, wenn politische Äußerungen der Kirche für kirchliche Partikularinteressen instrumentalisiert werden, aber nicht, wenn sich die Kirche aufgrund ihrer eigenen Grundorientierungen zu politischen Themen sachgerecht äußert.[421]

Ob insgesamt eine »Verkirchlichung« des Protestantismus stattfindet, ist uns ebenso fraglich. Vielmehr scheint es so, dass

420 Albrecht/Anselm, Protestantismus, 34.
421 So auch Huber, Lebenshaltung, 17.

alle Formen des Protestantismus – die kirchlichen, öffentlichen und individuellen Ausprägungen – heute in einer Relevanzkrise sind. Ob in der Stärkung des individuellen Protestantismus der Ausweg aus der Krise liegt, ist zu bezweifeln.

Angesichts der Überlebenskrise tragen sowohl die einzelnen Christinnen und Christen als auch die Institution Kirche eine Verantwortung, die gleichermaßen bedeutungsvoll ist und Unterstützung verdient. Man kann sich daher fragen, inwiefern dieser Richtungsstreit zwischen diesen beiden theologischen »Schulen« etwas zur Bewältigung der Überlebenskrise austrägt. Zum einen, weil die beiden Richtungen in vielen Punkten wie z.B. der Bejahung von öffentlicher und politischer Verantwortung von Kirche und in der Wertschätzung von Freiheitsrechten der Menschen sehr eng beieinander liegen.[422] Zum anderen sind solche innertheologischen Debatten vermutlich für viele Kirchenmitglieder und erst recht für Nichtkirchenmitglieder wenig interessant.

Auffällig für unsere Frage nach dem Beitrag von Theologie und Kirche zur sozialökologischen Transformation ist jedoch, dass sich Vertreter der Öffentlichen Theologie – das wird angesichts der gerade dargestellten Profile nicht überraschen – inhaltlich viel deutlicher und differenzierter zu der Überlebenskrise äußern. Vom Öffentlichen Protestantismus gibt es dazu keine explizite Stellungnahme. Ein näheres Eingehen auf ökologische Fragestellungen und Sachthemen findet man beispielsweise in

422 Diese Konvergenzen werden sehr schön in dem wissenschaftsbiographischen Gespräch zwischen Albrecht, Anselm, Heinig und Huber deutlich, das unter dem Titel »Es geht vielmehr um eine Lebenshaltung« im Jahr 2022 veröffentlicht wurde. Huber, Lebenshaltung.

dem zentralen Band zum öffentlichen Protestantismus nicht.[423] An einer einzigen Stelle ist auch von Zukunftsfähigkeit die Rede, jedoch wird darunter bezeichnenderweise verstanden, »...den Einzelnen bei der Verwirklichung seines eigenen Lebensentwurfes zu unterstützen«.[424] Hier zeigt sich nach unserer Einschätzung die größte Schwäche des Öffentlichen Protestantismus, dass es ihm nämlich primär um die Entfaltung der Rechte und Möglichkeiten des menschlichen Individuums geht. Die Zukunft der Gesellschaft wie auch der Weltgemeinschaft und erst recht die Zukunft der nichtmenschlichen Schöpfung wird hier überhaupt nicht in den Blick genommen. Es bleibt der Eindruck, dass sich diese Theologie nicht wirklich der Überlebenskrise stellt oder sich von dem Schrei der Erde, die unter Ausbeutung stöhnt (vgl. Röm 8,22f.), erschüttern lässt. Theologisches Nachdenken und Reden, das sich aber nicht den heutigen Kontexten stellt, läuft immer Gefahr, eine Neutralität vorzutäuschen, die es in der Überlebenskrise nicht gibt. Schon vor Jahrzehnten hat Günter Altner der wissenschaftlichen Theologie ins Stammbuch geschrieben, »... daß die Überlebenskrise zu einer zentralen Herausforderung für die Theologie geworden ist. Es gibt keinen Bereich innerhalb der Theologie, der von der Umweltproblematik nicht tangiert wäre«[425]. Mit einer Konzentration auf individualistische oder gar anthropozentrische Perspektiven kann es aber keinen angemessenen Umgang mit der Überlebenskrise geben. Im Gegenteil, sie sind Teil des Problems, das auch theologisch bearbeitet werden muss.

---

423 Damit soll nicht unterstellt werden, dass Vertreter des Öffentlichen Protestantismus sich nicht hier und da zu ökologischen Fragen positioniert oder sich auch an kirchlichen Aufrufen zur Klimapolitik beteiligt haben. An dieser zentralen Stelle besteht jedoch leider eine schmerzliche Leerstelle.

424 Albrecht/Anselm, Protestantismus, 53.

425 Altner, Theologie, 8.

Angesichts der großen Herausforderungen, um die es gerade bei der Überlebenskrise geht, kann man weiterhin fragen, ob der Ansatz des Öffentlichen Protestantismus zur Stärkung und Offenhaltung von Diskursräumen ausreicht. Zu viel steht auf dem Spiel. Viele Menschen machen sich große Sorgen um ihre Zukunft, die Zukunft ihrer Kinder und Enkel und um den Fortbestand der Schöpfung. Sehr viele im Bereich Nachhaltigkeit und Klimaschutz Engagierte wünschen sich mehr geistliche wie praktische Unterstützung der Kirchen für ihr Engagement. Diesen Menschen sind wir – die Autor*innen dieses Buches – in vielen gemeinsam verantworteten Kongressen und Tagungen begegnet und haben mit ihnen intensive Debatten geführt. Diese engagierten Bürgerinnen und Bürger, egal ob Kirchenmitglieder oder nicht, begrüßen es sehr, wenn Kirche sich deutlich zu diesen Fragen positioniert und erwarten zugleich auch mehr. Viele fühlen sich in ihrem Engagement in ihren Kirchengemeinden oft alleingelassen und wenig unterstützt. Pfarrerinnen und Pfarrer sowie Ehrenamtliche klagen darüber, dass Kirche aktuell viel zu sehr mit sich selbst beschäftigt sei und in den vielfältigen sozial-ökologischen Transformationsprozessen fast keine Rolle spiele. Theologiestudierende klagen, dass sie in ihrem Studium auf die theologischen Fragen, die sie angesichts der Überlebenskrise haben, keine Antworten bekommen oder solche, die sie nicht zur Hoffnung und zum verantwortlichen Handeln ermutigen können. Viele junge Menschen sind zum Teil verzweifelt und hoffnungslos, andere geben – ebenfalls aus Verzweiflung und großer Sorge um die Zukunft des Planeten – ihr Studium oder ihren Beruf auf, um mit immer radikaleren Mitteln mehr politische Wirksamkeit im Klimaschutz zu erkämpfen. Das kann uns als Kirche nicht gleichgültig sein. Darauf nur mit einer Warnung vor zugespitzten Positionierungen zu reagieren, wäre seelsorgerlich und inhaltlich nicht ausreichend.[426]

5.2.2 Häresie- und Ideologievorwurf der transformationskritischen Theologie gegenüber der Öffentlichen Theologie und »Kairos for Creation«

Vom Öffentlichen Protestantismus unterschieden werden müssen aktuelle Positionen einzelner Vertreter einer transformationskritischen Theologie[427] wie z. B. Günter Thomas, Ralf Frisch und Ulrich Körtner[428], die nicht nur Klimaaktivisten als potentielle »Ökoterroristen« bezeichnen[429], sondern auch der internationalen ökumenischen Verlautbarung »Kairos for Creation«[430] eine gewaltbereite Ideologie unterstellen.[431] Sie werfen auch Teilen der Öffentlichen Theologie und Verlautbarungen der EKD vor, sie würden eine »moralisch-politische Pseudoreligion«[432] vertreten, hätten in zentralen theologischen Positionen häretische Vorstellungen und befänden sich auf dem Weg in eine Sekte.[433] Ihr zentraler Vorwurf gegenüber der EKD ist, dass sie Politik und Religion nicht ausreichend trenne und deshalb bestimmte politische Forderungen religiös überhöhe.[434] Kirche solle sich grundsätzlich aus der Politik heraushalten

426 Die Rolle von Gefühlen, wie Angst, Wut oder Trauer im Kontext der Klimakrise analysiert der Band »Seelsorge in der Klimakrise«, siehe https://vrk-akademie.de/veroeffentlichungen/ [Stand: 15.10.2025].
427 Taxacher spricht von »Transformationsdistanz«, wir nennen es »Transformationskritik«, Taxacher, Klimaaktivismus, 2.
428 Thomas, Blühwiesenromantik; Thomas, 13 Baustellen; Körtner, Moralisierung.
429 Thomas, 13 Baustellen (2. Baustelle).
430 Kairos for Creation, 2019, s. auch Kap. 1.2.
431 Thomas, 13 Baustellen, s. auch Kap. 5.3.3.
432 Frisch, Klimahäresie.
433 Körtner, Sekte.
434 Frisch, Klimahäresie.

und sich wieder mehr auf ihre eigentliche Aufgabe, nämlich die dem Einzelnen geltende Verkündigung des Evangeliums besinnen.[435] Weiterhin würden Gesetz und Evangelium nicht mehr ausreichend unterschieden und der Protestantismus werde zu einer Gesetzesreligion und zu einem »Kryptokatholizismus« gemacht.[436] Schließlich wird vielen Texten der EKD und der Öffentlichen Theologie eine »apokalyptische Lust am Untergang« diagnostiziert, die sich nicht mit der christlichen Eschatologie vertrage. Christliche Eschatologie vertraue auf Gott, der allein sein neues Reich schaffen könne, das aber erst nach dem Ende dieser Welt komme.[437]

Die starke Trennung bzw. Kontrastierung von Politik und Religion, Gesetz und Evangelium sowie Apokalyptik und Eschatologie ist aus unserer Sicht in vielen Teilen theologisch unterkomplex und wenig biblisch. Es verrät ein sehr enges Politikverständnis, wonach Politik auf das Handeln politischer Akteure reduziert wird, was vielleicht für einen früheren Obrigkeitsstaat zutrifft, aber nicht auf eine Demokratie, die von der Beteiligung aller lebt. Die Begrenzung von Religion und Ethik nur noch auf den privaten Bereich und auf eine jenseitige Transzendenz ist für uns ebenfalls fragwürdig und fand zu Recht die Kritik von Bonhoeffer und Barth, auf den sich Vertreter dieser Theologie erstaunlicherweise immer wieder berufen. Die Gegenüberstellung von negativer Apokalyptik und positiver Eschatologie blendet die positiven Anliegen einer biblisch fundierten Apokalyptik aus. So geht es dem Buch der Offenbarung – dem zentralen neutestamentlichen apokalypti-

435 Kap. 5.3.1.
436 Frisch, Gegenprogramm, 302.
437 Körtner, Schöpfung, 69.

schen Text – doch vor allem darum, den Adressaten in schweren Zeiten mit Blick auf das neue Jerusalem Hoffnung und Trost zu vermitteln, mit der sie in ihrer Leidenszeit bestehen sollen.[438] Das Böse wird überwunden werden und Gott wird bei den Menschen wohnen – so die zentrale Botschaft der Offenbarung. Dabei wird das neue Jerusalem nicht nur als jenseitig verstanden, sondern als eine Stadt, die aus dem Himmel auf die Erde kommen wird (Offb 22,1–4). Es geht also auch in der Offenbarung nicht um die endgültige Vernichtung der alten Welt, sondern ihre jetzt schon beginnende Neuschöpfung.[439]

Wir schließen uns der Analyse von Taxacher an, dass die transformationskritische Theologie im Kern eine »bürgerliche Religion« vertritt, die nicht nur durch eine große »Transformationsdistanz« gekennzeichnet ist, sondern letztlich den Status quo der Habenden und Besitzenden verteidigt.[440] Diese transformationskritische Theologie fordert eine unpolitische Kirche, ist aber selbst politisch, weil sie die bürgerliche Gesellschaft vor Zumutungen einer sozial-ökologischen Transformation bewahren will und z. T. die ökologischen Krisen verharmlost.[441] Sie wirft anderen theologischen Richtungen Ideologie vor, ist aber selbst für bestimmte Ideologien anschlussfähig. Das macht diese Theologie gefährlich, da sie missbräuchlich für Positionen rechter Bewegungen und populistischer Positionen werden kann.

---

438 Schürger, Neuschöpfung.
439 A.a.O., 195.
440 Taxacher, Klimaaktivismus, 15.
441 Deutlich wird dies bei Körtner, der im Blick auf den Klimawandel schreibt: »Strittig bleibt aber, ob die Erwärmung des Erdklimas ausschließlich negative Folgen für Mensch und Umwelt oder möglicherweise sogar positive Effekte hat«, Körtner, Gut und Böse, 28.

Auffällig ist die große Vehemenz, mit der diese Theologie gegen Positionen der EKD und Öffentlichen Theologie nicht nur zur Klimafrage, sondern auch z. B. zur Migrationsfrage vorgeht. Taxacher diagnostiziert hier zu Recht so etwas wie einen »kleinen Kirchenkampf«.[442]

In scharfem Kontrast dazu stehen Positionen, die die Klimafrage als einen Kairos verstehen, der die Kirche zum Bekennen und Handeln zwingt,[443] oder die Zeit einer »grünen Reformation« gekommen sieht.[444] Ob der Umgang mit der Überlebenskrise als eine Bekenntnisfrage eingeschätzt werden soll, weil es hier – ähnlich wie schon bei der Frage der Atomenergie und der Aufrüstung – um eine existentielle Überlebensfrage geht, die das Leben der gesamten Schöpfung bedroht, ist eine Frage, über die zu Recht gestritten werden kann. Dass die Überlebenskrise aber die Kirche zentral herausfordert, öffentlich Stellung zu beziehen, womit die Kirche den Staat an seine Verantwortung erinnert und alle Menschen guten Willens zum Handeln aufruft, ist nach unserer Einschätzung unbestritten. Diese öffentliche Verantwortung bedeutet nicht, dass Kirche fertige oder gar bessere politische Lösungen und Konzepte präsentieren muss oder soll. Ob z. B. die Reduktion von CO_2-Emissionen im Bereich Verkehr oder Bauen eher durch staatliche Sanktionen, durch Förderprogramme oder durch den Abbau fehlgeleiteter Subventionen erreicht wird, ist eine Frage der politischen Abwägung und nicht eine der öffentlichen Verantwortung von Kirche. Für diese muss es reichen, den Staat anhand klarer

442 Taxacher, Klimaaktivismus, 3.
443 Mühling, Eco-Theology, in: Kairos for Creation, 83–88.
444 Rasmussen, Grüne Reformation.

ethischer Kriterien[445] an seine Aufgabe zu erinnern, die natürlichen Lebensgrundlagen zu erhalten, die Mit-Kreaturen mit ihren Lebensrechten zu achten und dies auf eine sozial gerechte Weise zu tun.

Damit jedoch ist es nicht getan. Zur Verantwortung des Staates muss auch die Verantwortung der Wirtschaft, der Wissenschaft, der Zivilgesellschaft und der Religionsgemeinschaften hinzukommen. Nur mit einer umfassenden Transformation aller gesellschaftlicher Akteure werden wir im Einklang mit den planetarischen Grenzen leben können. Dabei dürfen die Kirchen keineswegs fehlen. Sie müssen sich als Mahnerin, Mittlerin und Motor in den notwendigen sozial-ökologischen Transformationen bewähren.

5.3 Mischt sich Kirche zu sehr in die Politik ein? Aktuelle Kontroversen

In der aktuellen gesellschaftlichen Lage gibt es immer wieder Stimmen, die dazu aufrufen, dass Kirche sich mehr aus der Politik heraushalten soll.[446] Insbesondere die vielfältigen Stellungnahmen der Synode der Evangelischen Kirche in Deutschland erzeugen Unmut und werden wegen ihrer angeblich einseitigen politischen Ausrichtung, ihres vermeintlichen Moralismus oder ihrer Detailtiefe kritisiert.

445 Vgl. Kap. 3.

446 Diese Stimmen kommen nicht nur aus konservativen Parteien (Schäuble, Reformationsjubiläum) sowie konservativen, liberalen und evangelikalen Teilen der Kirche, sondern in zunehmender Schärfe auch von Vertretern der wissenschaftlichen Theologie, s. Kap. 5.2.2.

5.3.1 *Ist die Kirche zu politisch und verliert sie »das Eigentliche« aus dem Blick?*

»Eine klare politische Positionierung der Kirche oder der Pfarrer kann sich, auch wenn man damit kurzfristig Menschen überzeugen vermag, langfristig nur negativ auf die Verkündigung der Botschaft auswirken«.[447] Diese vom Religionssoziologen Detlef Pollack betonte Gegenüberstellung einer politischen Positionierung und der Botschaft des Evangeliums verkennt, dass die christliche Botschaft selbst nie neutral ist, sondern bereits politische Dimensionen beinhaltet. Denn der christliche Glaube ist nicht auf das »innere Seelenheil« eines Individuums beschränkt, sondern der Glaube ist nach Dietrich Bonhoeffer immer auf die *ganze* Weltwirklichkeit bezogen. »Die Wirklichkeit Gottes erschließt sich nicht anders als indem sie mich ganz in die Weltwirklichkeit hineinstellt.«[448] Dies ist begründet in der Weltzuwendung Gottes in Christus (vgl. Joh 3,16), der den »ganzen Kosmos« mit sich versöhnt hat (2 Kor 5,19). Es gibt also keine Lebensbereiche, die ausgeklammert wären oder in denen wir, wie die zweite Barmer These sagt, »anderen Herren zu eigen wären«. Die Menschwerdung Gottes bedeutet, dass Gott mittendrin ist im Leben, in allen unseren Lebensbezügen, die auch die politischen Zusammenhänge einschliessen. Entsprechend bestimmt auch die Christus-Nachfolge unser ganzes Leben und damit hat es unser Glaube eben auch mit den weltlichen Dingen zu tun, mit Politik und mit den Strukturen, die unser Handeln angesichts der Überlebenskrise bestimmen. Dieses Wirksamwerden in der Welt spiegelt sich bereits im altgriechischen Begriff von Kirche (»ecclesia«) als die »Herausgerufenen«.

---

447 Pollack, in: epd-Zentralausgabe Nr. 223 vom 19.11.2019.
448 Bonhoeffer, Ethik, 40.

Christinnen und Christen sind herausgerufen aus dem privaten Bereich hinein in die Öffentlichkeit der Welt, um sich der Dinge des Gemeinwesens (der Polis) anzunehmen. Das ist die Grundidee der Kirche von Anfang an. Zu Recht betont daher Bedford-Strohm: »Wer fromm ist, muss auch politisch sein«.[449]

Biblisch verdeutlicht sich dies in den vielfältigen prophetischen Mahnungen für eine gerechte Gesellschaft, die auch die »Mächtigen« ihrer Zeit nicht verschonten und mit der Gerechtigkeit Gottes konfrontierten. Diese schonungslose Kritik z.B. der alttestamentlichen Propheten an ungerechten, nicht zukunftsfähigen gesellschaftlichen Zuständen gehört untrennbar zu den biblischen Überlieferungen und den Grundlagen unseres Glaubens dazu und kann daher – auch wenn sie nicht jedem und jeder gefallen – nicht wegdiskutiert werden. Der Weg Jesu Christi und seine Botschaft zeichnen sich ebenfalls durch einen kritischen Blick auf die damaligen Gesellschafts- und Machtverhältnisse aus und wurden zum »Stein des Anstoßes« (Röm 9,32). Nicht zufällig geriet Jesus immer wieder mit religiösen Autoritäten und politischen Machthabern in Konflikt und hat sich mit provokanten Zeichen- und Symbolhandlungen gegen die religiösen und politischen Machteliten gestellt. In deren Konsequenz steht dann am Ende der Tod am Kreuz, eine typische Todesart für politische Widerständler.[450] So wenig wie wir sagen können, ob diese Kreuzigung ein religiöses oder politisches Ereignis war, so wenig können wir Religion und Politik trennen. Auch Jesu Botschaft hatte immer einen klaren, parteilichen Maßstab. Nicht das, was die Menschen gerne hören möchten, hat er verkündigt, sondern Gottes

449 Bedford-Strohm, in: Die Zeit Nr. 15 vom 9.4.2015, 56.
450 Zimmermann, Jesus; ders., Klimaaktivist, 37.

klare »Option für die Armen«, die in ganz unterschiedlichen biblischen Traditionen sichtbar ist. Und in seinem befreienden Handeln an Lahmen und Blinden, an Armen und Aussätzigen hat er diese Botschaft unmissverständlich unterstrichen. Seine Botschaft »Kehrt um, denn das Himmelreich ist nah!« (Mt 4,17; Mk 1,15) ist ein »… Imperativ zur radikalen Veränderung von Denken und Handeln« und schließt damit »… ein ethisches Urteil über den bisherigen Lebenswandel als ›falsch‹ ein«.[451] Eine Kirche in der Nachfolge Jesu hat die Aufgabe, diese biblischen Traditionen in den heutigen Kontext der Überlebenskrise zu übertragen und nicht durch den Ruf nach einer »unpolitischen Kirche«[452] zu ignorieren. Zu beachten ist dabei in der Tat, dass sich unser Glaube nicht nur auf die gegenwärtige Weltwirklichkeit bezieht, sondern die verheißene neue Welt Gottes im Blick hat, in der die Gerechtigkeit wohnen wird (vgl. 2 Petr 3,13).

Wenn sich Christinnen und Christen politisch äußern, ist dies daher auch keine »Verdiesseitigung«[453] des Glaubens, sondern sie sehen vom Reich Gottes her die Welt in einem anderen Licht. Christinnen und Christen messen die politische Realität am Maßstab des Reiches Gottes, ohne beides gleichzusetzen. Dieser Glaube speist sich und lebt von dieser erhofften Verheißung Gottes. In unserem Handeln müssen wir Rechenschaft geben von der Hoffnung, die in uns ist (1 Petr 3,15). Entsprechend hat Helmut Gollwitzer die Christen als »Vortrupp der neuen Welt« bezeichnet. In ihrem Verhalten soll im Hier und Jetzt aufleuchten, auf was Christinnen und Christen hoffen und dies immer im Vertrauen darauf, dass sie die Vollendung nicht

---

451 Zimmermann, Jesus, 12.

452 So beispielsweise die Publizistin Liane Bednarz, in: Die Zeit Nr. 53 vom 22.12.2021, 15.

453 Bednarz, in: Die Zeit Nr. 53 vom 22.12.2021, 15.

leisten müssen. Diese Rollenzuschreibung an Christinnen und Christen korrespondiert mittlerweile auch gut mit empirischen Untersuchungen. So stimmen in einer Umfrage beispielsweise 91,7 Prozent der Aussage eher oder voll und ganz zu, dass sie ihr christlicher Glaube dazu ermutigt, sich für soziale Gerechtigkeit einzusetzen, und für 64 Prozent sollte Nachhaltigkeit ein zentraleres Anliegen im christlichen Glauben werden, als es heute ist.[454]

Unabhängig von den eigenen Grundlagen des Glaubens kann aber schon allein aus soziologischer Perspektive auch eine politisch enthaltsame, neutrale Kirche im gegenwärtigen Kontext der Überlebenskrise niemals »unpolitisch« sein. Denn eine solche, vermeintlich »unpolitische« Kirche würde dann jedenfalls den gesellschaftlichen Status quo bestätigen und dessen »Akzeptanzbeschaffung« betreiben und dann in diesem fragwürdigen Sinne politisch sein.[455] »Neutral« kann und muss die Kirche nur im parteipolitischen Sinne sein. »Parteiisch« ist und bleibt sie aber, wenn die Grundorientierungen des christlichen Glaubens berührt sind. Wenn sie diese ernst nehmen, gibt es zur politischen Einmischung zugunsten der Schwachen und des Lebens keine Alternative.

Das öffentliche Wirksamwerden in der Welt im Sinne von »Ihr seid das Salz der Erde, ihr seid das Licht der Welt« (Mt 5,13 f.) gehört zum Wesen und Auftrag der Kirche dazu. Freilich würde die Kirche ihren Auftrag verfehlen, wenn sie diesen *nur* in der Form von einem öffentlichen, politischen Engagement wahrnehmen würde. Bei der Frage »Wozu ist Kirche da?« werden von

454 Ge-Na-Highlights-deutsch.pdf.
455 Taxacher, Klimaaktivist, 16.

Hauschildt und Pohl-Patalong sechs Grundaufgaben genannt, die unseres Erachtens den Auftrag der Kirche gut erfassen. Dazu gehören selbstverständlich Aufgaben wie »Individuelle Lebensbegleitung anbieten« oder »Gemeinschaft eröffnen«, aber eben auch die Grundaufgabe »Die christliche Stimme in der Gesellschaft erheben«.[456] Kirche ist nur Kirche, wenn sie in ihrer Gesamtheit alle diese Grundaufgaben im Blick hat. Alle diese sechs Aufgaben »sind für die Kirche *unverzichtbar*, wenn sie ihren Auftrag in der Gesellschaft heute erfüllen will«.[457] Bereits bei den Propheten werden einseitige Beschränkungen, z.B. das Feiern von Gottesdiensten kritisiert, wenn die Gläubigen nicht gleichzeitig die Not der Schwachen und gerechte Strukturen im Blick haben: »Tu weg von mir das Geplärr deiner Lieder; denn ich mag dein Harfenspiel nicht hören! Es ströme aber das Recht wie Wasser und die Gerechtigkeit wie ein nie versiegender Bach« (Am 5,23f.). Damit verdeutlicht sich der in der alttestamentlichen und neutestamentlichen Tradition auffindbare untrennbare Zusammenhang zwischen Gottes- und Nächstenliebe (vgl. Lk 10,25–28). Diese Verbindung wird im Gleichnis vom Weltgericht zugespitzt, indem der Dienst an Christus als Dienst an den Schwächsten, zu denen heute auch die ausgebeuteten nichtmenschlichen Geschöpfe Gottes zählen, angesehen wird: »Was ihr getan habt einem von diesen meinen geringsten Brüdern, das habt ihr mir getan« (Mt 25,40). Wer als Christ diese enge Verbindung von Gottes- und Nächstenliebe wirklich ernst nimmt, muss sich von der Not des Einzelnen berühren lassen und mehr noch, er kann auch die politischen *Gründe und Ursachen dieser Not* nicht außen vor lassen. Auch das Liebesgebot lässt sich nicht auf die private, individuelle Ebene beschränken,

---

456 Hauschildt/Pohl-Patalong, Kirche verstehen, 203f.
457 A.a.O., 221.

sondern hat auch eine öffentliche Dimension. Die Gottes- und Nächstenliebe können wir daher nicht glaubwürdig bezeugen, ohne für ein schöpfungsadäquates Handeln und Gerechtigkeit in politischen Zusammenhängen einzutreten. Pointiert schreibt Bedford-Strohm: Die »politische Abstinenz der Kirche zum Programm zu machen, ist aus meiner Sicht mit der untrennbaren Verbindung von Gottes- und Nächstenliebe nicht vereinbar. Es kann also nicht die Frage sein, ob die Kirche öffentliche Kirche ist, die sich auch in politische Fragen grundsätzlicher Bedeutung einmischt, sondern nur, wie sie es angemessen tun kann.«[458]

Diese Angemessenheit ist eine weitere gegenwärtige Kontroverse. Wie soll sich eine verantwortliche öffentliche Kirche als Anwältin des Lebens und der Schwachen politisch positionieren? Muss dies immer gleich so konkret und detailbestimmt sein? Geht es nicht auch etwas allgemeiner, unverbindlicher?

5.3.2 Mischt sich die Kirche zu sehr in politische Detailfragen ein und ist die Art ihrer Beiträge angemessen?

Häufig findet sich die Kritik, dass Kirche sich fortlaufend zu nahezu allen tagespolitischen Geschehnissen im Detail meint äußern zu müssen. »Vielen Menschen stößt auf, dass hier ein ethischer Avantgardeanspruch gegenüber der Gesellschaft geltend gemacht wird, der analytische Generalkompetenz und moralische Überlegenheit in allen Fragen beansprucht.«[459]

---

458 Bedford-Strohm, Lieben, 121.
459 Roth, Oft zu einseitig, 18.

In der Tat kann man fragen, ob sich die Kirchen immer in dieser Detailtiefe und in diesem Umfang zu fast allen gesellschaftlichen Herausforderungen äußern sollten, wie es z.B. auf den EKD-Synoden regelmäßig geschieht. Diese Fülle an Stellungnahmen nehmen sich oft gegenseitig die Öffentlichkeitswirksamkeit und werden auch deshalb leider von den Medien kaum noch angemessen aufgenommen. Für die Kirchen bleibt es daher eine Gratwanderung, sich einerseits nicht in der Tagespolitik zu verlieren oder parlamentarische Aushandlungsprozesse vorwegzunehmen, sich aber andererseits dann konsequent in die politischen Debatten einzumischen, wenn die Grundorientierungen der christlichen Botschaft berührt werden. Dabei ist dann darauf zu achten, dass die Begründungen auch sachbezogen auf höchstem Niveau und für säkulare Diskurse nachvollziehbar sind.[460] Freilich haben Synodenbeschlüsse angesichts des Zeitdruckes, unter denen sie entstehen, meistens zwar ein beachtliches Niveau, manchmal jedoch sind sie auch mit heißer Nadel gestrickt. Anders verhält es sich mit den Verlautbarungen des Rates der EKD und den Kammerpapieren, die von ausgewiesenen Expertinnen und Experten mit ausreichend Zeit erarbeitet und im Rat der EKD ausführlich diskutiert und schließlich beschlossen werden.

Nach unseren Erfahrungen zeugen viele kirchliche Stellungnahmen und Papiere zur ökologischen Krise von beachtlicher Sachkompetenz und es ist keineswegs so, dass man sich, wie der Ethiker Michael Roth kritisiert, »rationalen Argumentationen mit dem Anspruch entzieht, prophetisch zu reden«[461].

---

460 Diese Zweisprachigkeit, als Fähigkeit die theologische Sprache mit der säkularen Sprache zusammenzubringen, ist auch ein wichtiges Anliegen der Öffentlichen Theologie, Bedford-Strohm u.a., Öffentliche Theologie.

461 Roth in: epd-Zentralausgabe vom 15.12.2022.

Im Dialog mit Politik und Zivilgesellschaft löst es hingegen immer wieder Erstaunen und Respekt aus, zu wie vielen Themen die Kirchen sich mit großer Detailtiefe und mit hoher inhaltlicher Kompetenz in Kammertexten, Verlautbarungen oder Synodenbeschlüssen öffentlich äußert. Meistens sind diese Texte und Stellungnahmen jedoch leider unbekannt. Die Kritik des Influencers Rezo, dass die Kirchen ihre inhaltlich durchaus gehaltvollen und klaren Stellungnahmen zur Klimakrise leider zu gut »in irgendwelchen Winkeln ihrer Websites verstecken«, ist durchaus berechtigt.[462] Wie sich Kirche mit ihren Texten und Stellungnahmen in der aktuellen Medienlandschaft mehr Resonanz und Aufmerksamkeit verschaffen könnte, ist eine Frage, auf die bis heute noch keine befriedigende Antwort gefunden wurde. In unserer Wahrnehmung hängt es auch mit zu wenigen personellen Ressourcen im Bereich öffentlicher Verantwortung und Öffentlichkeitsarbeit zusammen.[463]

Problematisch sei auch – so eine weitere Kritik –, dass manche Stellungnahmen wie z. B. die Stellungnahme der Evangelischen Kirche im Rheinland zu einem Moratorium zur Überprüfung der Kohleförderung in Lützerath parteipolitisch und gesellschaftspolitisch einseitig seien.[464] Hier, wie auch in der Stellungnahme

---

462 Rezo, https://www.zeit.de/kultur/2019-12/klimawandel-kirche-klimaschutz-positionierung-bischofskonferenz-rezo#comments [Stand: 10.02.2025].

463 Vor 10 Jahren war die EKD z.B. noch prominent durch Ratsmitglieder im Rat für nachhaltige Entwicklung vertreten, heute hat sie dort keine Vertretung mehr. In der Abteilung für öffentliche Verantwortung wurden die Ressourcen für die wichtigen Themen wie Demokratie, Medizinethik, Wirtschafts – und Sozialethik, Migration und Menschenrechte, Umweltfragen und Nachhaltigkeit ebenfalls gekürzt. Das führt dazu, dass die EKD bei vielen gesellschaftlichen und politischen Konsultationen nicht mehr vertreten ist bzw. gesetzliche Vorlagen nicht mehr kommentieren kann.

464 Stoldt, Till-Reimer, https://www.welt.de/regionales/nrw/article242080615/Gewalttaetige-Klimaschuetzer-und-die-evangelische-Kirche-im-Rheinland-gegen-den-Rechtsstaat.html [Stand: 10.02.2025].

der EKD zum Thema Tempolimit, habe sich die Kirche zu sehr an die Positionen der Klimaaktivisten angebiedert, was einige eher peinlich finden.[465]

Die Kirchen äußern sich in den eben genannten Fragen aber nicht, um sich »anzubiedern«, um »gut anzukommen« oder weil es gerade »on vogue« ist, sondern aufgrund ihrer tiefen theologischen Überzeugungen. Sie nehmen Stellung – beispielsweise zu klimapolitischen Fragen – vor dem Hintergrund ihrer Verpflichtung zur Nächstenliebe (was auch die »Übernächstenliebe« für kommende Generationen einschließt) und ihres Auftrags zur Schöpfungsverantwortung. Bei diesen Äußerungen geht es nicht darum, sich in der Tagespolitik zu verlieren oder kritiklos alles nachzusprechen, sondern um das öffentliche Sichtbarwerden der theologischen Grundorientierungen der Kirche. Am Beispiel der Klimapolitik zeigen sich diese mindestens in dreifacher Gestalt:

a) *Die christliche Verantwortung für die außermenschliche Natur*
   Die Geschöpfe, auch Tiere und Pflanzen, haben vor Gott einen Wert und ethischen Status, den es in unserem Handeln zu achten gilt.[466] Gerade die Klimakrise zeigt, dass die Veränderungen auch massiv die Tier- und Pflanzenwelt betreffen. Eine Schöpfungsverantwortung hat daher den Schutz der Geschöpfe vor weiteren Bedrohungen durch die Klimaveränderungen im Blick.

---

465 So Roth, Oft zu einseitig, 21, oder auch Sabine Kropf-Brandau, Pröpstin der EKKW. https://www.idea.de/artikel/ekd-beschluss-zum-tempolimit-ist-moralisch-ueberheblich [Stand: 10.02.2025].

466 Vgl. Kap. 3.

b) *Die christliche Verantwortung für die Menschen, die besonders unter den Klimaveränderungen leiden*
Die Folgen des Klimawandels gehen besonders zu Lasten der armen Bevölkerung und der armen Länder, die am wenigsten zu den Verursachern gehören. Vor dem Hintergrund der »Option Gottes für die Armen« und der Nächstenliebe ist das nicht zu rechtfertigen. Und es bedarf einer gerechteren Verteilung der Emissionsrechte pro Kopf der Weltbevölkerung und einer fairen Verteilung der Folgekosten.

c) *Christliche Verantwortung für zukünftige Generationen*
Der Klimawandel macht bewusst, dass wir mittelbar an der Gestaltung von Lebensbedingungen beteiligt sind, die über die eigene Lebenszeit hinausweisen und zukünftige Generationen betreffen. Die christliche Nächstenliebe bezieht sich nicht nur auf die unmittelbar lebenden Menschen, sondern auch auf die nachfolgenden Generationen. Sie müssen in der Lage sein, ein gutes und gelingendes Leben auch in Zukunft führen zu können.

Diese christlichen Grundüberzeugungen, die ein Leben zu Lasten der nichtmenschlichen Geschöpfe, der sozial Benachteiligten und der Nachwelt ausschließen, verpflichten die Kirche, sich auch konkret zu politischen Maßnahmen in der Klimapolitik zu äußern. Dies ist dann nicht eine »Anbiederung« an die Klimaschutzaktivisten, sondern tiefster Ausdruck unseres Glaubens.

Selbstverständlich müssen diese Grundüberzeugungen dann auch ins Konkrete übersetzt werden. Dies ist unseres Erachtens beispielsweise bei der Debatte um die Einführung eines Tempolimits auch gelungen. Während manche in der kirchlichen Befürwortung eines Tempolimits eine unzulässige Einschränkung ihrer Freiheitsrechte sehen, was nur schlecht zur biblischen Botschaft von der Bedeutung der menschlichen Freiheit passe, sehen wir diese Forderung als konkreten Ausdruck der drei oben genannten christlichen Verantwortungsdimensionen an. Zudem geht es in christlicher Perspektive nie um eine von anderen unabhängige individualisierte Freiheit, sondern um eine Freiheit, die auch die Selbstzurücknahme zugunsten anderer einschließt.[467] In diesem Zusammenhang sei übrigens auch daran erinnert, dass die Freiheitsrechte aller Bürger und Bürgerinnen und vor allem die Rechte kommender Generationen viel massiver eingeschränkt werden, wenn wir weiter die Klimaziele verfehlen. Das Tempolimit wird daher schon seit geraumer Zeit in den Kirchen als ein wirksames Mittel zur Absenkung der CO_2-Emissionen angesehen. Bereits in den 80er Jahren haben die Kirchen sich für ein bundesweites Tempolimit eingesetzt und vor einigen Jahren hat es in der Evangelischen Kirche in Mitteldeutschland zum Tempolimit – eine erfolgreiche Petition gegeben. Auch in Fachkreisen gilt es als ein einfaches und kostengünstiges Mittel, um im Verkehrsbereich zu den zwingend notwendigen Emissionsminderungen zu kommen.[468] Das Tempolimit ist also ein einfacher und effektiver Beitrag zur Erreichung von Klimaneutralität und ein wichtiger Baustein des Klimaschutzes, dem sich alle Kirchen in ihrer Selbstverpflichtung verschrieben haben.

Der Synodenbeschluss war also keineswegs nur eine kurzatmige aktuelle Anbiederung an die Forderungen der Klimaaktivisten. Das Tempolimit ist seit den 80er Jahren eine kirchliche Forde-

---

467 Vgl. Kap. 6.1.

468 https://www.umweltbundesamt.de/themen/tempolimits-koennten-mehr-treibhausgase-sparen-als [Stand: 10.02.2025].

rung, da es nicht nur ein unbürokratisches und effektives Instrument für den Klimaschutz ist, sondern es auch sozial gerecht ist und alle Bevölkerungsgruppen im gleichen Maße betrifft. Inzwischen wird es laut mehreren Umfragen längst von einer Mehrheit nicht nur der Bevölkerung, sondern sogar der ADAC-Mitglieder unterstützt[469]. Den Kritikern am Beschluss des Tempolimits empfehlen wir, sich die sehr engagierte, differenzierte und sachbezogene Debatte der EKD-Synode zur Rede der Klimaaktivistin und zum Beschluss des Tempolimits anzusehen.[470] Wenn man den Beschluss in seinem Wortlaut liest, wird man feststellen, dass er keineswegs ein moralistischer überheblicher Appell ist.[471] Vielmehr enthält er zuerst eine Selbstverpflichtung der Kirchen, sich an ein freiwilliges Tempolimit zu halten und dann einen kurzen Satz, dass die Synode die staatlichen Bemühungen um ein Tempolimit unterstützt. Also keineswegs ein überhebliches »Wir wissen es am besten«, sondern eine Bitte an den Staat, sich dieses Themas anzunehmen und zu handeln. Hinter diesem Anspruch, die eigenen ethischen und theologischen Überzeugungen gegenüber Politik und Gesellschaft öffentlich zu vertreten und politische Verantwortungsträger zum Nach- und Überdenken anzuregen, kann eine Kirche Jesu Christi nicht zurückfallen. Grundsätzlich gilt natürlich, dass die Kirchen nicht den »Königsweg« zur Lösung für die ökologischen Krisen kennen und auch der Politik keine »besseren« Maßnahmen präsentieren können, aber bei der Frage nach dem Tempolimit ist die Sachlage unter dem Aspekt eines sozial gerechten

469 https://www.adac.de/verkehr/standpunkte-studien/positionen/tempolimit-autobahn-deutschland/ [Stand: 10.02.2025].

470 https://www.ekd.de/evangelische-kirche-sucht-gespraech-mit-letzter-generation-76170.htm [Stand: 10.02.2025].

471 https://www.ekd.de/beschluss-tempolimit-in-der-evangelischen-kirche-76252.htm [Stand: 10.02.2025].

und effektiven Klimaschutzes so eindeutig, dass diese konkrete politische Äußerung angemessen und gerechtfertigt ist.

Im Kontext der Frage nach der Angemessenheit von konkreten politischen Äußerungen der Kirche ist ein weiterer Kritikpunkt die theologischen Begründungen der kirchlichen Stellungnahmen. Durch diese Begründungen würden die Stellungnahmen zu religiösen Wahrheiten überhöht und somit als sakrosankt hingestellt. So betont der Ethiker Michael Roth, dass es sich im Blick auf die Erklärung zur Treibhausgasneutralität nicht erschließt, wieso »nicht eine politische, wirtschaftliche und ökologische Begründung ausreicht [...], sondern zusätzlich angeführt werden muss, dass wir dies tun, um Gottes Auftrag zur Bewahrung der Schöpfung zu erfüllen«.[472]

Auch das ist eine problematische Kritik, denn wenn Kirche ihre politischen Stellungnahmen nicht theologisch-ethisch begründen würde, dann würde ihre Rede ja tatsächlich verwechselbar mit der Rede politischer und gesellschaftlicher Akteure, dann wäre die Gefahr einer Politisierung und Ideologisierung von Kirche tatsächlich gegeben. Beim politischen Engagement der Kirchen muss u. E. immer deutlich werden, von welchen biblisch-theologischen Grundlagen her sich die Kirchen in den Diskurs einmischen. Erst wenn die Kirchen klar sagen, wofür sie stehen und ihre *eigenen* Orientierungen für die ethischen Maßstäbe deutlich benennen, werden die Diskussionen über eine sozial-ökologische Transformation der Gesellschaft interessant. Kirchen müssen als eigenständiger und unterscheidbarer Akteur im zivilgesellschaftlichen Diskurs über eine

---

472 Roth, Oft zu einseitig, 20. Vgl. auch Albrecht/Anselm, Protestantismus, 28.

sozial-ökologische Transformation erscheinen und dafür ist eine theologisch-ethische Begründungsfigur unverzichtbar. Im Ergebnis kann es dann aber durchaus über weltanschauliche Grenzen hinweg zu Konvergenzen bei den Lösungsrichtungen zwischen den verschiedenen Begründungssträngen kommen. Wie sich das dann konkret im gemeinsamen Handeln ausdrücken kann, zeigt sich beispielsweise am Bündnis für eine sozialverträgliche Mobilitätswende, bei dem ganz unterschiedliche Organisationen aus je eigenen Motivgründen mitarbeiten, aber zu gemeinsamen Positionen kommen.[473]

In den synodalen Stellungnahmen – so eine andere Kritik – mache es sich die Kirche zu einfach, weil sie sich zu stark von einer Gesinnungsethik statt von einer Verantwortungsethik leiten lasse.[474] Kirche predige Gesinnungen und Werte, ohne selbst Verantwortung für ihre Umsetzung übernehmen zu müssen. Dieser Vorwurf ist nicht überzeugend, weil in den kritisierten synodalen Stellungnahmen viele sehr konkrete Maßnahmen benannt werden, mit denen sowohl Politik als auch die Kirche selbst Verantwortung übernehmen sollen.[475] Gerade im Bereich Klimaschutz betonen kirchliche Stellungnahmen immer wieder die Notwendigkeit, dass die geforderten Transformationen auch die Kirchen selbst betreffen. Die Klimaschutzstrategien und Klimaschutzgesetze, die viele Kirchen inzwischen verabschiedet haben, zeigen, dass es den Kirchen mit verbindlicher Verantwortungsübernahme durchaus ernst ist.[476]

---

473 S. Kap 4.2.3.

474 Thomas, 13 Baustellen.

475 So ist in den Beschlüssen zum Klimaschutz wie auch beim Tempolimit viel von den Selbstverpflichtungen die Rede, mit denen Kirche ihre eigene Glaubwürdigkeit beweisen muss. Vgl. Kapitel 4, in dem der Zusammenhang von Kirche als Mahnerin und Motor dargestellt wird.

476 Kap. 4.3.2.

Ein weiterer theologisch gewichtiger Vorwurf kritisiert ein Verflachen des theologischen Gehaltes von kirchlichen Äußerungen, aber auch der Ökologischen Theologie insgesamt. Gott würde demnach nur noch als Chiffre für die Motivation für ein ethisches Programm der Humanität gesehen und grundlegende Einsichten in die Souveränität Gottes und die Heilsbedeutung von Kreuz und Auferstehung spielten keine Rolle mehr.[477] Diese Kritik verwundert, da bereits die Theologinnen und Theologen, die einer Ökologischen und Politischen Theologie den Weg geebnet haben, ihre Theologie konsequent von christologischen, pneumatologischen und trinitätstheologischen Bezügen her entfaltet haben.[478] So sind beispielsweise Moltmanns schöpfungstheologischen und -ethischen Aussagen ohne seine »soziale Trinitätslehre«[479], ohne seine Entfaltungen zum »Kosmischen Christus«[480] und ohne seine »ganzheitliche Pneumatologie«[481] nicht zu verstehen. Allerdings haben die Vertreterinnen und Vertreter einer Ökologischen Theologie diese theologischen Bezüge nicht auf die Heilsbedeutung des Einzelnen beschränkt, sondern auch die politischen und sogar kosmischen Dimensionen des Glaubens an den dreieinigen Gott, der sich in Jesus Christus gezeigt hat, betont. Eine Verflachung des theologischen Gehalts droht vielmehr, wenn das Heil Gottes nur personal »verinnerlicht« und als »Privatsache« angesehen wird. Denn das »Heil Gottes« bezieht sich, wie Moltmann sagt, auf »das Heilwerden und Überleben des von

477 Körtner, Gott nur als Chiffre, in: Christ&Welt Nr. 32 vom 30.7.2020, 3.
478 So entwickeln Christian Link, Sigurd Daecke, Gerhard Liedke, Günter Altner oder J. B. Metz ihre »Ökologische Theologie« von trinitarischen, christologischen und pneumatologischen Begründungen her, vgl. den Sammelband Altner, Theologie.
479 Moltmann, Trinität, 35.
480 Moltmann, Weg, 310.
481 Moltmann, Geist, 12.

Vernichtung bedrohten Ganzen der Erde und aller einzelnen Geschöpfe.«[482]

Auch heutige Vertreterinnen und Vertreter der »Öffentlichen Theologie« sehen den Auftrag der Kirche nicht darin, ein »sozialpolitisches Programm« zu verkündigen, sondern den Glauben an Jesus Christus in der Vielfalt der Lebenssituationen zu bezeugen. »Gerade aus geistiger und geistlicher Tiefe heraus lassen sich auch Maßstäbe für das Handeln entwickeln«[483], so Wolfgang Huber. Zu dieser geistigen und geistlichen Tiefe gehört dann auch die theologische Einsicht, dass wir auch mit noch so guten Maßnahmen und ökologischen Forderungen die neue Welt Gottes als Menschen nicht erschaffen können. »Wir erwarten einen neuen Himmel und eine neue Erde« (2 Petr 3,13) und diese Erwartung entlastet uns auch als Kirche vom Druck eine sozial-ökologische Welt »herstellen« zu müssen, ohne dass wir das »Beten und Tun des Gerechten«, wie es Bonhoeffer gesagt hat, beiseitelegen dürfen.[484]

5.3.3 Ist die Kirche zu moralistisch?

Eine weitere Kritik ist, dass die Vielstimmigkeit in der protestantischen Kirche zugunsten der Installierung eines »moralischen Lehramtes« aufgegeben werde.[485] Die Stellungnahmen seien von einem starken Moralismus geprägt, wodurch Kirche sich über andere erhebe und es dominiere eine »moralisierende

482 Moltmann, Weg, 64. Moltmann fragt daher auch in Anlehnung an Bonhoeffer: »Wer ist Christus für uns heute eigentlich«, a. a. O., 83.
483 Huber, Glaubensfragen, 207.
484 S. Kap. 7.
485 Thomas, 13 Baustellen.

Auslegung des Evangeliums … die sich heute gerne ›Öffentliche Theologie‹ nennt.«[486]

Noch weiter gehen Kritiker, die kirchlichen Stellungnahmen der EKD und aus der Ökumene die Verbreitung totalitärer Ideologie vorwerfen. In einigen Dokumenten wie z.B. dem Abschlussdokument einer internationalen Tagung »Kairos for Creation« von 2019, bei der die EKD Mitveranstalter war, zeige sich sogar eine totalitäre Sprache und eine »leicht durchschaubare Ideologie«. Es drohe eine Radikalisierung in Richtung eines ökologischen Terrorismus.[487] »Sollte ein ökologischer Terrorismus wachsen, so würde er ohne Zweifel auch durch die kirchliche Strategie der moralischen Dramatisierung befördert worden sein«.[488] Es drohe die Entstehung einer »grünen RAF«.[489]

Abgesehen davon, dass ein solcher Terrorismusverdacht für ein internationales kirchliches Dokument, das an keiner Stelle den Aufruf zur Gewalt oder zur Einschränkung von demokratischen Rechten enthält, ein ungerechtfertigter Vorwurf ist, zeigt die Entwicklung in den letzten Jahren, dass die Extremismusgefahr, die Zunahme von Gewalt und die Infragestellung der Demokratie in Deutschland und Europa keineswegs von der ökologischen Seite, sondern von Gruppierungen vom rechten Rand der Gesellschaft kommt. Wir haben es in der Gegenwart nicht nur mit einer zu zögerlichen und unzureichenden Klimapolitik der Regierung zu tun, wie auch von den höchsten Gerichten des

---

486 Körtner, Gott nur als Chiffre, in: Christ&Welt Nr. 32 vom 30.7.2020, 3.
487 Thomas, 13 Baustellen. Dieser harte Vorwurf von Thomas bezieht sich auf das Dokument »Kairos for Creation«, das 2019 von über 50 Kirchenvertretern und -vertreterinnen aus über 20 Ländern verabschiedet wurde und nicht nur von »der EKD und dem Who is Who kirchlicher NGOs«.
488 Thomas, 13 Baustellen.
489 Ebd.

Landes festgestellt, sondern auch mit wachsenden rechtsextremistischen Parteien und Bewegungen, die den Klimawandel leugnen und selbst vorsichtige ökologischen Maßnahmen der Politik vehement in Frage stellen. Die von Thomas vielfach kritisierten Warnrufe der EKD und angeblich unnötigen »moralischen Dramatisierungen« haben sich aus unserer Sicht angesichts einer solchen Lage als durchaus berechtigt erwiesen.

Der Moralismusvorwurf wird mittlerweile so inflationär gegenüber den Kirchen hervorgebracht, dass dabei eher der Eindruck entsteht, unangenehme politische Positionen sollen damit verunglimpft werden, indem ein -ismus angehängt wird. Nur selten wird bei diesen Vorwürfen deutlich zwischen Moral und Moralismus unterschieden. Ein in der Tat problematischer Moralismus liegt dann vor, wenn moralische Prinzipien rigoros und absolut, ohne Berücksichtigung der konkreten Lebensverhaltnisse und -kontexte formuliert werden. Die Formulierung solcher moralischen Absolutheiten beanspruchen dann unbedingte Geltung und neigen dazu, andere belehrend und besserwisserisch zu verurteilen. Wenn ein solcher rigider Moralismus noch, wie im Fundamentalismus, mit religiösen Dogmen oder mit einem Biblizismus verknüpft wird, werden nicht selten auch andere Glaubensrichtungen radikal abgewertet. Diese Form ist aber deutlich davon zu unterscheiden, dass die Kirchen ihre moralischen Grundsätze, wie Gerechtigkeit, Menschenwürde, Nächstenliebe und die Verantwortung für die Schöpfung in die gesellschaftliche Debatte einbringen. Moral im Sinne einer »Reflexion des Richtigen«, deren Regeln »für alle gelten und deren Befolgung um des gemeinsamen Lebens willen notwendig ist«,[490]

490 Huber, Ethik, 18.

ist eine große zivilisatorische Errungenschaft. Über diese reflektierte Moral als Grundrahmen für das Verhalten zu unseren Mitmenschen, aber auch zu unseren nichtmenschlichen Mitgeschöpfen muss es immer wieder eine gesellschaftliche Verständigung geben. Wir benötigen Grundübereinstimmungen, die als Leitfaden für individuelles und gesellschaftliches Verhalten dienen. Denn in einer wahrhaftigen moralischen Kultur können moralische Orientierungen weder im Sinne eines postmodernen »anything goes« beliebig sein, noch können sie einfach dem gesellschaftlichen »Mainstream« oder gar den Interessen des Marktes überlassen werden. Gerade der Nationalsozialismus hat gezeigt, wie brüchig und korrumpierbar ein gesellschaftliches Moralsystem sein kann. Und am Beispiel der Ökologischen Ethik lässt sich zeigen, wie schnell »blinde Flecken« in moralischen Systemen entstehen, die ganze Gruppen von Mitgeschöpfen ausklammern. Albert Schweitzer macht diese »moralische Lücke« in einem schönen bildlichen Vergleich deutlich: »Wie die Hausfrau, die ihre Stube gescheuert hat, Sorge trägt, dass die Tür zu ist, damit ja der Hund nicht hereinkomme und das getane Werk durch die Spuren seiner Pfoten entstelle, so wachen die europäischen Denker darüber, dass ihnen keine Tiere in der Ethik herumlaufen«. Eine Kirche, die ihre moralischen Grundsätze nicht immer wieder neu in der Öffentlichkeit artikuliert und eine Verständigung über einen moralischen Grundrahmen einfordert, würde ihren eigenen Auftrag verfehlen. Eine Kirche, die darauf verzichtet, würde zudem die Gesellschaft und den Einzelnen bei der Suche nach dem richtigen und guten Handeln allein lassen und dazu beitragen, dass eine Gesellschaft ihre Wachsamkeit gegenüber möglichen Diskriminierungen, Unterdrückungen und Ungerechtigkeiten, auch im Hinblick auf die Mitgeschöpfe, verliert. Es ist daher fragwürdig, dass gegenüber den Kirchen immer wieder der Moralismusvorwurf artikuliert wird, wenn sie beispielsweise auf die Not und das Leid von Klimaflüchtlingen oder von Mitgeschöpfen in landwirtschaftlicher Massentierhaltung hinweisen. Was soll an klaren moralischen Positionen, die von den biblischen Grundorientierungen geprägt sind, eigentlich falsch sein? Warum soll sich die Kirche nicht in moralische Debatten einmischen und mit dafür sorgen, dass sich politische Rahmenbedingungen ändern? Zunehmend drängt sich vielmehr der Verdacht auf, dass die Vorwürfe »Kirche ist wieder moralisch« eigentlich dazu dienen sollen, sich sowohl die konkrete Not der Mitgeschöpfe als auch die notwendige, aber schwierige Verständigung über das richtige und gute Handeln angesichts der Überlebenskrise »vom Halse« zu halten. Auch in diesem Kontext ist es berechtigt, sich immer wieder an die leidenschaftliche und unmissverständliche moralische Stimme der Propheten zu erinnern, die die Not vor ihren Augen benannt und gerechte Strukturen angemahnt haben, sowie die moralischen Verpflichtungen, die uns Jesus Christus im Weltgericht-Gleichnis mit auf den Weg gegeben hat, wachzurufen und im Kontext der Überlebenskrise zu aktualisieren. Klare moralische Maßstäbe zu formulieren kann dann freilich auch bedeuten, sich nicht zum »Freund der Welt« (Jak 4,4) zu machen, sondern zur kritischen Herausforderung für die Welt zu werden.

6. Beiträge von Theologie und Kirche zur großen Transformation

Nach Einschätzung der Transformationsforschung fehlt es aktuell nicht am Problembewusstsein und an geeigneten technischen und politischen Instrumenten, um der aktuellen Überlebenskrise zu begegnen. Es mangelt vor allem an der Umsetzung und an der Bereitschaft in Politik und Gesellschaft, die notwendigen Änderungen mutig anzugehen. Das war schon eine zentrale These der Studie des Club of Rome »Wir sind dran« von 2016,[491] die den bezeichnenden Untertitel trägt »Was wir ändern müssen, wenn wir bleiben wollen«. Das gilt erst recht heute fast 10 Jahre später in einer Zeit, in der in Politik und Gesellschaft leider die Ziele der großen Transformation[492] von anderen Themen wie Migration oder Sicherheit in den Hintergrund gedrängt werden und bereits politisch beschlossene Nachhaltigkeitsziele aufgeweicht oder sogar grundsätzlich in Frage gestellt werden.

Für den Erfolg einer solchen Transformation sind aus unserer Sicht jedoch nicht nur mehr Entschlossenheit in Politik und Gesellschaft notwendig, wichtig sind vor allem die gesellschaftlichen Zielvorstellungen und Narrative, die uns zu einer solchen Transformation motivieren oder auch von ihr abhalten. Als Theologin und Theologe sowie Mitglieder der evangelischen Kirche wollen wir tiefer schauen, sowohl was die mentalen Ursachen der aktuellen Überlebenskrise betrifft als auch was zu ihrer Überwindung notwendig ist. Bei diesen Überlegungen las-

491 Weizsäcker/Wijkmann, Wir sind dran.
492 WBGU, Große Transformation.

sen wir uns nicht nur von Reflexionen aus der Theologie, sondern auch von Erkenntnissen der Transformationsforschung, der Soziologie und Philosophie leiten, um aus ihnen wichtige Aspekte einer Transformationsethik zu entfalten.

6.1 Freie Selbstbegrenzung und Ethik des Genug im Kontext einer »Kultur des Aufhörens«[493]

6.1.1 Suffizienz und Begrenzung des Wachstums als Tabu

Angesichts der lebenszerstörerischen Folgen der Überlebenskrise wird der Ruf nach einer Transformation von Politik, Wirtschaft und Lebensstil immer lauter. Auch wenn gegenwärtig die Unterstützung für eine nachhaltige Transformation schwindet und sich andere Themen in den Vordergrund der öffentlichen Aufmerksamkeit schieben, kann kaum jemand, der verantwortlich denkt und handelt, diesem Ruf widersprechen. Zumal auch Themen wie kriegerische Auseinandersetzungen, zunehmende gesellschaftliche Ungleichheit oder Rechtsextremismus zusammen mit den ökologischen Problemen bedacht werden müssen und mit ihnen in Wechselwirkung stehen.[494] Erfreulicherweise gab es daher in der Zivilgesellschaft, in der nationalen wie internationalen Politik und auch in der Wirtschaft in den letzten Jahren einen wachsenden inhaltlichen Konsens und ein gemeinsames Bekenntnis zur nachhaltigen Entwicklung im Sinne der UN-Agenda 2023. Viele haben allerdings die Umsetzung der UN-Nachhaltigkeitsziele einseitig nur als mehr Effizienz (weniger Input je Output) und Konsis-

493 Hier wird zurückgegriffen auf den Artikel GÜTTER, Rechtes Maß.
494 Welzer bezeichnet dies treffend als »Krisengeflecht«, DERS., Zeitenende, 43 ff.

tenz (umweltgerechter Input) im Energie- und Ressourcenverbrauch und als mehr Innovationen in Forschung, Wirtschaft und Technik verstanden.[495] Von diesen Maßnahmen hat man sich Lösungen für die ökologischen Probleme der Gegenwart erhofft, zumal dieser Weg auch gut mit dem Wachstumsdogma kompatibel ist.

Was dabei jedoch weniger zur Sprache kam und oftmals noch immer wie ein Tabu behandelt wurde, ist die Frage nach einer Begrenzung oder gar nach einem Weniger an Verbrauch und Konsum von ökologisch kritischen Gütern und Dienstleistungen. Die Bedeutung einer solchen Begrenzung ist jedoch keineswegs neu. Schon vor über fünfzig Jahren stellte der Club of Rome fest, dass in einem begrenzten natürlichen System ein unbegrenztes Wachstum der industriellen Produktion und des Konsums nicht möglich sei und brachte daher »eine selbstauferlegte Beschränkung des Wachstums«[496] ins Spiel, ohne die damit verbundenen Zumutungen zu verschweigen: »Die Erfindungsgabe, Anpassungsfähigkeit und Selbstdisziplin der Menschheit würden auf eine harte Probe gestellt. Es wäre eine gewaltige Aufgabe, die keinesfalls leicht zu bewältigen wäre«.[497] Mittlerweile hat sich die Überlebenskrise mit der Überschreitung der planetaren Grenzen deutlich zugespitzt und es liegt auf der Hand, dass es so nicht weitergehen kann. Die »gewaltige Aufgabe«, von der Dennis Meadows sprach, ist nun nur noch größer geworden. Führende wissenschaftliche Think Tanks wie das Wuppertal Institut, aber auch das Umweltbundesamt und der Sachverständigenrat für Umweltfragen[498]

495 Sachverständigenrat für Umweltfragen, Suffizienz, 7 ff.
496 Meadows, Grenzen, 153.
497 Ebd.
498 Sachverständigenrat für Umweltfragen, Suffizienz.

heben daher auch beim Thema Suffizienz hervor: »Die Zeit zu handeln ist jetzt!« Dennoch wird das Thema Begrenzung des Wachstums – selbst in der Wissenschaft – nur von einer Minderheit thematisiert.

Besonders in der Politik scheint Suffizienz ein Tabu zu sein, an dem niemand rührt, der wiedergewählt werden will. Mögliche Zumutungen, die mit einer nachhaltigen Transformation verbunden sind, werden oft verschwiegen und Wachstum ist weiterhin »... das Ziel der ökonomischen Version des modernen Fortschrittsimperativs«[499], verbunden mit dem Versprechen der stetigen Verbesserung der Lebensbedingungen. Schaut man sich z.B. die aktuelle Nachhaltigkeitsstrategie der Bundesregierung an, die sehr viel Richtiges und Gutes zu einer nachhaltigen Politik und nachhaltigen Gesellschaft enthält, so findet man dort fast keine Hinweise auf Suffizienz. Wer die Frage nach einem Weniger stellt und von Verzicht spricht, wird schnell als moralistisch, elitär oder lebensfeindlich abgewertet. »Das Suffizienzdenken ist [...] in der Tendenz ein Angriff auf die kapitalistische Logik«, bemerkt das Wuppertal Institut in seiner Studie zur Suffizienz zutreffend.[500]

Es gehört also ein gewisser Mut dazu, ein »Genug« oder sogar ein »Weniger« zu fordern. Zu den Mutigen gehören neben einzelnen Autorinnen und Autoren wie Nico Paech, Harald Welzer und Maja Göpel auch die Kirchen in der weltweiten Ökumene, was leider viel zu wenig bekannt ist. Schon in den 70er Jahren haben die Mitgliedskirchen im Ökumenischen Rat der Kirchen

---

499 Reckwitz, Verlust, 138. Reckwitz weist gleichzeitig darauf hin, dass dieser Fortschritts*glaube* gebrochen und nicht mehr erfahrbar ist, a.a.O., 20.
500 Linz, Suffizienz.

eine Begrenzung des Wachstums gefordert. Seit 2009 tritt die Evangelische Kirche in Deutschland in mehreren offiziellen Texten und Verlautbarungen für eine »Ethik des Genug« ein.[501] Hier zeigt sich, dass die Rolle der Kirche als »Mahnerin« weiterhin relevant und aktuell ist.

6.1.2 Suffizienz – Definition und biblische Bezüge

Suffizienz leitet sich von dem Verb »sub facere«, zu Deutsch »den Grund legen« (transitiv) beziehungsweise »hinreichen, genug sein« (intransitiv) ab. Das Oxford English Dictionary übersetzt »was die Erwartungen erfüllt, was Befriedigung schafft, was genug und angemessen ist.« Auffällig ist, dass in dieser ursprünglichen Bedeutung kein Mangel konnotiert ist, sondern positiv von »genug«, »angemessen« und »hinreichend« die Rede ist.

In der Klimawissenschaft wird Suffizienz vor allem in ihrer ökologischen Bedeutung thematisiert. Unter Öko-Suffizienz werden nach der Studie des Wuppertal Instituts Maßnahmen und Instrumente verstanden, mit denen Ressourcen eingespart werden und zwar dadurch, dass Menschen ihr Verhalten ändern.[502] Weil es dabei vor allem um Verhaltensänderung geht, steht Suffizienz auch in einem engen Verhältnis zu dem, was seit der Antike als das rechte Maß, als gutes Leben oder als Lebenskunst verstanden wird.

501 EKD, Umkehr; EKD, Brot; EKD, Stern.
502 Linz, Suffizienz, 18.

Ähnliche positive Konnotationen ergeben sich, wenn man nach biblisch-theologischen Ursprüngen des Begriffes »genug« fragt. Die bekannteste biblische Geschichte ist die vom Manna in der Wüste, das Gott den Israeliten täglich schickt, damit sie in der Wüste überleben können (Exodus 16). Die zentrale Formulierung ist die, dass jeder so viel sammeln soll, »wieviel ein jeder braucht« (V. 16). Alles, was darüber hinaus gesammelt wurde, verdarb (V. 24). Die Bitte im Vater Unser »Unser täglich Brot gib uns heute« erinnert an diese Geschichte und daran, dass das tägliche Brot genug sein soll. Dieses göttliche Suffizienz-Prinzip »soviel ihr braucht« half damals dem Volk Israel zum Überleben und es kann auch uns in der Überlebenskrise helfen. Denn unser Umgang mit den Gütern dieser Erde wäre ein anderer, wenn unsere Kultur von der Leitfrage geprägt wäre: Was brauche ich wirklich zum Leben? Was brauchen wir als Gesellschaft? Wie viel ist nötig? Wann ist es genug? Das Besondere an dieser Geschichte besteht zugleich darin, dass mit dem Suffizienz-Prinzip das Gerechtigkeits-Prinzip verbunden ist. Auch in dieser Wüstengeschichte steht das von Gott gegebene Essen, das Manna, nicht in unbegrenzter Menge zur Verfügung. Es ist knapp. Das Manna liegt nur am Morgen um das Lager und am Sabbat finden sie sogar gar nichts auf dem Felde (V. 27). Typisch menschlich, gab es entsprechend unter den Israeliten »Vielsammler« und »Wenigsammler«. Doch dies führte nicht, wie bei unserer Gesellschaft, zu sozialen Differenzen, sondern diese materiellen Unterschiede haben sich dann auf wunderbare Weise wieder eingepegelt. Die »Vielsammler« hatten nachher nicht mehr und die »Wenigsammler« hatten nicht weniger. Alle hatten so viel, dass es zum Leben reichte. »Jeder hatte gesammelt, soviel er zum Essen brauchte« (Exodus 16,18). Dies ist keine Gleichmacherei, sondern hier kommt der Maßstab der Gerechtigkeit ins Spiel, der gerade in den Mosebüchern das soziale Zusammenleben und die Verteilung der Güter verträglich für alle regeln will. Gerecht ist, dass *jeder* genug zum Leben hat. Es gibt ein Genug *für jeden* und ein Genug *für alle*.

Es gibt auch Quellen, die von »vollem Genüge« in Form einer Verheißung reden. In Jesaja 30,23 heißt es, dass Gott »deinem Samen, den du auf den Acker gesät hast, Regen geben und dir Brot geben wird vom Ertrag des Ackers in voller Genüge«. In Johannes 10 wird die Mission Jesu so beschrieben: »Ich bin gekommen, damit sie das Leben haben und volle Genüge« (Joh 10,10). In 2 Kor 9,8 wird die Aufforderung zur Großzügigkeit und zum Teilen verbunden mit der Erinnerung an Gottes Zuwendung und Fürsorge: »Gott aber kann machen, dass alle Gnade unter euch reichlich ist, damit ihr in allen Dingen allezeit volle Genüge habt und noch reich seid zu jedem guten Werk«.

Interessant ist an diesen biblischen Zeugnissen zum einen, dass »volles Genüge« mehr umfasst als nur das Materielle. Es ist ein volles, gelingendes Leben ohne Mangel und ohne Leid verheißen, also ein Vorgeschmack auf den zukünftigen Schalom Gottes und als Erinnerung daran, dass Gott dem Menschen mit der Schöpfung eine große Fülle an guten Gaben geschenkt und anvertraut hat. Bemerkenswert ist, dass die Bibel sowohl am Anfang als auch am Ende Geschichten erzählt, die von der Fülle und dem gelingenden Leben handeln. Gott will also volles und gelingendes Leben für alle seine Geschöpfe und keinen Mangel.

Wichtig ist auch, dass die Verheißungen der Fülle und des gelingenden Lebens verbunden sind mit den Mahnungen, sich an Gottes Gaben genug sein zu lassen (Exodus 16) und diese Gaben mit anderen zu teilen (2 Kor 9,8). Mit der Frage nach dem »Genug« und dem guten Leben ist also nach biblischem Zeugnis immer auch die Frage nach der Gerechtigkeit verbunden.

6.1.3 Herkunft und theologische Bedeutung einer »Ethik des Genug«

Wie bereits angedeutet, befassen die Kirchen in der weltweiten Ökumene sich schon sehr lang mit der Frage nach den Grenzen des Wachstums.[503] Schon seit den 60er Jahren thematisierten die Vollversammlungen des Ökumenischen Rates der Kirchen angesichts der wachsenden globalen Ungleichheiten Fragen der globalen Gerechtigkeit und warnten vor den Folgen eines unbegrenzten Wirtschaftswachstums für das gerechte und friedliche Zusammenleben der Menschen und die Integrität der Schöpfung. Im deutschen Kontext waren es in den 70er und 80er Jahren vor allem Diskurse in der evangelischen Entwicklungsarbeit, die sich mit den Fragen des Wirtschaftswachstums befassten und z.B. mit dem Slogan von Brot für die Welt »anders leben, damit andere überleben« einen einfacheren und »alternativen« Lebensstil forderten.

Eine »Ethik des Genug« taucht zum ersten Mal in der Denkschrift der EKD von 2009 »Umkehr zum Leben – Nachhaltige Entwicklung im Zeichen des Klimawandels« auf.[504] Der Ruf nach einem anderen Lebensstil wird hier nicht als ein drohender, sondern als lebensverheißender Ruf, eine Ethik des Genug nicht als Verzichtsethik, sondern als Gewinn verstanden. »Nur scheinbar geht es um Verzicht. Dem, der es sich an Gottes Gaben genug sein lässt, der sich nicht im Streben nach immer mehr verausgabt, wird ein neues und reicheres Leben verheißen«.[505] Darin zeige sich der »Perspektivwechsel des christlichen Glaubens«,

503 Kap. 1.2.
504 EKD, Umkehr, 113.
505 A.a.O., 155–156. Ebenso EKD, Stern, 11.

aus einer anderen als der materiellen Fülle zu leben. Es gehe auch darum, vom Evangelium her vorzuleben, dass das Leben sich nicht im Streben nach immer mehr erschöpft.

In dem EKD-Text 121, »Unser täglich Brot gib uns heute« von 2015 wird die »Ethik des Genug« in interessanter Weise weiterentwickelt, indem sie in ihrer Konsequenz für die Armen und Reichen bedacht wird. Da die Realität lehrt, dass längst nicht alle Menschen »genug« haben und schon gar nicht »Leben in Fülle«, muss eine Ethik des Genug in zwei Richtungen ausgelegt und gelebt werden: diejenigen, die nicht genug zum Leben haben, müssen in die Lage versetzt werden, ein Leben zu führen, bei dem sie alles Lebensnotwendige bekommen.[506] Und diejenigen, die mehr als genug haben, müssen in die Lage versetzt werden, es genug sein zu lassen und mit anderen zu teilen: »Eine ›Ethik des Genug‹ könnte so zu einer befreienden Vision für die Armen und die Reichen werden. Es geht darum, dass alle genug zum Leben haben. ›Genug‹ heißt für alle, die zu viel haben: Weniger ist mehr. Für die Armen gilt: Sie müssen ›genug‹ bekommen, sodass sie gut leben können«.[507]

Eine Ethik des Genug ist also auf das Engste verbunden mit der Verantwortung für Gerechtigkeit. Und damit ist eine »Ethik des Genug« weit mehr als eine individualistische Verzichtsethik, als die sie oft missverstanden wird. Vielmehr ist sie eine Ethik von gelingendem Leben. Sie stellt die Frage nach Gerechtigkeit, nach einer gerechteren Verteilung von Ressourcen und Lebenschancen, nach der Überwindung von Ungleichheiten und ist somit hochpolitisch. Nicht individuelle Beschränkung ist die Ziel-

506 EKD, Brot, 87–89.
507 A.a.O., 89.

richtung, sondern es geht um gesellschaftliche Strategien der »kollektiven Selbstbeschränkung zur Wahrung von Freiheit«.[508]

Das Leben der Schöpfung vollzieht sich in Raum und Zeit, das heißt in von Gott gesetzten Grenzen. Eine Ethik des Genug hat auch die wichtige Aufgabe, diese Grenzen als etwas Heilsames zu achten und anzuerkennen.[509] Denn das Paradigma des unbegrenzten Wachstums und der »Reichweitenvergrößerung«,[510] das den Lebensstil und die Wirtschaft in vielen Ländern noch immer maßgeblich prägt, erweist sich in seiner Konsequenz mehr und mehr als lebensfeindlich. Denn das Streben nach Wachstum zerstört gerade das, wonach fortwährend gestrebt wird. Hinter diesem Paradigma des unbegrenzten Wachstums verbirgt sich im Kern ein fragwürdiges Verständnis von uneingeschränkter Freiheit. Freiheit und Selbstbegrenzung sind nach biblischem Verständnis jedoch keine Gegensätze. Vielmehr bewährt sich Freiheit gerade darin, sich aus Verantwortung gegenüber Gott und aus Liebe zum Nächsten selbst begrenzen zu können.[511] Nichts anderes meint das dialektische Verständnis Luthers von der Freiheit eines Christenmenschen, wonach der Christenmensch ein freier Mensch und zugleich ein Diener aller ist.

Zugleich ist dabei zu erwähnen, dass Suffizienz die Freiheitsgrade erhöhen kann, da sie auf eine gerechtere Ressourcenverteilung für die gegenwärtige und zukünftige Menschheit abzielt.[512]

---

508 Sachverständigenrat für Umweltfragen, Suffizienz, 8. HERRMANN, Freiheit, 242–260.
509 Kap. 2.1.3.
510 ROSA, Unverfügbarkeit, 14–15.
511 HUBER, Selbstbegrenzung, 128–146; GÜTTER, Freiheit, 274.
512 Sachverständigenrat für Umweltfragen, Suffizienz, 32ff. Zum Zusammenhang von Konsum und Freiheit siehe auch SCHMIDBAUER, Weniger, 139–142.

Bei einer Ethik des Genug geht es schließlich auch um die Frage, was ein Leben lebenswert macht und was wir wirklich zum Leben benötigen. Es geht ihr im Kern um Lebensqualität. Und diese entscheidet sich nach christlichem Verständnis gerade nicht primär durch den Besitz, sondern durch immaterielle Werte wie Vertrauen zu Gott, gelingende Beziehungen, Gemeinschaft, Solidarität, Nächstenliebe, Spiritualität, Natur und Kultur. Auch davon kann es einen Mangel geben, der gelingendes Leben verwehrt. Deshalb ist eine Ethik des Genug auch nicht primär als eine Verzichtsethik zu verstehen, sondern als eine Ethik von gelingendem Leben.

6.1.4 Die Kultur des Aufhörens

Harald Welzer stellt in seinem Buch »Nachruf auf mich selbst. Die Kultur des Aufhörens« zu Recht fest, dass wir in der Moderne im Grunde keine Kultur und Methodik des Aufhörens haben.[513] Vielmehr – so Welzer – herrsche ein nahezu magisches Denken vor, dass es mit dem Streben nach mehr Wachstum immer noch weiter gehen kann. Angesichts der Folgen der vielfältigen Klimakatastrophen müsste man jedoch mit vielem aufhören: mit dem Extrahieren von Rohstoffen, mit der Erzeugung und der Nutzung von klimaschädlichen Produkten, mit bestimmten Formen des Tourismus, dem hohen Fleischkonsum usw. »Die Fiktion des immerwährenden Fortschritts durch immerwährendes Weitermachen muss aufgeklärt werden durch eine Kultur, die das Aufhören lernt«.[514]

---

513 Welzer, Nachruf.
514 A.a.O., 119.

Unser Eindruck von vielen Debatten um Klimaschutz und Nachhaltigkeit ist: Weil uns eine solche »Kultur des Aufhörens« fehlt, werden die Auseinandersetzungen immer aufgeheizter. Je mehr zum »Weniger« gemahnt wird, umso größer und erbitterter ist der Widerstand, umso schärfer wird der Ton. Das zeigen viele aktuelle Debatten wie um die Kohleförderung, um die Verkehrswende – und hier besonders das Tempolimit – sowie die Ernährungswende. Lieber lässt man Produkte »ergrünen«, verdrängt dabei aber die Einsicht, dass es viel nachhaltiger wäre, wenn es sie gar nicht gäbe oder sie weniger konsumiert würden. Harald Welzer bringt es so auf den Punkt: »Man könnte auch sagen: Hier sprechen Süchtige, die mit allen Kräften ihre Sucht rationalisieren, weil sie sie nicht aufgeben möchten«.[515]

6.1.5 Annahme von Endlichkeit und der Sabbat als Ziel der Schöpfung

Die Frage nach der Suffizienz und einer Ethik des Genug ist in ihrer Tiefe eine Frage nach dem Umgang mit der Endlichkeit. Und diese wiederum ist auch eine zentrale theologische Frage. In säkularen Gesellschaften haben wir offensichtlich Mühe damit, Endlichkeit anzunehmen. Als Individuum können wir diese Erfahrung der Endlichkeit zwar verdrängen, aber irgendwann holt sie uns persönlich ein. Als Gesellschaft können wir unseren gesetzten Grenzen eher ausweichen, weil die Folgen der Grenzverletzungen noch stärker an anderen Orten oder in der Zukunft spürbar werden. Wir versuchen dieser Tatsache aber per-

515 A.a.O., 86. Auch der Psychologe Wolfgang Schmidbauer hatte bereits 1992 den »Homo consumens« mit einem Süchtigen verglichen, Schmidbauer, Weniger, 34–38, und betont: »Es ist nicht leicht für einen Süchtigen, sich vorzustellen, daß er sich entwöhnt besser fühlen wird«, a.a.O., 138.

manent auszuweichen. Die Anerkennung der Endlichkeit und eine »Kultur des Aufhörens« sind wichtige Schritte, mit denen der Überlebenskrise der Gegenwart anders und konstruktiver begegnet werden könnte. Dazu könnte der christliche Glaube viel beitragen, denn er ist zum einen von einem anthropologischen Realismus geprägt, wie er in Psalm 90 zum Ausdruck kommt: »Lehre uns bedenken, dass wir sterben müssen, damit wir klug werden«. Andererseits spricht der christliche Glaube aber auch von geschenkten und verheißenen Neuanfängen diesseits und jenseits des Todes. Deshalb kann er dabei helfen, der eigenen Endlichkeit gelassener und getroster zu begegnen und Vergangenes loszulassen. Die Kirchen sind seit Jahrhunderten die Spezialisten im Umgang mit der Endlichkeit und verfügen über viele Rituale des Abschiednehmens, der Trauer und der heilsamen Unterbrechung. Sie können auch deshalb einiges zu einer »Kultur des Aufhörens« beitragen.

Im ersten Schöpfungsbericht in Genesis 1 schuf Gott die Schöpfung in sechs Tagen und »vollendete am siebenten Tag seine Werke [...] und ruhte am siebenten Tag von allen seinen Werken« (Gen 2,2–3). Der Sabbat – der Tag der Ruhe – ist also die Vollendung der Schöpfung, in ihm kommt sie an ihr Ziel.[516] Das Aufhören, das Innehalten, das Zur-Ruhe-Kommen ist also Ziel von Gottes Schöpfungswerk. Es ist auch für den Menschen gut, wenn er aufhören kann mit seinem Werk, wenn er innehält, zur Ruhe kommt und Ursprung und Ziel seines Lebens bedenkt. Der Sabbat als heilsame Unterbrechung der menschlichen Unrast ist Ausdruck einer solchen christlich begründeten »Kultur des Aufhörens«. Er ist Vorgeschmack des ewigen Sabbats, des zukünftigen Friedensreiches Gottes.

516 Moltmann, Schöpfung, 150.

Warum sollten Kirchen nicht Rituale, die sie für den privaten Lebensbereich seit Jahrhunderten pflegen, auch für gesellschaftliche Abschieds- und Transformationsprozesse anbieten? Sie könnten die Trauerprozesse in den industriellen und gesellschaftlichen Veränderungs- und Strukturprozessen begleiten und bewusst gestalten. Sie könnten eine Abschiedszeremonie zum Beispiel bei der Schließung einer Kohlezeche anbieten, bei der das Vergangene gewürdigt und zugleich ein Schlussstrich gezogen wird.[517]

6.1.6 Bedingungen gelingenden Lebens

Eine Ethik des Genug ist auch eine Ethik des gelingenden Lebens. Diese Ethik vom gelingenden Leben sucht fortwährend nach dem rechten Maß. Damit die Ethik des Genug den Einzelnen nicht überfordert, braucht sie politische Rahmensetzungen und ökonomische Anreize, die das lebensfreundliche Weniger fördert und das schädliche Zuviel sanktioniert. Wegweisend hat Michael Kopatz vom Wuppertal Institut die Schaffung von politischen und gesellschaftlichen Rahmenbedingungen und Strukturen entfaltet, die es den Menschen leicht machen, sich ökologisch korrekt zu verhalten, ohne dass sie ständig bewusst Entscheidungen treffen müssen. Ziel ist es, dass nachhaltige Lebensweisen nicht mehr als besondere Anstrengungen, sondern als Teil der normalen Alltagsroutine wahrgenommen werden.[518] Fehlt die politische Rahmensetzung eines solchen Struktur- und Systemwandels, ist die Gefahr groß, dass die notwendige

517 Zur gesellschaftlichen Bedeutung solcher Abschiedszeremonien siehe Reckwitz, Verlust, 400–405.
518 Kopatz, Ökoroutine; Welzer, Nachruf, 158.

Transformation auf die Individualebene verlagert wird und die Debatten um das »Weniger« individualisiert werden. Damit die »Ethik des Genug« außerdem nicht als moralisierend und lebensfeindlich verstanden wird, braucht sie positive Bilder, die Sehnsüchte wecken nach einem guten und gelingenden Leben. Es muss anschaulich gemacht werden, was durch Suffizienz gewonnen werden kann – persönlich wie auch gesellschaftlich. Dazu helfen Geschichten des Gelingens und Pioniere, die zeigen, wie es gehen könnte.

Viele Menschen sehnen sich nach mehr Entschleunigung, mehr Ruhe, mehr Zeitwohlstand, mehr Selbstbestimmung, nach gelingenden Beziehungen und Sinn. Zivilgesellschaftliche Bewegungen und Bürgerinitiativen treten für lebensfreundlichere Städte und Orte mit weniger Verkehr, mit weniger Versiegelung und mit mehr Grün, mit mehr gesunder Luft, mit mehr Begegnungsmöglichkeiten und mehr lebensdienlichen Nachbarschaften und Sozialräumen ein. Dabei geht es gerade nicht um Verzicht, sondern um Gewinn von Lebensqualität.

Freilich ist Suffizienz immer auch ein Lern- und Suchprozess, der von Ambivalenzen und täglichen Zielkonflikten geprägt ist. Fehlender öffentlicher Nahverkehr zwingt viele Menschen noch immer dazu, ein Auto zu benutzen. Nicht alle können sich die teureren Bioprodukte leisten. Kirchliche Partnerschaften wollen aus guten Gründen nicht darauf verzichten, ihre Partner in Afrika, Asien und Lateinamerika zu besuchen oder sie einzuladen. Wichtig ist es, sich diese Ambivalenzen und Zielkonflikte auch ehrlich einzugestehen, sich von ihnen aber bei der Suche nach besseren Lösungen nicht ausbremsen zu lassen. Bei diesem Lern- und Suchprozess ist daher immer wieder mit Rückschlägen und Umwegen zu rechnen. Aber gerade Christinnen und Christen haben für solche nicht gradlinig verlaufende Transformationsprozesse mit der oben erwähnten Erzählung von der Wüstenwanderung eine Narration einzubringen, mit der Enttäuschung und Zuversicht, Mangel und Segen zusammengebracht werden können. Der Aufbruch in ein neues Land ist immer auch mit Erfahrungen des Scheiterns verbunden, bevor es anders werden kann. Dazu gehören auch die Stimmen: »Wären wir doch bei den Fleischtöpfen Ägyptens geblieben!« Christinnen und Christen vertrauen aber darauf, dass es eine Wüstenwanderung mit einem Gott ist, der befreit und der will, dass wir das Leben »in Fülle« haben.

6.2 Aspekte einer Transformationsethik[519]

6.2.1 Mentale und kulturelle Ursachen für die Überlebenskrise

Jede Therapie zur Bewältigung einer Krise setzt eine klare Diagnose über die Hauptursachen voraus. Denn erst die Kenntnis der Ursachen schärft den Blick für notwendige Korrekturen und Korrektive. Eine wesentliche Ursache der Überlebenskrise ist unser *vorherrschendes Welt- und Naturverhältnis* und die damit verbundenen Grundhaltungen, Gefühlsbezogenheiten, Leitbilder und Wertvorstellungen. Der Soziologe Hartmut Rosa betont zu Recht: »Ohne den Versuch, den strukturellen und kulturellen Triebkräften auf den Grund zu gehen [...], lassen sich auch die Einzelphänomene nicht wirklich verstehen«[520].

519 Große Teile des Kapitels gehen zurück auf Gütter, Katastrophe.
520 Rosa, Account, 164.

Nach Rosa zeichnet sich das dominierende Welt- und Naturverhältnis durch den aggressiven Modus der Verfügbarkeit mit dem Prinzip der »unablässigen Reichweitenvergrößerung« als zentrale Antriebsenergie aus.[521] Im »Modus der Verfügbarmachung« geht es darum, immer mehr von der Welt unter Kontrolle zu bringen und zu beherrschen. Alles »muss erkannt, bestimmt, beherrscht, erobert, gekauft, nutzbar gemacht werden.«[522] Unser ganzes Streben ist darauf ausgerichtet, die Welt in den Griff zu bekommen, das Unverfügbare verfügbar zu machen und unter Kontrolle zu bringen.

Das Strukturmerkmal eines solchen Weltverhältnisses besteht darin, dass sich die Gesellschaft nur dynamisch zu stabilisieren vermag, »... das heißt, wenn sie zur Aufrechterhaltung ihres institutionellen Status quo des stetigen (ökonomischen) Wachstums, der (technischen) Beschleunigung und der (kulturellen) Innovierung bedarf«[523]. Allerdings können sich die Verheißungen dieses Paradigmas des immer mehr, immer besser, immer effizienter schnell in eine Bedrohung verwandeln. Denn: »Wenn wir nicht besser, schneller, kreativer, effizienter etc. werden, verlieren wir Arbeitsplätze [...], sinken unsere Steuereinnahmen [...], kommt es zur Haushaltskrise.«[524]

Nach Rosa ist es nicht die Gier nach immer mehr, sondern die Angst vor dem Weniger, was den Menschen heute antreibe. Dynamische Stabilisierung ist sinnbildlich wie eine Fahrt auf einer Rolltreppe ohne Ausstiegsmöglichkeit. Eine Fahrt, bei der wir nicht anhalten und sagen können, es ist genug, es reicht,

---

521 A.a.O., 195; DERS., Unverfügbarkeit.
522 ROSA, Account, 202.
523 ROSA, Unverfügbarkeit, 15; DERS., Account, 185 ff.
524 ROSA, Unverfügbarkeit, 15.

denn dann geht es nach unten.[525] Gefangen in diesem Strukturprinzip sind wir gezwungen, immer mehr von der Welt verfügbar zu machen, Rohstoffe nutzbar zu machen, Märkte zu aktivieren, technische Möglichkeiten zu vergrößern, Potentiale auszuschöpfen etc. Es ist ein fataler Zwang, weil er genau das zerstört, was nicht nur zur eigenen Reichweitenvergrößerung, sondern auch zum schlichten Überleben nötig ist.[526]

Gekoppelt ist dieses Weltverhältnis an eine mentale und gefühlsmäßige Abspaltung des Menschen von der nichtmenschlichen Natur. Natur ist das, was wir nicht sind, eben nur unsere »Um-Welt«. Der Mensch versteht sich als eine unabhängige, autonome Einheit und hält sich zugleich für etwas Besseres als die nichtmenschliche Natur. Entsprechend nimmt er diese als ein beliebig verfügbares Objekt wahr, das den eigenen Interessen zu dienen hat.[527] Die Natur wurde für den homo oeconomicus zur Ressource, die nur noch mit der Frage betrachtet wird: »Lässt sich das wertbringend nutzen? Oder kann das weg?«[528] Dieser von Verwertungsinteressen geprägte Blick blendet wichtige Erfahrungen und Erkenntnisse aus, z.B. die, dass die Natur ein vielfältiges und dynamisches Beziehungsgeflecht ist und der Mensch nicht etwa ein ihr abgespaltenes Gegenüber, sondern ein Teil der Natur (seine Mit-Welt) ist und beide eine gemeinsame Naturgeschichte teilen. Dadurch geht auch die Erfahrung von Lebendigkeit und des Berührtwerdens durch ein Anderes verloren, die durch die Begegnung mit dem Unverfügbaren verbunden ist.[529] Dabei macht gerade die Balance von Verfügbarem

---

525 A.a.O., 16; Rosa, Account, 192.
526 Rosa, Unverfügbarkeit, 17–18.
527 Meyer-Abich, Naturphilosophie, 25 ff.
528 Göpel, Welt, 40.
529 Rosa, Unverfügbarkeit, 8; ders., Resonanz, 453 ff.; vgl. auch Kap. 3.3.2.

und Unverfügbarem das Leben interessant und lebendig. Wird alles verfügbar gemacht, wird die Welt stumm, kalt und abweisend. Nach Rosa ist das »Verstummen der Natur (in uns und außer uns), ihre Reduktion auf Verfügbares und Noch-verfügbar-zu-Machendes ... das eigentliche kulturelle ›Umweltproblem‹ spätmoderner Gesellschaften.«[530] Das Leben verliert an Zauber und Sinn und erscheint nur noch als ein Objekt der Bemächtigung. Ein Eigen-Sein der Natur, ein der Natur eigener Wert oder gar eine ihr eigene unverfügbare Würde, die es zu achten gilt, kommt dann nicht mehr in den Blick. Gerade in dieser Hinsicht kann der christliche Glaube mit seinen Grundhaltungen und seinem Natur- und Selbstverständnis einen Beitrag für ein anderes Natur- und Weltverhältnis eröffnen. Er kann durch seine spirituellen Orientierungen neue Verstehens- und Erfahrungsräume ermöglichen, in denen uns die nichtmenschliche Natur mit ihrer Lebendigkeit, Vielfalt und Einzigartigkeit berührt und ergreift.[531]

Auch wenn die Überlebenskrise nicht monokausal nur aus einem bestimmten Welt- und Naturverhältnis abgeleitet werden kann, so ist dennoch darauf hinzuweisen, dass die Frage nach dem uns explizit und implizit *leitenden* Welt- und Naturverhältnis und die damit verbundenen Orientierungen die *zentrale und entscheidende* Grundsatzfrage für eine Ökologische Ethik und für eine ökologische Transformation ist. Mit unserem menschlichen Selbstverständnis, mit der Art und Weise unseres Naturwahrnehmens und des Sich-zur-Natur-in-Beziehung-Setzens, aber auch mit den leitenden Naturmodellen, -begriffen und -konzeptionen sind

530 Rosa, Resonanz, 463.
531 S. Kap. 3.2 und 3.3.

stets bestimmte Wertesysteme, Grundhaltungen, Leitbilder und sogar Sehnsüchte, Träume und Zukunftsvisionen verbunden, die heute bereits unsere reale Weltgestaltung prägen und sich im Umgang mit der Natur als handlungs*verstärkend* oder -*bremsend* auswirken können.[532] Es ist also entscheidend wichtig, die tieferen Ursachen der Überlebenskrise der Gegenwart genau wahrzunehmen und die Art und Weise, wie wir Menschen auf die nichtmenschliche Natur Bezug nehmen, sie verstehen, uns zu ihr verhalten, zu revidieren, denn nur so lassen sich auch die Wege finden, ihr zu begegnen, mit ihr umzugehen und noch größere Katastrophen zu vermeiden. »Die weltweiten Krisen in Umwelt und Gesellschaft sind kein Zufall. Sie offenbaren, wie wir mit uns und dem Planeten umgehen, auf dem wir leben«.[533]

6.2.2 Die Bedeutung einer kulturellen Transformation

Unsere moderne Kultur ist entscheidend von einem Fortschrittsimperativ geprägt, der von dem kulturellen Narrativ der stetigen Verbesserung aller Lebensbedingungen bestimmt ist. Dieser handlungsleitende Horizont besagt, »dass die Zukunft für die Gesellschaft und für das Individuum *besser* sein wird als die Gegenwart, so wie die Gegenwart schon *besser* ist als die Vergangenheit.«[534] Dieses Fortschrittsnarrativ war über Jahrzehnte Motor der Entwicklung in vielen Ländern und ist es größtenteils immer noch. In der westlichen Welt erlebte es nach 1945 bis in die frühen 1970er Jahre seinen Höhe-

532 Hofmeister, Natur- und Schöpfungsverständnis, 23ff.
533 Göpel, Welt, 22.
534 Reckwitz, Verlust, 20. Vgl. ausführlich a.a.O., 120ff.

punkt. Mit »Wohlstand für alle« hatte der frühere Wirtschaftsminister Ludwig Erhard das entscheidende kulturelle Narrativ gesetzt. Mittlerweile sind wir aber in eine Phase eingetreten, in der dieses Narrativ massiv an Glaubwürdigkeit einbüßt. Es soll hier keineswegs bestritten werden, dass der Fortschritt im Zuge der industriellen Revolution sowie das Wachstum vergangener Jahrhunderte auch viele zivilisatorische Errungenschaften für den Einzelnen und für das Gemeinwohl mit sich gebracht hat. Aber allein im Blick auf die ökologischen Problemlagen zeigen sich die Grenzen dieser modernen Fortschrittsorientierung.[535] Wissenschaft und Zivilgesellschaft, darunter auch die Kirchen, rufen daher seit einigen Jahren zu einer »Großen Transformation«[536], zu einem umfassenden sozial-ökologischen Wandel auf und mahnen dabei eindringlich: »›Weiter so‹ geht nicht«.[537] Was vor 250 Jahren oder sogar noch vor 50 Jahren eine vertretbare Strategie war, erweist sich heute als ein Ansatz, der die Katastrophe nur noch mehr vorantreibt. Wir können also die heutigen Probleme nicht länger mit Konzepten und Narrativen vergangener Zeiten lösen, sondern kommen in einer »vollen« Welt mit sehr hohen Verbräuchen und der Überschreitung der planetaren Grenzen nicht umhin, vieles ganz anders und neu zu denken – so eine der zentralen Thesen der Buchautorin und ehemaligen Geschäftsführerin des Wissenschaftlichen Beirates für globale Umweltveränderungen Maja Göpel in ihrem Bestseller »Unsere Welt neu denken«.[538] Ziel muss es sein, eine Wirtschafts- und Lebens-

535 Vgl. Kap. 1.1. Reckwitz nennt zusätzlich verschiedene Felder, auf denen das Fortschrittsversprechen gegenwärtig an Glaubwürdigkeit einbüßt, vgl. DERS., Verlust, 295ff.
536 Gutachten des WBGU, Große Transformation, 2011.
537 EKD, Stern, 71.
538 GÖPEL, Welt, 15.

weise zu entwickeln, die im Einklang mit den unverhandelbaren planetaren Grenzen steht und die gleichzeitig positiv zu einem gelingenden und guten Leben für alle führt. Die Instrumente und Strategien für diese Transformation sind schon seit Langem bekannt und wurden von neueren Studien sowohl von wissenschaftlichen und zivilgesellschaftlichen Akteuren[539] als auch von kirchlichen Akteuren[540] für Handlungsfelder wie Energie- und Wirtschaftswende, Ernährungs- und Agrarwende, Konsum- und Mobilitätswende aktualisiert. Im Hinblick auf die Instrumente und Strategien gibt es damit kaum noch Erkenntnisprobleme, sondern »nur« noch Umsetzungsprobleme – diese jedoch in beträchtlichem Ausmaß – in der Politik, in der Wirtschaft, in der Zivilgesellschaft und auch in den Kirchen. Und diese Umsetzungsprobleme nehmen zu, weil die Prioritäten sich vor allem in den gesellschaftlichen Zielen und Narrativen verschoben haben. Nicht mehr die Verantwortung und auch das Eintreten für eine soziale und ökologische Transformation mit dem Ziel, dass möglichst alle Menschen und auch die Mitschöpfung gut leben können, sondern die Sicherung des Status quo und die Verteidigung der Privilegien einiger – wenn nötig auch auf Kosten anderer und der Mitschöpfung – prägen das Denken von immer mehr Menschen in Politik, Wirtschaft und Gesellschaft. In diesem Zusammenhang wird auch die Vergangenheit verklärt und es kommt – in ökologischer Hinsicht – zu einem rückwärtsgewandten Klammern an die fossile Wirtschaft und Technik. Die Maßnahmen zu mehr Nachhaltigkeit und Klimaschutz werden dabei oft auf das gesetzlich vorgeschriebene Minimum reduziert.

539 https://earth4all.life/wp-content/uploads/2024/10/Earth4All-Deutschland_-_digital.pdf [Stand: 4.9.2025].

540 https://www.dbk-shop.de/media/files_public/b502f3686109ad80c63401059098250d/sozial-oekologische-transformation_22.pdf [Stand: 4.9.2025].

Alle Versuche einer mutigen politischen Steuerung und Rahmensetzung werden hingegen oft blockiert und stoßen somit an ihre *kulturellen* Grenzen, da eine Veränderungsbereitschaft fehlt. Transformationswissenschaftlerinnen und -wissenschaftler verweisen daher zu Recht darauf, dass neben allen technologischen, wirtschaftlichen und institutionellen Transformationsfeldern die *kulturelle* Transformation die entscheidende und zugleich auch die schwierigste Transformation ist.[541] Schneidewind schreibt dazu: »Viele Veränderungsprozesse greifen tief in die kulturelle ›DNA‹ unserer Gesellschaft ein. Wer z.B. die automobile Kultur oder eine fleischbetonte Ernährung verändern will, muss diese kulturellen Dynamiken sehr gut verstehen.«[542] Auch wenn diese Herausforderungen und Schwierigkeiten bei einem kulturellen »Mindshift«[543] deutlich gesehen werden müssen, ist gleichzeitig darauf zu verweisen, dass es in der Geschichte gerade die Krisenzeiten und teils unvorhersehbare Disruptionen waren, die einen notwendigen Wandel eingeläutet haben.[544] Erst sie führen zu der Bereitschaft, tatsächlich etwas zu verändern.

So wie es im Hinblick auf die planetaren Grenzen negative »Tipping-Points« gibt[545], sind diese Kipppunkte in kulturellen Systemen auch in positiver Hinsicht denkbar. Sie können einerseits zu einer unerwarteten Destabilisierung nicht-nachhaltiger Verhaltensmuster, Wirtschaftsweisen und Technikanwendungen führen. Andererseits aber auch für den Durchbruch neuer Ideen, neuer Trends, technischer und kultureller

541 Schneidewind, Transformation, 23–28; Vogt, Wandel, 79.
542 Schneidewind, Transformation, 40.
543 Göpel, Welt.
544 Horx, Hoffnung, 9; Vogt, Wandel, 53.
545 Kap. 1.1.

Innovationen sorgen. In der Transformationsforschung wird davon ausgegangen, dass eine kritische Masse von Menschen, die neue Ideen oder Verhaltensweisen teilen oder neue Konsumprodukte oder Technologien nutzen, ausreicht, um die rasche Übernahme dieser Innovation durch die Mehrheit der Bevölkerung auszulösen. Für die Verbreitung von Technologien oder Geschäftsmodellen wurde dabei ein Markt- oder Bevölkerungsanteil von rund 20 Prozent als Schwellenwert ermittelt und soziale Praktiken oder Überzeugungen werden dann dominant, wenn sie von 25 Prozent der Gruppe geteilt werden.[546] Vor diesem Hintergrund sind daher die »Pioniere des Wandels«, die »den Stein der Großen Transformation ins Rollen bringen«[547] entscheidend.

Auch Theologie und Kirche können dabei eine wichtige Rolle spielen. Einerseits in der Hinsicht, dass diese ebenfalls »als Motor«[548] nachhaltige Wirtschafts- und Lebensweisen unterstützen und auch selbst in ihrem Gestaltungsbereich anwenden. Andererseits aber auch in der Form, dass sie auf der Suche nach neuen kulturellen Narrativen für eine Transformation wesentliche Impulse geben können. Denn das Christentum hat sich selbst durch die Aneinanderreihung und Verknüpfung von vielen Einzel-Stories zu einer Gesamt-Erzählung entwickelt. Wenn die frühen Christen sagen wollten, wer Gott ist, wer Jesus war und wie seine Botschaft der Transformation des Lebens aussieht, so taten sie dies durch einzelne Narrationen, die sich in einer Gesamt-Story bündelten. Die Bibel ist voller Erzählungen von gelingenden und

546 Seitz, Von Kipppunkten, 4–9.
547 Schneidewind, Transformation, 452.
548 Kap. 4.3.

nicht gelingenden Transformationen, von Geschichten des Aufbruchs und des Scheiterns, von Zumutungen und Gewinnen, die mit einem Neuanfang verbunden sind. Sie alle eint eine moralische Grundhaltung und Wertvorstellung, die einerseits das individuelle und kollektive Sich-Einlassen auf Transformationsprozesse stärken können und andererseits die Integration von unvermeidbaren Verlusterfahrungen – jenseits von Abwehr und Verdrängung – in das individuelle und soziale Leben erlauben.[549] Gleichzeitig sind die christlichen Lebensorientierungen mit einer »transformativen Spiritualität«[550] und mit stärkenden, positiven Zukunftsbildern verbunden, die den Handelnden als Quelle der Motivation dienen. Solche Erzählungen der christlichen Tradition für die heutigen Kontexte zu aktualisieren und mit neuen kulturellen Narrativen Mehrheiten für die anstehenden Veränderungen zu finden, ist auch Aufgabe von Theologie und Kirche. Schauen wir auf das bislang vorherrschende Narrativ, dass nur ein »mehr, besser und schneller« verhindern kann, dass es uns schlechter geht, braucht es ein anderes, ein neues und verheißungsvolleres Narrativ, das uns hilft, aus dieser fatalen Rolltreppe auszusteigen. Es braucht eine handlungsleitende und handlungsmotivierende »große Erzählung« davon, wie das Leben in Zukunft aussehen kann, welches allen ein gutes Leben ermöglicht, ohne dafür weiterhin auf Kosten anderer und der Mitschöpfung zu leben. Es gilt tatsächlich, »die Welt neu [zu] denken«.

549 Reckwitz bezeichnet dies als reflektierte Verlustverarbeitung (doing loss) und kennzeichnet dies als die entscheidende Aufgabe spätmoderner Gesellschaften, Reckwitz, Verlust, 373 ff.

550 https://oeko.ekir.de/wp-content/uploads/2021/05/Information_Den_Wandel_gestalten-1.pdf [Stand: 4.9.2025].

6.2.3 *Lebensdienliche Narrative als Eckpfeiler einer christlichen Transformationsethik*

In vielen Beiträgen aus verschiedenen wissenschaftlichen Disziplinen, vor allem der Transformationswissenschaft, aber auch der Soziologie und der Philosophie, finden sich für diesen Weg »die Welt neu zu denken« hilfreiche Leitbilder und Narrative. Leitbilder und Narrative, die sich an vielen Stellen mit den Überzeugungen und großen Erzählungen der christlichen Tradition berühren, und als Eckpunkte einer Transformationsethik[551] verstanden werden können. Eine solche Transformationsethik fragt nach den Bedingungen des Wandels und formuliert Leitbilder und Grundhaltungen, mit denen der notwendige Wandel gelingen kann. Sie fragt auch danach, wer für was verantwortlich ist und welche Handlungsspielräume es noch gibt und wo wir uns z. T. nur noch den Entwicklungen anpassen können. Sie ist geleitet von einem »christlichen Realismus«,[552] der weder die Abgründe menschlicher Schuld und die Unverfügbarkeit von biologischen Prozessen leugnet, noch das Vertrauen auf Gottes Gegenwart und seine Macht, mit der er Neues schaffen kann, fahren lässt.

6.2.3.1 Verbundenheit statt Trennung

Vertreterinnen und Vertreter der Ökotheologie betonen seit vielen Jahren, dass der Mensch sich wieder als Teil der Schöpfung und nicht als ihr abgespaltenes Gegenüber oder gar als Herrscher über die Schöpfung verstehen muss, wie es

551 Dieser Begriff wird von Markus Vogt geprägt: Vogt, Wandel, 67.
552 EKD, Stern, 10.

Jahrhunderte lang der Fall war mit allen fatalen Folgen.[553] Er müsse erkennen, wie sehr er von der Mitschöpfung abhängig sei. Das führe zu einer Haltung der Dankbarkeit und zu einer heilsamen Demut gegenüber Gott, den Mitmenschen und der Mitschöpfung. Unsere schöpfungstheologischen, pneumatologischen und christologischen Deutungen[554] haben verdeutlicht, wie alle Kreaturen zu einer schöpfungsgeschichtlichen Gemeinschaft *in* Christus (Eph 1,10) gehören, an der auch wir als Menschen teilhaben. Der Mensch ist nicht das Zentrum der Welt, sondern ein Teil eines wechselseitigen, schöpferischen Prozessgeschehens. Die nichtmenschlichen Kreaturen sind *mit uns* in der Welt, zusammen wurden wir aus dem Schöpfungsprozess hervorgebracht und sie sind daher unsere kreatürliche *Mit-Welt.* In dieser miteinander verbundenen Schöpfungsgemeinschaft leben die einen von den andern, aber in einer stetigen Balance von Geben und Empfangen.[555] Ein solches – vom Mit-Sein geprägtes – Natur- und Selbstverständnis äußert sich entsprechend in einem Naturverhältnis, das durch ein dynamisches Hören und Antworten gekennzeichnet ist, bei dem die wechselseitige Erfahrung eines Berührtseins durch ein Anderes gemacht wird. Rosa bezeichnet dies als resonante Beziehungsform.[556] Eine solche Beziehungsform »... bezeichnet dann insbesondere ein Naturverhältnis, in dem die Essenzen, Kräfte und Dynamiken der Natur *weder* einfach als etwas verfügbar zu Machendes *noch* als etwas, dem wir uns schlicht unterwerfen müssten, begegnen: Resonanz mit der Natur würde in der Tat wechselseitige Verwandlung meinen ... in einer Weise wech-

553 Moltmann, Hoffen, 16ff.; Vogt, Wandel, 64.
554 Kap. 2 und 3.
555 Kap. 3.1.1 und 3.1.2.
556 Rosa, Account, 241ff.; ders., Resonanz.

selseitiger, transformativer Lebendigkeit.«[557] An die Stelle der Abspaltung und der Haltung des Beherrschens tritt damit ein positives, sinnliches Austausch- und Verbundenheitsverhältnis, in dem wir uns durch ein Anderes berühren lassen und in dem wir auch dessen Unantastbarkeit und Unverfügbarkeit respektieren.

Ein solches handlungsleitendes Weltverhältnis schließt daher immer den Aspekt der Achtung und Fürsorge mit ein. Denn wenn wir berührt und ergriffen werden durch ein Anderes, das uns etwas zu sagen hat, werden wir ihm auch mit einer Haltung der Achtung und Schonung »antworten«.[558] Aufgabe von Kirche und Theologie wird daher auch sein, neue Begegnungsräume und -flächen zum Einüben von resonanten Beziehungsformen mit den Kreaturen zu schaffen und spirituelle Schöpfungserfahrungen zu ermöglichen. Denn Transformationsprozesse erschöpfen sich nicht in technischen Innovationen und politischen Strukturreformen – so wichtig diese auch sind. Vielmehr gehört es zum Spezifikum des christlichen Glaubens, an den Geschenkcharakter des Lebens zu erinnern und spirituelle Formen der Schöpfungserfahrung zu hegen und zu pflegen. Dass dies ein essentieller Baustein für eine nachhaltige Transformation ist, belegt neuerdings die Ge-Na-Studie. Ein wesentliches Ergebnis besteht darin, dass es einen signifikanten Zusammenhang zwischen gelebter Schöpfungsspiritualität und einem realen nachhaltigeren Verhalten gibt.[559]

557 Rosa, Account, 250.
558 Kap. 3.3.
559 https://ge-na-studie.net/ [Stand: 4.9.2025].

6.2.3.2 *Geglücktes Leben statt Wachstum*

Schon seit einigen Jahren ruft die evangelische Kirche angesichts des zerstörerischen Wachstumsparadigmas zu einer »Ethik des Genug« auf, die dafür eintritt, dass alle Menschen ein gutes menschenwürdiges Leben unter Wahrung der planetaren Grenzen führen können.[560] Das schließt den Einsatz für Gerechtigkeit und Solidarität mit allen Menschen der gegenwärtigen wie der künftigen Generation mit ein. Eine Ethik des Genug ist keine freudlose Verzichtsethik; sie bedeutet im Kern zweierlei, dass die Armen endlich genug haben und die Reichen es genug sein lassen können. Bei der Gestaltung der Transformation geht es daher immer sowohl um eine gerechte Verteilung materieller Güter als auch um eine faire Verteilung der Zumutungen, die unvermeidlich mit Transformationen verbunden sind. Lange Zeit war es aber für viele in der Politik wie auch in der Gesellschaft ein Tabu, über ein Weniger, über Suffizienz zu sprechen. Inzwischen mehren sich die Stimmen, die darauf verweisen, dass genau dieses Weniger nicht automatisch zu einem Zusammenbruch von Wirtschaft und Gesellschaft führen muss, sondern sich – bewusst gestaltet – sogar als ein Gewinn erweisen kann. Selbst in den Lockdowns, die in der Coronapandemie verhängt wurden, haben sich Gesellschaft und Wirtschaft als anpassungsfähiger erwiesen als gedacht und neue Lebensqualitäten sind hervorgetreten.[561] Den christlichen Kirchen kommt die Aufgabe zu, bei der Suche nach einer »Ethik des Genug« voranzugehen, die Tabuisierung einer »Kultur des Aufhörens« (H. Welzer)[562] zu brechen und über den Gewinn eines Lebens

560 EKD, Stern, 11, sowie Kap. 6.3.
561 Horx, Hoffnung, 5.
562 Welzer, Nachruf.

jenseits des Wachstumszwangs zu sprechen. Denn dahinter stecken freilich grundlegende Orientierungsfragen, die auch spirituelle Dimensionen und die Frage nach dem guten Leben beinhalten. So besteht ein Spezifikum des christlichen Glaubens darin, dass er zu einer Selbstbegrenzung befreit und den Wert des Menschseins nicht an die Menge der von ihm erarbeiteten und konsumierten Güter koppelt. Vielmehr lebt der Glaubende aus den Verheißungen Gottes und fragt nach dem, was das Leben wirklich lebenswert macht. »Denn auch wenn jemand Überfluss hat, besteht sein Leben nicht aus seiner Habe« (Lk 12,15). »Bei der Beschäftigung mit diesen Fragen entdecken viele Menschen wieder, dass vieles, was keinen Preis hat, von großem Wert ist: Zeitwohlstand, geglücktes Leben, Nächstenliebe, Gemeinschaft, Spiritualität, Begegnung mit anderen Menschen und mit den Geschöpfen in der Natur«.[563] Säkular gesprochen geht es bei den neuen Leitbildern und Narrativen um mehr Lebensqualität und mehr Gemeinwohl, um geglücktes und gelingendes Leben. Wissenschaftliche Untersuchungen bestätigen längst, dass immer mehr Besitz nicht glücklicher macht, sondern im Gegenteil, persönliche Sorgen und Unsicherheiten vergrößert, Solidarität und Mitgefühl vermindert.[564] Das Evangelium Jesu formuliert es so: »Der Mensch lebt nicht vom Brot allein« (Mt 4,4).

6.2.3.3 Solidarität statt Konkurrenz

Das Menschenbild, dass der Mensch von Natur aus ein egoistisches Wesen sei und folglich mit anderen konkurrieren müsse, ist zwar immer noch vorherrschend, wird aber von immer mehr

---

563 EKD, Stern, 11.
564 Göpel, Welt, 132.

Stimmen aus unterschiedlichen Wissenschaften in Frage gestellt.[565] Die Ökonomin und Transformationswissenschaftlerin Maja Göpel hält dem entgegen: »Dieses Menschenbild ist falsch und muss dringend einem Update unterzogen werden. Ein System, das Egoismus belohnt, erzieht zum Egoismus. Wir brauchen eine Neubetrachtung der Werte, die Menschen in ihrer kooperativen Lebendigkeit stützen«.[566] Aus philosophischer und theologischer Sicht wird man nicht leugnen können, dass der Mensch auch egoistisch und rücksichtslos sein kann, aber das ist nur die eine Wahrheit. Die andere Wahrheit ist: er ist auch lernfähig, er ist auch fähig zum Mitgefühl und zu Solidarität. Das einseitig negative christliche Menschenbild als eines Sünders von Geburt an ist über viele Jahrhunderte durch die Interpretation der paulinischen Theologie durch Augustin geprägt worden. Damit wurden andere Teile der biblischen Tradition wie z.B. die der alttestamentlichen Weisheit, die den Menschen als lernfähig und gemeinschaftsfähig ansieht, ausgeblendet. Auch die Evangelisten wie z.B. Lukas trauen dem Menschen viel zu: »Seid barmherzig, wie auch euer himmlischer Vater barmherzig ist« (Lk 6,36). Selbst wenn man an dem Bild des Menschen als Sünder festhält, heißt das nicht, dass das Einzige ist, was es aus theologischer Sicht über den Menschen zu sagen gibt. Das Kommen Gottes in die Welt in Jesus Christus bedeutet vielmehr, dass der Menschen aus Sünde und Schuld befreit und zur Nächstenliebe und zur Barmherzigkeit befähigt werden kann. Nächstenliebe und Barmherzigkeit sind die zentralen Leitbilder der Botschaft Jesu, die für Christen und Christinnen auch für das Leben in Politik, Gesellschaft und Wirtschaft handlungsleitend bleiben. Solidarität mit den Schwachen zählt nach

565 Bregman, Im Grunde gut.
566 Göpel, Welt, 72.

Vogt »zu den die Erfolgsgeheimnissen der christlichen Ethik als Transformationsethik, die darin stets ihr kritisches Potenzial gegenüber den jeweiligen gesellschaftlichen Ordnungen bewahrt und neu aktiviert hat«.[567]

Diese Solidarität als ein Aufeinander-Achten konkretisiert sich in der gesellschaftlichen Transformation mindestens in zweifacher Weise: Erstens geht es darum, dass die jeweiligen Partikularinteressen, so nachvollziehbar sie auch sein mögen, im Konfliktfall dem Gemeinwohl unterzuordnen sind. Zweitens dürfen die Folgekosten der derzeitigen Art und Weise unseres Wirtschaftens und Konsumierens nicht länger auf unbeteiligte Dritte (die natürliche Mitwelt, arme Bevölkerungsgruppen im globalen Süden und zukünftige Generationen) abgewälzt werden.[568] Leitend dafür ist, dass es zwischen Solidarität und Gerechtigkeit einen tiefen, inneren Zusammenhang gibt, der auch für die biblisch-theologischen Überlieferungen kennzeichnend ist (Ex 22,20–26;23,6–9; Lev 19,11–18.33 f.; Dtn 15,7–11;24,17–22 u. a.). Transformationsprozesse sind daher mit ehrlichen, transparenten und fairen Verteilungen der Verluste und ihrer Kosten bzw. Auswirkungen verbunden.

6.2.3.4 Unverfügbarkeit statt Beherrschung

Die Überlebenskrise offenbart auf ganz neue Weise, wie ohnmächtig der Mensch gegenüber vielen Entwicklungen

567 Vogt, Wandel, 96.
568 So die zentralen Forderungen für eine sozial-ökologische Transformation der Studie: https://www.dbk-shop.de/media/files_public/b502f3686109ad80c6340 1059098250d/sozial-oekologische-transformation_22.pdf [Stand: 4.9.2025].

ist. Das Selbstbild des Menschen in der Moderne, alles durch seine Intelligenz steuern und durch Technik und Innovationen lösen zu können, hat sich als eine Illusion erwiesen. Letztlich geht es um das Eingeständnis, dass vieles im Leben unverfügbar bleibt. In den aktuellen Krisen erkennen wir neu, dass das biblische Menschenbild sehr realistisch ist. Es spricht zum einen von der Größe und der besonderen Verantwortung des Menschen (Gen 1; Ps 8), aber auch davon, dass der Mensch zutiefst angewiesen ist auf die Güte Gottes, auf das Leben der Mitschöpfung und die Hilfe anderer Menschen. Genau dieses – seine Verantwortung und sein Angewiesensein – macht ihn erst zum wahren Menschen. Hier zeigt sich das, was Hartmut Rosa mit dem Unverfügbaren beschreibt, das uns in der Moderne verloren gegangen ist. Darunter verstehen wir nicht nur das Unverfügbare im Miteinander der Menschen und im Verhältnis zur Mitschöpfung, sondern auch das Unverfügbare im theologisch-spirituellen Sinne. Denn Gott selbst ist der schlechthin Unverfügbare, der sich nicht fassen lässt, dessen Wirken oft nicht zu verstehen ist (Hi 38; Koh 3,11) und der sich doch aus Liebe zu seiner Schöpfung im Noahbund (Gen 9) und in seinem Sohn Jesus Christus an seine Schöpfung gebunden hat. Dieses Angewiesensein auf den unverfügbaren Gott zu akzeptieren, demütiger zu werden, diesem Gott zu danken, das eigene Leben und das Leben der ganzen Schöpfung vertrauensvoll in seine Hände zu legen und ihn gleichzeitig um Weisheit und Tatkraft zu bitten, das zu tun, was notwendig ist, könnten sich als die Haltungen erweisen, mit denen wir als Christinnen und Christen in der Krise bestehen und den Wandel gestalten können. Der christliche Glaube kann so zu einer Quelle der Resilienz werden, mit der Menschen in der aktuellen Überlebenskrise bestehen können.

6.2.3.5 Resilienz und transformative Hoffnung statt Resignation

Der Begriff der Resilienz, als Fähigkeit, mit negativen Ereignissen angemessen umzugehen, gewinnt in der Diskussion zur Bewältigung der aktuellen Krisen immer mehr an Bedeutung.[569] Schon jetzt ist absehbar, dass viele krisenhafte Prozesse und ökologische Grenzüberschreitungen unumkehrbar sind und entsprechend wird es notwendig sein, sich an die gegenwärtigen und zukünftigen schwierigeren Lebensbedingungen anzupassen bzw. sie abzupuffern. Da der christliche Glaube schon immer darauf ausgerichtet war, zum positiven Umgang mit Krisen, Umbrüchen und Abgründen des Lebens beizutragen, hat der Begriff der Resilienz eine zutiefst christliche Dimension.[570] Resilienzstärkung aus dem Glauben bedeutet gerade nicht, dass es hier um ein Versprechen geht, dass alles gut gehen wird, sondern dass wir in den Kreuzeserfahrungen des Lebens nicht allein sind, sondern die Kraft bekommen, sie zu tragen und an ihnen zu wachsen. Das Vertrauen in Gottes Gegenwart und die Liebe und Solidarität zum Nächsten und zur Mitschöpfung sind wichtige Grundhaltungen einer solchen christlich begründeten Resilienz. Auch die christlich geprägte (Natur-)Spiritualität, die mit dem stärkenden und transformierenden Geist Gottes rechnet, macht einen wesentlichen Teil der Widerstandsfähigkeit aus.[571] Hinzu kommt die Hoffnung als weitere Ressource des christlichen Glaubens im Umgang mit Krisen und Katastrophen. Kein billiger Jenseitstrost ist hier gemeint, sondern die christliche Hoffnung auf eine Neuschöpfung der Erde. Diese Neuschöpfung der Erde hat nach unserer Überzeugung mit dem

569 Reckwitz, Verlust, 385 ff.
570 Vogt, Wandel, 58.
571 Moltmann, Geist, bes. 208 ff.; Welker, Geist, bes. 214 ff.

Kommen Gottes in die Welt in Jesus Christus schon begonnen und sie steht noch aus. Im Leben, Sterben und der Auferstehung Jesu zeigt sich der Gott, der gegen alles Lebenszerstörerische eintritt und das Leben heilen und neu schaffen kann.[572] Das Vertrauen auf diesen Gott behält die christliche Hoffnung auch im Moment der Krise und des Scheiterns. Eine solche Hoffnung kann helfen, die eigene Identität nicht an Vergangenes oder an der Bewahrung aktueller Privilegien festzumachen, sondern mutig Neues zu denken und selbst transformativ zu leben. »Man kann diese Zukunftshoffnung, die sich nicht mit den verkleinerten Maßstäben unserer Gewohnheiten und Bedürfnissen zufriedengibt, als transformativ kennzeichnen. Sie ist eine Kraft der Verwandlung der Welt, und zwar nicht nur ein wenig, sondern radikal und in der Tiefenstruktur«.[573] Eine solche Hoffnung ist eine zentrale Dimension einer christlichen Transformationsethik.

572 Moltmann, Hoffen, 22.
573 Vogt, Wandel, 69.

7. Die Zeit zu Handeln ist jetzt! – »Beten, Tun des Gerechten und Warten auf Gottes Zeit«

Im Umgang mit der Überlebenskrise stehen Kirche und Theologie vor einer der größten Herausforderungen unserer Gegenwart. Es ist das Zukunftsthema schlechthin, denn alle anderen großen Zukunftsfragen hängen von ihr ab.[574] Wir sind die Generation, die alle Möglichkeiten in der Hand hat, um der Existenz der Gattung Mensch auf Erden ein Ende zu bereiten und um auch andere Gattungen der Mitschöpfung auszurotten oder grundlegend zu schädigen.[575] Und wir sind die letzte Generation, die in der Lage ist, das zu verhindern. Dabei drängt die Zeit. Das Zeitfenster, in dem noch umgesteuert werden kann oder wenigstens noch schlimmere Katastrophen verhindert werden können, schließt sich immer mehr.

Die Verantwortung unserer Generation ist also immens. Wie werden wir ihr aus christlicher Perspektive gerecht? Wir brauchen dazu nicht nur andere gesellschaftliche Leitbilder und Narrative, nicht nur eine Kultur des Aufhörens und eine Ethik der Selbstbegrenzung, sondern als Christinnen und Christen eine gute Balance von Gottvertrauen und Eigenverantwortung, von Spiritualität und politischem Engagement.

Diese Balance hat Dietrich Bonhoeffer für sich in einer Zeit, als es ebenfalls darum ging, mit einer nahenden Katastrophe umzugehen, in seiner bekannten Taufpredigt für seinen Patensohn

574 Gorski, Selbst glauben, 231.
575 Huber, Selbstbegrenzung, 135.

Dietrich Bethge im Mai 1944 so formuliert: »Unser Christsein wird heute nur in zweierlei bestehen: im Beten und Tun des Gerechten«[576].

Bonhoeffer ging in seiner Zeit davon aus, dass die Kirche einer religionslosen Zeit entgegengeht und sie deshalb auch eine andere Sprache finden müsse, weil sie zu sehr für sich selbst und zu wenig für andere gekämpft habe und deshalb ihre Worte an Kraft verloren haben. Bis sie wieder eine neue Sprache gefunden habe, müsse sie beten, das Gerechte tun und auf Gottes Zeit warten. Die Kirche müsse warten, bis Gott sie wieder gebrauchen, bis sie wieder anders und neu reden könne, so dass sie das Wort Gottes so aussprechen kann, dass sich darunter die Welt verändert und erneuert. »Bis dahin wird die Sache der Christen eine stille und verborgene sein, aber es wird Menschen geben, die beten und das Gerechte tun und auf Gottes Zeit warten.«[577]

Die Herausforderungen der damaligen Zeit können sicher nicht mit den Herausforderungen unserer Zeit gleichgesetzt werden. Ob Religion weltweit an Relevanz verliert oder gewinnt, ist eine heute sehr kontrovers diskutierte Frage – ebenso auch die Frage, ob die Kirche heute in gleicher Weise wie damals versagt und deshalb lieber schweigen sollte. Trotz dieser situativen Differenz sind diese Worte Bonhoeffers vom »Beten und Tun des Gerechten und Warten auf Gottes Zeit« für viele bis heute

---

576 Bonhoeffer, Widerstand, 435.

577 A.a.O., 436. Hier klingt auch Bonhoeffers Vorstellung einer »Arkandisziplin« an, mit der das »Heilige« geschützt, bzw. das Letzte im Vorletzten bewahrt werden soll. In Zeiten, in denen ihre Worte durch ihr eigenes Versagen kraftlos geworden sind, müsse die Kirche schweigen und warten, bis Gott ihr wieder neue Worte gibt. Diese Situation sah Bonhoeffer für seine Kirche – die Bekennende Kirche – in den letzten Kriegsjahren als gegeben an. Gütter, Konzentration, 149.

eine wegweisende Weisung in schwierigen Herausforderungen geworden.

Auch für uns haben sie heute noch eine orientierende Kraft, vor allem wenn es darum geht, angesichts der großen Überlebenskrise, in der wir leben, weder in Resignation noch in aktivistische Selbstüberschätzung zu verfallen. Denn Bonhoeffer hält trotz seiner Rede von einem religionslosen Christentum daran fest, dass das Christsein für ihn ohne Gebet und damit ohne eine Rückbindung an Gott nicht denkbar ist. Das Gebet steht dafür, dass wir ohne Gott, unseren Schöpfer und Erlöser, nicht leben können und ohne den Geist Gottes auch nichts ausrichten können, die Welt zu etwas Besserem verändern könnte. Das Gebet zeigt uns als Christinnen und Christen in unserer Ohnmacht und unserer Angewiesenheit auf Gott. Deshalb braucht es auch heute noch spirituelle Formen, mit denen wir uns an Gott wenden, ihn loben, ihm danken, ihm aber auch angesichts vieler Krisen und nahender Katastrophen unsere Sorgen und Ängste klagen und ihn um Hilfe bitten können, damit wir unserer großen Verantwortung gerecht werden.

Gleichzeitig braucht es zur Bewältigung der Überlebenskrise das tatkräftige Handeln, die schnelle und entschlossene Umkehr zu einem schöpfungsverträglicheren Leben. Bonhoeffers »Tun des Gerechten« zielte auf ein mutiges Handeln gegenüber dem großen Unrecht seiner Zeit, was vor allem die Opfer des Nationalsozialismus traf, und auf die Übernahme von tatkräftiger Verantwortung. »Tun des Gerechten« könnte man heute auf das verantwortliche Handeln in der Überlebenskrise beziehen, das sowohl für die Rechte der menschlichen wie auch der nichtmenschlichen Opfer der Überlebenskrise in der Gegenwart und der Zukunft eintritt.

Beides – Gebet und Tun des Gerechten, Angewiesensein auf Gott und Übernahme von Verantwortung, Spiritualität und politisches Engagement – muss in einer Balance gehalten werden. Das Gebet bewahrt die Kirche vor der Selbstüberschätzung, vor der Selbstsäkularisierung, das Tun des Gerechten bewahrt sie vor der vorschnellen Weltflucht in ein Jenseits und den Rückzug in individualistische Frömmigkeit.[578]

In vielen Arbeiten zu diesem Spannungsbogen von Beten und Tun des Gerechten wird leider das Dritte, nämlich »Warten auf Gottes Zeit«, ausgeblendet. Dabei spielt dieses Diktum nicht nur für Bonhoeffers späte Theologie eine außerordentlich große Rolle,[579] sondern könnte auch heute eine große Relevanz bekommen.

Das Warten auf Gottes Zeit stellte überdeutlich die Frage nach der Zukunft. Es fasst die Hoffnung und die Sehnsucht nach einer besseren Zukunft in Worte, ohne eine Hoffnung auf eine bessere Welt mit der eschatologischen Zukunft Gottes gleichzusetzen. Theologisch gesprochen geht es um das Warten auf das Letzte im Vorletzten, auf das Kommen des Reiches Gottes, auf eine Neuschöpfung der Erde, in der Gott einmal »alles in allem« (1 Kor 15,28) sein wird. Wer wartet, sehnt sich nach Veränderung, leidet an der Gegenwart und ihren Ungerechtigkeiten. Wer nichts mehr erwartet, hat sich im Vorhandenen eingerichtet – selbstgenügsam oder resignativ. Wer wartet, will etwas verändern. Wer auf Gottes Zeit wartet, stellt sich in den Dienst Gottes, der Himmel und Erde neu erschaffen kann. Er

---

578 Huber, Beten, 144.

579 Das hat sehr umfassend und eindrücklich Nicole Hermannsdörfer in ihrer Dissertation von 2020 niedergelegt. Hermannsdörfer, Beten.

wartet darauf und hofft, dass Gott ihn trotz allen Versagens gebrauchen kann, um seine Erde zu verwandeln. Der Glaube an den Schöpfer verbindet sich hier mit dem Glauben an den Gott, der auch die Zukunft der Erde in seinen Händen hält und das Antlitz der Erde erneuern kann. »Eschatologie ist nichts anderes als in Zukunft gewendeter Schöpfungsglaube. Wer an den Gott glaubt, der aus dem Nichts das Sein schuf, der glaubt auch an den Gott, der Tote lebendig macht. Darum hofft er auf die neue Schöpfung von Himmel und Erde. [...] Sein Glaube verpflichtet ihn auf die Treue zur Erde.«[580]

Dieses Hoffen und Warten auf einen neuen Himmel und eine neue Erde, diese Haltung der Treue und Liebe zur Schöpfung und die Bereitschaft zur Übernahme tatkräftiger Verantwortung ist das, was wir als Kirche und als Theologie einbringen können in die nötigen Transformationen. Damit tragen wir dazu bei, dass die Schöpfung in der Überlebenskrise bestehen, hier und da auch wieder heilen und durch Gottes Schöpferkraft und unser Handeln neu werden kann.

Das Warten auf Gottes Zukunft mindert nicht die Verantwortung der Kirche und der Christinnen und Christen, sondern bestärkt sie. Die Überlebenskrise duldet auf jeden Fall keinen weiteren Aufschub. Die Zeit zu handeln ist jetzt!

580 Moltmann, Schöpfung, 105.

Literaturverzeichnis

ALBRECHT, CHRISTIAN/ANSELM, REINER: Öffentlicher Protestantismus. Zur aktuellen Debatte um gesellschaftliche Präsenz und politische Aufgaben des evangelischen Christentums, Zürich 2017.

ALTNER, GÜNTER: Fortschritt wohin? Der Streit um die Alternative (Grenzgespräche; Bd. 10), Neukirchen-Vluyn 1984.

ALTNER, GÜNTER: Überlebenskrise in der Gegenwart. Ansätze zum Dialog mit der Natur in Naturwissenschaft und Theologie, Darmstadt 1988.

ALTNER, GÜNTER (Hg.). Ökologische Theologie. Perspektiven zur Orientierung, Stuttgart 1989.

ALTNER, GÜNTER: Naturvergessenheit. Grundlagen einer umfassenden Bioethik, Darmstadt 1991.

AMERY, CARL: Das Ende der Vorsehung. Die gnadenlosen Folgen des Christentums, Reinbek bei Hamburg 1974.

ANDRIANOS, LOUK/BIEHL, MICHAEL/GÜTTER, RUTH/MOTTE, JOCHEN/PARLINDUNGAN, ANDAR/WERNER, DIETRICH: Kairos for Creation, Confessing Hope for the Earth, Foedus Verlag, 2019.

BÄTZING, WERNER: Homo destructor. Eine Mensch-Umwelt-Geschichte. Von der Entstehung des Menschen zur Zerstörung der Welt, München 2023.

Bedford-Strohm, Heinrich/Bubmann, Peter/Dallmann, Hans-Ulrich/Meireis, Torsten: Kritische Öffentliche Theologie. Wolfgang Huber zum 80. Geburtstag, ÖTH 42, Leipzig 2022.

Bedford-Strohm, Heinrich: Schöpfung (Ökumenische Studienhefte; 12), Göttingen 2001.

Bedford-Strohm, Heinrich: Und Gott sah, dass es gut war. Schöpfung und Endlichkeit im Zeitalter der Klimakatastrophe, Neukirchen-Vluyn 2009.

Bedford-Strohm, Heinrich: Wie viel Kirche braucht die Zivilgesellschaft? Empirische Befunde und theologische Perspektiven, in: Deutsches Pfarrerblatt 10/2010, 527–531.

Bedford-Strohm, Heinrich: Radikal lieben. Anstöße für die Zukunft einer mutigen Kirche, Gütersloh 2017.

Blom, Philipp: Die Unterwerfung. Anfang und Ende der menschlichen Herrschaft über die Natur, München 2024.

Böckenförde, Ernst Wolfgang: Die Entstehung des Staates als Vorgang der Säkularisation, in: Recht, Staat, Freiheit. Studien zur Rechtsphilosophie, Staatstheorie und Verfassungsgeschichte, Frankfurt a. M. 1991 (erweiterte Ausgabe 2006).

Böhme, Gernot: Natürlich Natur. Über Natur im Zeitalter ihrer technischen Reproduzierbarkeit, Frankfurt a. M. 1992.

Böhning-Gaese, Katrin/Bauer, Friederike: Vom Verschwinden der Arten. Der Kampf um die Zukunft der Menschheit, Stuttgart 2023.

Bonhoeffer, Dietrich: Ethik, Dietrich Bonhoeffer Werke 6, München 1992.

Bonhoeffer, Dietrich: Widerstand und Ergebung, Dietrich Bonhoeffer Werke 8, München 1998.

Bornkamm, Karin: Christus-König und Priester. Das Amt Christi bei Luther im Verhältnis zur Vor- und Nachgeschichte, Tübingen 1998.

Bregman, Rutger: Im Grunde gut. Eine neue Geschichte der Menschheit, Hamburg 2020.

Bultmann, Rudolf: Glauben und Verstehen. Gesammelte Aufsätze (Bd. IV), Tübingen 1965.

BUND/Misereor (Hg.): Zukunftsfähiges Deutschland. Ein Beitrag zu einer global nachhaltigen Entwicklung, Basel 1996.

Bundesamt für Umweltschutz (BMU): Abschlussbericht »Mehr Lebensqualität, weniger Umweltverbrauch – Politikwerktsatt Suffizienz«, Dessau-Roßlau 2023.

Bündnis für eine sozialverträgliche Mobilitätswende: Wie wir das Klima schützen und eine sozialgerechte Mobilitätswende umsetzen können, Berlin 2022.

Cobb jr., John B.: Prozeßtheologie und Umweltfragen, in: epd-Dokumentation 17/18 (1979), 9–37.

Cobb jr., John B./Griffin, David R.: Prozess-Theologie. Eine einführende Darstellung (Theologie der Ökumene; Bd. 17), Göttingen 1979.

Degen-Ballmer, Stephan: Gott – Mensch – Welt. Eine Untersuchung über mögliche holistische Denkmodelle in der Prozesstheologie und der ostkirchlich-orthodoxen Theologie als Beitrag für ein ethikrelevantes Natur- und Schöpfungsverständnis (Darmstädter theologische Beiträge zu Gegenwartsfragen, Bd. 5), Frankfurt a.M. 2001.

Deutsche Bischofskonferenz/Evangelische Kirche in Deutschland: Für eine Zukunft in Solidarität und Gerechtigkeit, Bonn/Hannover 1997.

von Ditfurth, Hoimar: So laßt uns denn ein Apfelbäumchen pflanzen. Es ist soweit, Zürich 1985.

Ebach, Jürgen: Schöpfung in der hebräischen Bibel, in: G. Altner (Hg.), Ökologische Theologie, 98–129.

Ebach, Jürgen: Streiten mit Gott: Hiob, Neukirchen-Vluyn 1996.

Evangelische Kirche in Deutschland/Deutsche Bischofskonferenz (Hg.): Verantwortung wahrnehmen für die Schöpfung (Gemeinsame Erklärung d. Rates d. Evang. Kirche in Deutschland und d. Dt. Bischofskonferenz), Gütersloh 1985.

Evangelische Kirche in Deutschland: Es ist nicht zu spät für eine Antwort auf den Klimawandel. Ein Appell des Ratsvorsitzenden der Evangelischen Kirche in Deutschland Bischof Wolfgang Huber, EKD-Text 89, 2007.

Evangelische Kirche in Deutschland: Umkehr zum Leben. Nachhaltige Entwicklung im Zeichen des Klimawandels. Eine Denkschrift der EKD, Hannover 2009.

Evangelische Kirche in Deutschland: Unser täglich Brot gib uns heute. Neue Weichenstellung für Agrarentwicklung und Welternährung. EKD -Text 121, Hannover 2015.

Evangelische Kirche in Deutschland: Damit sie das Leben und volles Genüge haben, EKD-Text 122, Hannover 2015.

Evangelische Kirche in Deutschland: »Geliehen ist der Stern, auf dem wir leben«. Die Agenda 2030 als Herausforderung für die Kirchen, EKD-Text 130, Hannover 2018.

Evangelische Kirche in Deutschland: Nutztier und Mitgeschöpf! Tierwohl, Ernährungsethik und Nachhaltigkeit aus evangelischer Sicht, EKD-Text 133, Hannover 2019.

Evangelische Kirche in Deutschland: Vielfalt und Gemeinsinn. Der Beitrag der evangelischen Kirche zu Freiheit und gesellschaftlichem Zusammenhalt. Ein Grundlagentext der Kammer für Öffentliche Verantwortung, Leipzig 2021.

Frisch, Ralf: Eschatologische Existenz heute. Grundzüge eines evangelischen Gegenprogramms zur moralischen Apokalyptik des Anthropozäns, in: Theologische Beiträge 53, 2022, 297–312.

Frisch, Ralf: Zwischen Klimahysterie und Klimahäresie. Kleines theologisches Spiel mit dem Feuer, 15.8.2019 (https://zeitzeichen.net/node/7759).

Gensichen, Hans-Peter: Als Christen und Nichtchristen die Schöpfungsethik neu entdeckten, in: Frankfurter Rundschau 2./3.10.1997, 19.

GÖPEL, MAJA: Unsere Welt neu denken, Berlin 2020.

GORKE, MARTIN: Eigenwert der Natur. Ethische Begründung und Konsequenzen, Stuttgart 2010.

GORSKI, HORST: Mit Moral gegen Moralisierung. Warum die Kirche Akteurin der Entmoralisierung sein sollte, zeitzeichen, Februar 2020 (https://zeitzeichen.net/node/8055).

GORSKI, HORST: Selbst Glauben. Anstiftung zu einer Lebenskunst für herausfordernde Zeiten, Gütersloh 2025.

GRAF, FRIEDRICH WILHELM: ›Gottes Schöpfung‹ ins Grundgesetz? Kritische Erwägungen zur politischen Funktionalisierung des Schöpfungsbegriffs, in: E. RATZ (Hg.), Natur = Schöpfung? Theologische Annäherungen und Fragen (Zukunft Aktuell Bd. 3/91), München 1991, 56–80.

GROSS, W.: Die Gottebenbildlichkeit des Menschen nach Gen 1,26.27 in der Diskussion des letzten Jahrzehnts, in: BN 68 (1993), 35–48.

GRÖHN, CONSTANTIN: Bewahrung der Schöpfung. Passt das (noch)?, in: GÜTTER, RUTH/HOFMEISTER, GEORG/MAIER, CHRISTOPH/SCHÜRGER, WOLFGANG (Hg.), Zukunft angesichts der ökologischen Krise? Theologie neu denken, Leipzig 2022, 150–171.

GÜTTER, RUTH: Freiheit zur Begrenzung. Protestantisch-theologische Impulse für eine Kultur der Nachhaltigkeit, in: BERTELMANN/HEIDEL (Hg.), Leben im Anthropozän. Christliche Perspektiven für eine Kultur der Nachhaltigkeit, München 2018, 271–281.

Gütter, Ruth: »Dass es so weiter geht, ist die Katastrophe« (Walter Benjamin). Aspekte einer Transformationsethik für den sozial-ökologischen Wandel, in: Deutsches Pfarrer- und Pfarrerinnenblatt, 5/2022.

Gütter, Ruth: Innerste Konzentration für den Dienst nach außen. Grundlinien der mittleren und späten Ekklesiologie Bonhoeffers in ihrer systematischen Bedeutung für die Ökumenische Bewegung heute, Frankfurt a.M. 2000.

Gütter, Ruth: Die Suche nach dem rechten Maß. Ethik des Genug im Horizont einer Kultur des Aufhörens, Zeitzeichen, Juni 2023 (https://zeitzeichen.net/node/10476).

Harari, Yuval Noah: Eine kurze Geschichte der Menschheit, München 2019.

Hardmeier, Christof/Ott, Konrad: Naturethik und biblische Schöpfungserzählung. Ein diskurstheoretischer und narrativ-hermeneutischer Brückenschlag, Stuttgart 2015.

Held, Martin: Rhythmen und Eigenzeiten als angemessene Zeitmaße. Perspektiven einer öko-sozialen Zeitpolitik, in: M. Held/K. A. Geissler, Von Rhythmen und Eigenzeiten. Perspektiven einer Ökologie der Zeit, Stuttgart 1995, 169–192.

Hermannsdörfer, Nicole: Beten und Tun des Gerechten und Warten auf Gottes Zeit. Gott und die Welt in der Theologie Dietrich Bonhoeffers, Leipzig 2022.

Herrmann, Jörg: Freiheit in Zeiten der Klimakrise. Gesellschaftliche Trends, christliche Ethik und das Gespenst der Ökodiktatur, in:

Gütter, Ruth/Hofmeister, Georg/Maier, Christoph/Schürger, Wolfgang (Hg.), Zukunft angesichts der ökologischen Krise. Theologie neu denken, Leipzig 2022, 242–260.

Hofmeister, Georg: Ethikrelevantes Natur- und Schöpfungsverständnis. Umweltpolitische Herausforderungen; naturwissenschaftlich-philosophische Grundlagen; schöpfungstheologische Perspektiven; Fallbeispiel: grüne Gentechnik (Darmstädter theologische Beiträge zu Gegenwartsfragen; Bd. 4), Frankfurt a.M. u.a. 2000.

Hofmeister, Georg: Die Erde, unser gemeinsames Haus. Theologisch-ethische Aspekte zur Vernetztheit allen Lebens, in: Gütter, Ruth/Hofmeister, Georg/Maier, Christoph/Schürger, Wolfgang (Hg.), Zukunft angesichts der ökologischen Krise. Theologie neu denken, Leipzig 2022, 106–131.

Hofmeister, Georg: Was ist nachhaltiger Tourismus? Erörterungen am Beispiel der Radwegekirchen, in: Kläden, Tobias/Hofmeister, Georg/Würbel, Andreas (Hg.), Zurück auf Los oder Neustart? Tourismus, Kirchen und Nachhaltigkeit, Stuttgart 2023.

Horx, Matthias: Die Hoffnung nach der Krise. Wohin die Welt jetzt geht oder wie Zukunft sich immer neu wendet, Berlin 2021.

Huber, Wolfgang: Kirche, Stuttgart 1979.

Huber, Wolfgang: Kirche und Öffentlichkeit, 2. Auflage, München 1991.

Huber, Wolfgang: Folgen christlicher Freiheit. Ethik und Theorie der Kirche im Horizont der Barmer Theologischen Erklärung, Neukirchen-Vluyn 1983.

HUBER, WOLFGANG: Protestantismus und Protest. Zum Verhältnis von Ethik und Politik, Reinbek bei Hamburg 1987.

HUBER, WOLFGANG: Über die Würde der Natur. Festvortrag bei der Verleihung des Felix-Wankel-Tierschutzpreises am 28. Nov. 1994, in: Münchner Universitätschronik 1993–1995, München 1995, 166–174.

HUBER, WOLFGANG: Beten, das Gerechte tun und auf Gottes Zeit warten. Kirche am Beginn des 21. Jahrhunderts, in: FEIL, ERNST (Hg.), Zivilcourage und demokratische Kultur 6, Dietrich Bonhoeffer Vorlesung 2001 in München, Münster 2002, 139–157.

HUBER, WOLFGANG: Ethik. Die Grundfragen unseres Lebens. Von der Geburt bis zum Tod, München 2013.

HUBER, WOLFGANG: Glaubensfragen. Eine evangelische Orientierung, München 2017.

HUBER, WOLFGANG: Es geht vielmehr um eine Lebenshaltung. Wolfgang Huber im wissenschaftsbiographischen Gespräch mit Christian Albrecht, Reiner Anselm und Hans Michael Heinig, Tübingen 2022.

JANOWSKI, BERND: »Ich will in eurer Mitte wohnen«. Struktur und Genese der exilischen Schekina-Theologie, in: JBTh 2 (1987), 165–193.

JANOWSKI, BERND: Herrschaft über die Tiere. Gen 1,26–28 und die Semantik von radh, in: Biblische Theologie und gesellschaftlicher Wandel (FS N. Lohfink), hg. von G. Braulik, W. Groß und S. Mc Evenue, Freiburg u.a. 1993, 183–198.

JANOWSKI, BERND/NEUMANN-GORSOLKE, UTE/GLESSMER, UWE (Hg.): Gefährten und Feinde des Menschen. Das Tier in der Lebenswelt des alten Israel, Neukirchen-Vluyn 1993.

JANOWSKI, BERND: Biblischer Schöpfungsglaube. Religionsgeschichte – Theologie – Ethik, Tübingen 2023.

JANSSEN, CLAUDIA: Sehen lernen. Schöpfung und Auferstehung bei Paulus, in: H. BEDFORD-STROHM (Hg.), Und Gott sah, dass es gut war. Schöpfung und Endlichkeit im Zeitalter der Klimakatastrophe, Neukirchen-Vluyn 2009, 166–178.

JEKEL, MIRJAM/SHOUKRY, ZACHARIAS/ZIMMERMANN, RUBEN: Was kann die Bibel zur aktuellen Schöpfungsethik beitragen? Das Neue Testament im Kontext neuerer öko-hermeneutischer Ansätze der Schriftinterpretation, Evang. Theol 3/83, 2023, 194–210.

JENSEN, OLE: Theologie zwischen Illusion und Restriktion, München 1975.

JENSEN, OLE: Unter dem Zwang des Wachstums. Ökologie und Religion, München 1977.

JEREMIAS, JÖRG: Unbekannte Jesusworte, Gütersloh 1980.

JONAS, HANS: Das Prinzip Verantwortung. Versuch einer Ethik für die technologische Zivilisation, Frankfurt a. M. [11]1989.

KAPPES, BERND: Mit-Geschöpfe. Vom Umgang mit Tieren aus christlicher Sicht, Ostfildern 2023.

Keller, Catherine: Über das Geheimnis. Gott erkennen im Werden der Welt. Eine Prozesstheologie, Freiburg i. Br. 2013.

Kopatz, Michael: Ökoroutine: damit wir tun, was wir für richtig halten, München 2016.

Körtner, Ulrich: Wider Moralisierung und Emotionalisierung in Politik und Kirche, Leipzig, 2017.

Körtner, Ulrich: Auf dem Weg in die Sekte. Wie sich die evangelische Kirche religionssoziologisch verändert, 2019 (https://zeitzeichen.net/node/7911).

Körtner, Ulrich: Vergängliche Schöpfung. Schöpfungsglaube und Gottvertrauen in der Klimakrise, Leipzig 2024.

Körtner, Ulrich: Diesseits von Gut und Böse. Eindeutigkeit und Ambiguität in der Ethik, in: Zeitschrift für Evangelische Ethik, 69 (2025), 26–37.

Krolzik, Udo: Umweltkrise, Folge des Christentums?, Stuttgart/Berlin 1979.

Krolzik, Udo: Die Wirkungsgeschichte von Genesis 1,28, in: Altner, Günter (Hg.), Ökologische Theologie. Perspektiven zur Orientierung, Stuttgart 1989, 149–164.

Liedke, Gerhard: Im Bauch des Fisches. Ökologische Theologie, Stuttgart [4]1984.

Liedke, Gerhard: Schöpfungsethik im Konflikt zwischen sozialer und ökologischer Verpflichtung, in: Altner, Günter (Hg.), Ökologische Theologie. Perspektiven zur Orientierung, Stuttgart 1989, 300–321.

Lienau, Detlef: Geerdet glauben. Christliche Naturspiritualität, Göttingen 2025.

Link, Christian: Schöpfung. Schöpfungstheologie angesichts der Herausforderungen des 20. Jahrhunderts (Handbuch Systematischer Theologie; Bd.7/2), Gütersloh 1991.

Link, Christian: Schöpfung. Ein theologischer Entwurf im Gegenüber von Naturwissenschaft und Ökologie, Neukirchen-Vluyn 2012.

Linz, Manfred: Weder Mangel noch Übermaß – über Suffizienz und Suffizienzforschung, Wuppertal 2004.

Luther, Martin: Von weltlicher Obrigkeit wie weit man ihr Gehorsam schuldig sei. Weimarer Ausgabe 11, Weimar 1883–2009, 229–281.

Meadows, Dennis: Die Grenzen des Wachstums. Bericht des Club of Rome zur Lage der Menschheit, Stuttgart 1972.

Meyer-Abich, Klaus Michael (Hg.): Frieden mit der Natur, Freiburg i. Br. 1979.

Meyer-Abich, Klaus Michael: Praktische Naturphilosophie. Erinnerung an einen vergessenen Traum [im Rahmen des Forschungsprojektes ›Kulturgeschichte der Natur‹ entstanden], München 1997.

Moltmann, Jürgen: Trinität und Reich Gottes. Zur Gotteslehre, München ²1986.

MOLTMANN, JÜRGEN: Gott in der Schöpfung. Ökologische Schöpfungslehre, München 1985.

MOLTMANN, JÜRGEN: Der Weg Jesu Christi. Christologie in messianischen Dimensionen, München 1989.

MOLTMANN, JÜRGEN: Der Geist des Lebens. Eine ganzheitliche Pneumatologie, München 1991.

MOLTMANN, JÜRGEN: Das Kommen Gottes. Christliche Eschatologie, Gütersloh 1995.

MOLTMANN, JÜRGEN: Hoffen und Denken, Beiträge zur Zukunft der Theologie, Neukirchen 2016.

MÜHLING, MARKUS: Eco Theology and Perspektives from the tradition of Barmen, in: Adrianos, Luok/Biehl, Michael/Gütter, Ruth u.a., Kairos for Creation, Solingen 2019, 83–91.

MÜLLER-RÖMHELD, WALTER: Bericht aus Vancouver 1983. Offizieller Bericht der Sechsten Vollversammlung des Ökumenischen Rates der Kirchen, Frankfurt a. M. 1983.

OESER, KURT: Kirchliche Schöpfungsverantwortung als Konkretisierung ökologischer Theologie, in: ALTNER, GÜNTER (Hg.), Ökologische Theologie, 322–335.

OTT, KONRAD: Umweltethik zur Einführung, Hamburg 2010.

PAPST FRANZISKUS: Laudato Si. Die Umwelt-Enzyklika des Papstes, Leipzig 2015.

Picht, Georg: Der Begriff der Natur und seine Geschichte (Vorlesungen und Schriften). Mit e. Einf. von C. F. von Weizsäcker, Stuttgart 1989.

Pötter, Bernhard: Engel der Umwelt. Religionen, Kirchen und der Klimaschutz, in: zeitzeichen 15 (8/2014), 8–11.

Pohl-Patalong, Uta/Hauschildt, Eberhard: Kirche verstehen, Gütersloh 2016.

Rappel, S.: »Macht euch die Erde untertan«. Die ökologische Krise als Folge des Christentums? (Abhandlungen zur Sozialethik; Bd. 39), Paderborn u. a. 1996.

Rasmussen, Larry: Veni creator spiritus. Eine ökologische Reformation, in: Biehl, Michael/Kappes, Bernd/Wartenberg-Potter, Bärbel: Grüne Reformation. Ökologische Theologie, Hamburg 2017, 9–26.

Reckwitz, Andreas: Verlust, Ein Grundproblem der Moderne, Berlin 2024.

Reckwitz, Andreas/Rosa, Hartmut: Spätmoderne in der Krise. Was leistet die Gesellschaftstheorie?, Berlin 2021.

Richardson, Katherine/Steffen, Will et al.: ›Earth beyond Six of Nine Planetary Boundaries‹, in: Science Advances 9, 2023, 37.

Rosa, Hartmut: Resonanz. Eine Soziologie der Weltbeziehung, Berlin 2019.

Rosa, Hartmut: Best Account. Skizze einer systematischen Theorie der modernen Gesellschaft, in: Reckwitz, Andreas/Rosa, Hartmut

Spätmoderne in der Krise. Was leistet die Gesellschaftstheorie?, Berlin 2021, 151–251.

ROSA, HARTMUT: Unverfügbarkeit, Wien 2020.

ROTH, MICHAEL: Oft zu einseitig. Warum sich die Kirche als Institution sparsamer zur Tagespolitik äußern sollte, in: zeitzeichen 24 (6/2023), 18–21.

SACHVERSTÄNDIGENRAT FÜR UMWELTFRAGEN: Suffizienz als »Strategie des Genug«. Eine Einladung zur Diskussion (Diskussionspapier), Berlin 2024.

SCHÄUBLE, WOLFGANG: Das Reformationsjubiläum 2017 und die Politik in Deutschland und Europa, in: Pastoraltheologie (Heft 1) 2016, 44–53.

SCHMIDBAUER, WOLFGANG: Weniger ist manchmal mehr. Zur Psychologie des Konsumverzichts, Reinbek bei Hamburg 1992.

SCHNEIDEWIND, UWE: Die große Transformation. Eine Einführung in die Kunst des gesellschaftlichen Wandels, Frankfurt a. M. 2019.

SCHOTTROFF, LUISE: Schöpfung im Neuen Testament, in: G. ALTNER (Hg.), Ökologische Theologie, 130–148.

SCHÜRGER, WOLFGANG: Zwischen Schöpfung und Neuschöpfung. Christliche Hoffnung in Zeiten des Klimawandels, in: GÜTTER, RUTH/HOFMEISTER, GEORG/MAIER, CHRISTOPH/SCHÜRGER, WOLFGANG (Hg.), Zukunft angesichts der ökologischen Krise? Theologie neu denken, Leipzig 2022, 188–203.

SCHWEITZER, ALBERT: Kultur und Ethik. Nachdr. 1990 der Sonderausgabe (Beck'sche Reihe; 1150), München 1996.

SÖLLE, DOROTHEE: Lieben und arbeiten. Eine Theologie der Schöpfung, Stuttgart 1985.

SPAEMANN, ROBERT: Technische Eingriffe in die Natur als Problem der politischen Ethik, in: BIRNBACHER, DIETER (Hg.), Ökologie und Ethik (Universal-Bibliothek Nr. 9983 [3]), Stuttgart 1980, 180–206.

STECK, ODIL HANNES: Welt und Umwelt. Biblische Konfrontationen, Stuttgart u.a. 1978.

STIERLE, WOLFRAM/WERNER, DIETRICH et al.: Ethik für das Leben. 100 Jahre Ökumenische Wirtschafts- und Sozialethik, Rothenburg o. T. 1996.

TAXACHER, GREGOR: Klimaaktivismus als Pseudoreligion? Zu theologischen Figuren der Transformationsdistanz, in: Zeitschrift für Religion, Gesellschaft und Politik, 2025, 1–20.

TEUTSCH, GOTTHARD M.: Die ›Würde der Kreatur‹. Erläuterungen zu einem neuen Verfassungsbegriff am Beispiel des Tieres, Bern u.a. 1995.

THOMAS, GÜNTER: Jenseits von Eden und Blühwiesenromantik – über Fehlschlüsse zeitgenössischen Ökoglaubens und die Freude weihnachtlicher Schöpfungstheologie, 2021 (www.zeitzeichen.net/node/9442 und 9444).

THOMAS, GÜNTER: Unsere 13 Baustellen, 2022 (www.zeitzeichen.net/node/9933).

Tillich, Paul: Auf der Grenze. Eine Auswahl aus dem Lebenswerk, München/Zürich 1987.

Utzschneider, Helmut: Von der Würde der Geschöpfe, in: Bedford-Strohm, Heinrich (Hg.), Und Gott sah, dass es gut war. Schöpfung und Endlichkeit im Zeitalter der Klimakatastrophe, Neukirchen-Vluyn 2009, 128–138.

Valentin, Katrin: Latente Potentiale der Evangelischen Kirche für eine Ökologische Transformation, in: Deutsches Pfarrerinnen- und Pfarrerblatt 12/2023, 759–760.

Vogt, Markus: Wandel als Chance oder Katastrophe, München 2018.

Vogt, Markus: Christliche Umweltethik. Grundlagen und zentrale Herausforderungen, Freiburg i. Br. 2021.

Welker, Michael: Gottes Geist. Theologie des Geistes, Neukirchen-Vluyn 1992.

Welker, Michael: Schöpfung und Wirklichkeit (Neukirchener Beiträge zur systematischen Theologie; Bd. 13), Neukirchen-Vluyn 1995.

Welzer, Harald: Nachruf auf mich selbst. Die Kultur des Aufhörens, Frankfurt a. M. 2021.

Welzer, Harald: Zeitenende. Politik ohne Leitbild, Gesellschaft in Gefahr, Frankfurt a. M. 2023.

Weinzierl, Hubert: Passiert ist gar nichts. Eine deutsche Umweltbilanz, München 1985.

Weizsäcker, Ernst Ullrich/Wijkman, Anders: Wir sind dran. Was wir ändern müssen, wenn wir bleiben wollen, Club of Rome: der große Bericht, Gütersloh 2018.

Wensierski, Peter: Von oben nach unten wächst gar nichts. Umweltzerstörung und Protest in der DDR, Frankfurt a. M. 1986.

Werner, Dietrich: Kairos für die Schöpfung. Perspektiven vom Wuppertal-Prozess für die Vollversammlung des ÖRK 2022 – 16 Thesen, in: Gütter, Ruth/Hofmeister, Georg/Maier, Christoph/Schürger, Wolfgang (Hg.), Zukunft angesichts der ökologischen Krise? Theologie neu denken, Leipzig 2022, 296–311.

Westermann, Claus: Schöpfung. Wie Naturwissenschaft fragt – was die Bibel antwortet, Freiburg u. a. 1989.

Wissenschaftlicher Beirat für globale Umweltveränderungen (WBGU): Welt im Wandel. Gesellschaftsvertrag für eine Große Transformation, Gutachten, Berlin 2011.

Wissenschaftlicher Beirat für globale Umweltveränderungen (WBGU): Der Umzug der Menschheit. Die transformative Kraft der Städte, Gutachten, Berlin 2016.

Wulf, Andrea: Alexander von Humboldt und die Erfindung der Natur, München 2016.

Zenger, Erich: Der Gott der Bibel. Sachbuch zu den Anfängen des alttestamentlichen Gottesglauben, Stuttgart [3]1986.

Zenger, Erich: Gottes Bogen in den Wolken. Untersuchungen zu Komposition und Theologie der priesterschriftlichen Urgeschichte (Stuttgarter Bibelstudien; 112), Stuttgart 1987.

Zimmermann, Ruben: Jesus im Klimakampf. Die Parallelen zwischen der »Letzten Generation« und dem frühen Christentum, in: zeitzeichen 24 (5/2023), 12–15.

Zimmermann, Ruben: Wäre Jesus Klimaaktivist? Biblische Impulse für eine zeitgemäße Schöpfungsethik, Leipzig 2025.

Zu den Autoren

Ruth Gütter, Dr. theol., Jahrgang 1959, Studium in Göttingen und Promotion in Heidelberg bei Wolfgang Huber. Sie war Pfarrerin und Dezernentin für Ökumene und Diakonie in der Evangelischen Kirche von Kurhessen-Waldeck sowie Referentin für Afrika, Entwicklungspolitik und Nachhaltigkeit der EKD. Gemeinsam mit Georg Hofmeister organisierte sie eine Vielzahl von Tagungen und Kongressen zum Themenbereich Nachhaltigkeit und Schöpfungsverantwortung und veröffentlichte diverse Publikationen zu diesem Themenspektrum.

Georg Hofmeister, Dr. theol., Jahrgang 1966, studierte Evangelische Theologie in Marburg, Göttingen und Heidelberg. Nach seiner Promotion an der Theologischen Fakultät in Basel bei Uwe Gerber und Günter Altner war er als Gemeindepfarrer in Melsungen und Umweltbeauftragter des Kirchenkreises tätig. Von 2002 bis 2012 war er Studienleiter in der Evangelischen Akademie Hofgeismar, danach Leiter der Akademie des Versicherers im Raum der Kirchen. Er publizierte Forschungsarbeiten zu den Themen Schöpfungstheologie und -ethik, Nachhaltigkeit und Technikentwicklung.